식민지 조선의
시네마 군상

전쟁과 근대의
동시대사

식민지 조선의 시네마 군상

전쟁과 근대의 동시대사

시모카와 마사하루 지음

송태욱 옮김

뿌리와
이파리

일러두기

1. 단행본, 장편소설, 정기간행물, 신문, 잡지 등에는 겹낫표(『 』), 단편소설, 논문 등에는 홑낫표(「 」), 영화와 연극 작품 또는 노래, 시나리오에는 홑화살괄호(〈 〉)를 사용했다.
2. 인명, 작품명, 지명 등은 국립국어원의 외래어표기법을 따랐지만, 관례로 굳어진 경우는 예외를 두었다.
3. 원문에 병기된 작품의 연도는 첫 출현 시에만 밝히되, 본문을 이해하는 데에 필요할 경우는 반복 표기하였다.
4. 본문의 각주에서 해당 내용의 문헌을 밝힌 주석 이외에는 모두 옮긴이의 주석이다.

차례

한국어판 서문

이 책은 식민지 시대 조선의 영화에 대해 일본인 연구자가 쓴 첫 책입니다.

한국에서도, 일본에서도 한국인 연구자의 책이 출판되어 있습니다. 저는 그 책에서 많은 것을 배웠습니다. 또한 한국인 연구자의 논문에서도 많은 지식을 얻었습니다.

하지만 어느 것이나 일본인 감독이 만든 당시의 영화에 관한 연구는 충분하지 않았습니다. 또한 한국인 감독의 작품에 대한 연구도, 일본인이 참여한 경위에 관한 상세한 기술이 없었습니다.

이 책에서는 그런 부분을 보완하고 시대의 산물인 영화 작품에 대해 생각하며 일본과 한국의 감독이나 출연자, 스태프의 인생을 고찰했습니다.

저는 신문사 특파원으로서 1980년대부터 단속적으로 10년쯤 서울에 있었습니다. 또한 2000년대 중반에는 대학 객원교수로서 한국 사회의 변화를 관찰했습니다.

이러한 활동의 계기가 되었던 것이 1980년대 초에 한국 영화를 본 일이었다는 사실을 고백해두겠습니다. 이장호 감독, 배창호 감독 등의 많은 작품은 지금도 잊을 수가 없습니다. 그 영향을 받아 저는 한국어를 배우고 서울 특파원이 되었습니다.

영화는 이문화異文化 교류의 기초입니다. 한일 상호 인식의 중요한 도구로서 영화가 하는 기능은 아무리 강조해도 지나치지 않습니다.

2006년부터는 디렉터로서 '한일 차세대 영화제(오이타현 벳푸시에서 개최)'를 시작했습니다. 제1회 특집은 임권택 감독이었습니다. 제2회는 배우 안성기, 제3회는 장훈 감독, 제4회는 배우 하정우, 제5회는 김기덕 감독, 제6회는 배우 조정석 특집으로 이어졌습니다.

그 기간 중 제가 일관되게 지속한 일이 있습니다.

식민지 시대 조선에서 만들어진 영화를 상영하는 일입니다. 그 작품들의 필름이 당시 중국에서 발견되어 한국영상자료원에서 DVD로 발매되었습니다. 대부분은 '국책영화'로 불리는 것이었지만, 화면을 자세히 보면 영상의 배경에 투시할 수 있는 인물상과 시대의 모습이 있었습니다.

그 이래 저는 '식민지 조선의 시네마 군상'을 쓰고 싶어 연구를 계속해왔습니다.

이 책에서는 전반에 일본인 감독의 작품, 후반에 한국인 감독의 작품을 다루고, 그 영화에 관여한 많은 한일 영화인의 인생을 탐구했습니다. 한국의 영화사 연구자가 몰랐던 의외의 사실도 발굴할 수 있었습니다. 당시 농밀했던 영화인의 교류가 많은 착오를 포함하면서도 해방 후 한국 영화 발전의 기초가 되었다는 것을 의심하지 않습니다.

'한일 차세대 영화제'의 한국 측 위원장이었던 이명세 감독, 고문인 안성기 씨, 김종원 선생(한국 영화사가), 후원을 해주신 한국영화평론가협회에 감사드립니다.

일본 측 위원장이었던 마지마 가즈오間島一雄 씨는 해방 후 서울에서 귀환한 사람이었습니다. 한일 상호 교류에 노력해왔습니다만 작년에 세상을 떠나고 말았습니다.

　'한국 영화 100년'을 맞이한 올해, 한일 관계는 큰 시련의 시기를 맞고 있습니다. 하지만 저는 비관하지 않습니다. 한일 쌍방에서 국경을 넘어 감동을 주는 영화가 제작되어왔기 때문입니다. 영화는 활자문화의 왜곡을 넘어 시대의 여러 모습을 스크린에 비추는 미디어입니다. 한 사람 한 사람의 문해력이 요구되는 미디어이기도 합니다.

　이 책이 한일 양 국민의 상호 인식 증대에 기여하기를 바라 마지않습니다. 이 책의 간행에 힘써준 출판사, 번역자를 비롯하여 많은 한국인 친구 여러분께 감사드립니다. 독후감을 sentense502@yahoo.co.jp에 보내주시면 감사하겠습니다.

시모카와 마사하루

머리말

일제 강점기의 조선 사회에 대해서는 지금도 여전히 많은 논의가 있다.

수탈이었는가, 개발이었는가. 최근에는 '식민지 근대(성)'이라는 개념도 등장했다. 일본 국내에서는 구태의연한 혐한 책이 범람하고, 한국에서는 민족주의적 담론이 횡행하며 학술서『제국의 위안부』(박유하 저)가 유죄판결을 받았다. 한일관계가 극도로 악화하는 가운데 이 책 같은 연구서의 존재 의의는 어디에 있을까.

이 책은 새롭게 발굴된 영상과 영화인의 개인사를 기초로 '식민지 조선의 진상'을 탐구한 내 나름의 성과다.

일제 강점하의 조선 영화 필름이 2005년 이후 베이징의 중국전영자료관中國電影資料館 등에서 속속 발견되었다. 1930년대 중반부터 1940년대에 걸쳐 경성(현재의 서울)에서 제작된 국책영화가 많다. '근대 조선', '식민지 조선', '전시 체제하의 조선'을 기록하고 극영화로서 구성된 영상은 한일 연구자들에게 큰 충격을 주었다. 활자로만 알았던 전전戰前·전쟁 시기의 조선 사회에서 살았던 사람들의 모습이 생생하게 재현되어 있었기 때문이다. 이러한 영화에 한정하여 연구한, 일본인에 의한 단행본은 이 책이 처음일 것이다.

필름이 남아 있는 식민지 시대 조선의 극영화는 모두 열다섯 편밖에 없다.

내가 영화를 보는 것은 타자의 경험이나 과거의 시대를 피부로 직접 느끼고 싶기 때문이다.

『마이니치신문』 서울 특파원이나 한국 대학의 객원교수 등으로 10년 가까이 서울에서 보냈다. 일본으로 돌아간 후에는 대학생 교류를 축으로 한 '한일 차세대 영화제'를 개최하고, 그 과정에서 일제 강점하의 조선 시네마를 소개하는 데 힘썼다. 당시의 영화를 보는 것은, 정치 경제 중심의 역사서에서는 신을 신은 채 가려운 발바닥을 긁는 것처럼 핵심을 찌르지 못하고 겉돌기만 했던 과거의 실상을 재인식할 계기가 될 것임을 알았기 때문이다.

일제 강점하의 조선 시네마에는 한국(조선)과 일본 현대사의 단면이 생각지도 못한 형태로 얼굴을 내밀고 있다. 나는 영화 비평가도, 영화 사 연구자도 아니다. 영화를 받아들이는 방식은 보는 사람에 따라 다양 해도 된다. 나는 남아 있는 영화를 매개로 하여 역사의 진상 일부분을 알고 싶을 뿐인 전 신문기자다. 이 책은 일제 강점기에 만들어진 조선 영화의 감독이나 배우의 궤적을 통해 한국(조선)과 일본 동시대사의 리 얼한 실상을 확인하기 위해 취재하고 집필한 것이다.

이 책에서는 도호東宝와의 합작 영화인 이마이 다다시今井正 감독의 〈망루의 결사대望樓の決死隊〉(1943) 외에 한국영상자료원에서 '발굴된 과거' 시리즈로서 DVD가 출시된 최인규 감독의 〈수업료〉(1940), 〈집 없는 천사〉(1941), 이병일 감독의 〈반도의 봄〉(1941)을 중심으로 영상과 시대를 검증하고 그 시대를 살았던 한국(조선)과 일본 영화인의 궤적을 추적했다. 도호 영화 〈망루의 결사대〉는 패전 후 미국 측에 몰수당했지 만 1967년에 반환되었다.

이 시기의 조선 영화에 대한 고찰에서, 다른 작품은 그것과 관련하여 언급하는 데 그칠 것이다. 하나하나의 작품이 내포하는 정보가 너무나도 풍부하고 그 영화와 관련된 감독이나 배우들의 인생이 파란만장했기 때문이다.

이 시기의 조선 영화에는 뜻밖의 일본 영화인도 등장한다.

전후 영화를 대표하는 배우 하라 세쓰코原節子는, 전시의 〈망루의 결사대〉에서 국경 경비의 주재소 소장 부인을 연기하는데, 모제르총을 연속해서 발사하여 '비적匪賊'을 격퇴한다. 이 영화의 감독은 전후 민주주의 영화로 유명한 이마이 다다시다. 〈수업료〉, 〈집 없는 천사〉는 전쟁 직전의 조선 영화계에서 빛을 발한 '고려영화협회'가 제작한 눈물겨운 수작이다. 김소영 주연의 〈반도의 봄〉에는 식민지 근대 안에서 고투하는 조선 영화계가 생생하게 묘사되어 있다.

제1부 '〈망루의 결사대〉의 미스터리'에서는 하라 세쓰코와 이마이 다다시의 진실에 다가가고, 공산주의자인 조선인 배우 주인규의 파란만장한 생애에 다가갔다. 제2부 '조선 시네마의 빛'에서는 조선과 일본 소학생에 의한 작문 문집을 발굴하여 경성 거리를 떠돌던 부랑아들의 처지를 시대 배경과 함께 살폈다. 나아가 여배우 김소영의 생애를 중심으로 비운에 가득 찬 조선 영화인의 동향을 살피고, 리샹란(李香蘭, 야마구치 요시코山口淑子) 등 일본인 여배우와 교류한 기록을 발굴했다.

제1부에서 기술한 '국경의 하라 세쓰코', '홍남과 미나마타병의 기원', '주인규의 자살', 제2부 '경성의 구마가이 히사토라', '위안부 김소영', '식민자의 아이 니시키 모토사다' 등은 그러한 탐색 작업에 의해 얻은 내 나름의 연구 성과다.

어떤 작품이나 인물 연구도, 남아 있는 영상과 함께 당시의 조선어 월간지 『삼천리』나 일간지 『동아일보』 등의 활자 미디어를 탐색하고,

해방 직후의 조선 영화계에 대해서는 새로운 자료 『일간 예술통신』을 참조했다.

근대와 전쟁의 시대는 성공과 착오가 공존하고 동시에 모순이 전개되는 불평등한 사회였다.

무성영화의 시대를 '탄생·유년기'라고 한다면, 조선에서도 1935년부터 시작된 유성영화의 시대는 '청춘기'이며, 그것은 전쟁 격화에 의한 국책영화 일원화라는 '좌절기'로 암전했다. 발굴된 영상은 동아시아에서 진행되고 있던 '전쟁과 근대의 동시대성'을 피부로 느끼게 하는 것이었다.

이 시기의 조선 영화 필름이 전후 50년이 되어 베이징에서 발견된 것은, 일본-조선-만주-중국이 연결된 제국 네트워크의 존재를 새삼 인식하게 한다.

이 책과 아울러 꼭 영화를 보기 바란다.

여기서 논하는 영화를 선정할 때는 독자의 편의도 고려하여 인터넷이나 DVD로 시청할 수 있는 작품으로 좁혔다. 특히 〈반도의 봄〉(85분)은 한국영상자료원에 의해 인터넷상에 전편이 무료로 공개되어 있다(2019년 4월 현재).[1] 이 영화에서는 일본어와 조선어가 뒤섞이는 이중 언어 상황을 확인할 수 있다. 〈망루의 결사대〉는 일본 국내에서 DVD가 발매되고 있다. 〈수업료〉, 〈집 없는 천사〉도 한국영상자료원에서 일본어 자막이 붙은 DVD가 발매되고 있지만 품귀 현상의 기미가 보인다.

일본에서 일제 강점기의 조선 시네마 연구는 뒤떨어졌다. 우치미 아이코內海愛子·무라이 요시타카村井吉敬의 『시네아스트 허영의 '쇼와'シネアスト許泳の「昭和」─植民地下で映画づくりに奔走した一朝鮮人の軌跡』(凱風社,

---

1) 현재 〈수업료〉도 인터넷상에서 무료로 공개되고 있다.

1987)라는 뛰어난 개별 연구서가 있지만, 일본인 저자에 의한 식민지 시대의 조선 영화 연구서, 조선 영화인들의 인물사 연구서는 존재하지 않았다. 그것은 '식민지 조선'의 내실에 다가가는 연구 자체가 여전히 미성숙하다는 의미다.

한국의 영화사 연구자인 김종원, 정종화의 조언을 얻은 것 외에 선행 연구를 참조했다. 집필할 때는 역사적 용어인 것을 중시하여 당시의 문장이나 증언에 빈번하게 나오는 '내선內鮮(일본과 조선)', '만선滿鮮(만주와 조선)', '선어鮮語(조선어)' 등의 표기는 수정하지 않았다. '경성(현재의 서울)'은 졸저『망각의 귀환사―이즈미 세이이치와 후쓰카이치 휴양소忘却の引揚げ史―泉靖一と二日市保養所』(2017)에서 상세히 설명한 것처럼 차별어가 아니다. "경성이라는 표현은 일본의 침략 이전에 이미 많이 사용되고 있(가와무라 미나토,『서울 도시 이야기』)"²⁾었던 것이고, 서울과 마찬가지로 '수도'를 의미하는 전통적인 말의 하나다.

1945년 8월 15일 이전은 원칙적으로 '전전戰前', '해방 전', '조선인', 8월 16일 이후는 '전후戰後', '해방 후', '한국인' 등으로 표기했다. 인용문은 기본적으로 예전 한자를 상용한자로, 가타카나 표기는 히라가나로 수정한 것 외에 문장의 뜻을 해치지 않는 범위 안에서 쉼표를 넣었다. 이 책에서는 영화를 공개한 해(괄호 안의 표기)를 포함하여 서기 1900년대의 연호가 빈번하게 나온다. 번잡함을 피하여 '19'의 표기를 생략한 경우가 있다는 것을 미리 말해두고자 한다.

---

2)　川村湊,『ソウル都市物語―歴史・文学・風景』, 平凡社新書, 2000.

제1부

〈망루의 결사대〉의
미스터리

제1장

만주·조선 국경의 국책영화

"일제 강점기의 조선에서는 독립운동의 일환인 게릴라 활동이 집요하게 계속되었다. 특히 강력했던 것은 조선과 중국의 국경을 넘어 옛 만주 방면에서 출격해오는 무장 게릴라 집단이었다. 그것에 대응하여 마을마다 배치된 일본 경관대도 무장하고 있었다. 1943년 이마이 다다시 감독의 〈망루의 결사대〉는 이 게릴라를 양민으로부터 금품을 강탈해가는 비적으로 그리고, 일본의 무장 경관대는 목숨을 걸고 조선인을 지켜주는 숭고하고 용감한 사람들로 그린 작품이다. 소수의 일본인 무장 경관들과 그 가족이 다수의 '비적'에게 포위되어 까딱하면 전멸하려는 순간 일본군 일개 중대쯤이 트럭을 타고 달려온다. 이 부분은 완전히 인디언에게 포위되어 전멸하려는 포장마차를 기병대가 달려와 구해주는 미국 서부극을 모방한 것이었다."[1]

'무찌르고 말리라'

이마이 다다시 감독의 국책영화 〈망루의 결사대〉(1943)는 다면성을 띤 신비한 작품이다. 조선과 일본의 좌익운동, 조선의 '내선일체', 전쟁의 시대가 배경에 있는 영화로, DVD로 볼 수 있다. 2015년 도호·신토호

---

[1] 　李英一·佐藤忠男, 『韓国映画入門』, 凱風社, 1990.

〈망루의 결사대〉 총격전 장면. 국경의 주재소 소장인 다카다 미노루(왼쪽)와 그의 부인 하라 세쓰코(오른쪽).

新東宝 영화 컬렉션의 한 권으로 발매되었다.

　'무찌르고 말리라擊ちてし止まむ.'[2]

　영화의 첫머리에 전의를 고양하는 슬로건이 클로즈업된다. '쳐부숴 주겠다'는 의미다. 영화를 공개한 1943년에 육군성이 제정한 전쟁 표어다. 이 시기의 영화에는 시작 부분에 반드시 이 전쟁 슬로건이 등장했다.

　'후원 조선총독부', '조선군 사령부 검열필'. 영화 시작 부분에 보이는 글자가 위압적이다. "이 한 편을 국경 경비의 중임을 맡고 있는 경찰관에게 바친다"는 말로 이어진다.

　육군기념일인 3월 10일. 유라쿠초有楽町의 니혼日本극장(현재의 유라쿠초 마리온이 있는 곳)의 정면 벽에는 '무찌르고 말리라'라고 크게 쓰인 다다미 백 장 크기쯤의 그림이 걸렸다. 수류탄을 든 거대한 병사의 모

---

2)　『고사기古事記』에서 유래하는 말로, 1943년 제38회 육군성 기념일에 제정된 전시 슬로건.

습이 보는 이를 압도했다. 〈망루의 결사대〉는 4월 15일 니혼극장을 비롯한 '홍계紅系'[3] 영화관 10곳에서 개봉되었다. 육군성은 전국에 '무찌르고 말리라'라는 포스터 5만 장을 배포했다.

태평양에서의 전황은 악화하고 있었다. 2월에는 과달카날섬에서 일본군이 철퇴하기 시작했다. 〈망루의 결사대〉를 개봉하고 그 사흘 후인 4월 18일, 연합함대 사령장관 야마모토 이소로쿠山本五十六가 부갱빌섬 상공에서 미군기에 격추되었다. 10월 21일에는 메이지신궁明治神宮 가이엔外苑 경기장에서 열린 장행회에 출정하는 학도병 7만 명이 모였다. 군국 일본은 파멸에의 길을 걷기 시작한 것이다.

한반도의 입체 지도를 배경으로 한 도입부가 압권이다.

"압록강, 두만강을 경계로 한 북선北鮮 지방 일대는 지금 일본의 중요한 산업 지대다." "그러나 예전에 산악이 중첩된 이 지역에 만주국 토벌군에게 쫓긴 비적 무리가 최후의 맹위를 떨치고 있었다"라고 불문곡직한 설명이 이어진다.

"1935년 무렵……." 압록강 국경 지대를 줌업하며 영화가 시작된다. 오카모토 기하치岡本喜八 감독의 〈일본의 가장 긴 날日本のいちばん長い日〉(1967)이라는 영화의 첫 장면을 연상시키는 작품이다. 이 영화에서는 일본 열도의 입체도를 배경으로 포츠담 선언의 음성과 자막이 흐른다. 〈망루의 결사대〉가 공개되고 그 2년쯤 후에 일본은 패전을 맞는다. 한반도에서 일본인의 비참한 귀환이 시작된다. 관계자 중 누가 그런 일을 예상할 수 있었을까.

---

3) 1942년 2월 1일 국가 주도의 사단법인 '영화배급사'가 설립되었다. 영화배급사는 4월 1일부터 전국 약 2300영화관에 배급을 시작했는데, 영화관을 홍계와 백계로 나누었다. 대체로 '홍계'는 군국주의에 따른 전쟁 영화, '백계'는 국책에 위배되지 않는 무해한 영화(시대극 등)였다.

영화의 첫 실사 영상은 수확이 끝난 전원 지대를 증기기관차가 질주하는 모습이다. 다음은 압록강을 거슬러 올라가는 프로펠러 보트형의 하천 초계기 영상이다. 선수에 일장기를 내걸고 병사가 소총을 들고 있다. 이어서 합승버스가 강변의 길을 달려간다. 그 뒤에 조선인 아이와 흰 옷을 입은 어른이 걷고 있다. 버스가 엔진 고장을 일으켜 젊은 일본인 경관(아사노 순사)이 차체를 민다. 그는 임지로 가는 도중이다. 짧은 컷이 템포 있게 지나간다.

순사는 우마차에 흔들리며 밭의 좁은 길을 간다. 이동한 카메라가 주위의 산들을 비춘다. 산의 경사면이 군데군데 무너져 내렸다. 포장마차가 황야를 달리는 서부극의 한 장면을 연상시킨다. 카메라가 산들을 계속 비추고 곧 강가의 평지에 일장기가 펄럭이는 마을이 보이기 시작한다. 그곳이 아사노 순사가 찾아가는 국경의 주재소다.

제국의 영역

주재소는 마을 사람이 동원되어 돌담을 쌓는 공사를 하고 있다. 20여 명의 조선인이 돌을 쌓고 삼태기로 흙을 나른다. 그때 건물 안에서 몸집이 작은 여성이 나타난다. 오른손에 주전자, 왼손에는 많은 찻잔을 올린 쟁반을 들고 있다. 김신재, 스물세 살이다. 남편 최인규가 연출한 〈집 없는 천사〉(1941)에서는 씩씩한 소녀 역할을 했다.

"차를 내왔습니다(일본어)."

김신재의 가련한 목소리가 인상적이다. 그녀 뒤쪽의 돌담에는 '평안북도 남산리 주재소'라는 간판이 걸려 있다. "그래, 잠깐 쉴까(일본어)."

〈망루의 결사대〉의 김신재.

돌을 쌓고 있던 임 순사(전택이)가 대답한다. "다들, 차 좀 드세요(일본어)" 하고 김신재가 마을 사람들을 부른다. 돌에 걸터앉은 임 순사에게 흰 옷을 입은 조선인 노인이 다가가 찻잔을 내민다. 여기서 놀라운 대화가 나온다.

"고맙습니다(조선어)." 임 순사가 조선어로 가볍게 대답하는 것이다. 조선인 사이의 대화라서 당연하지만, 김신재의 일본어를 들은 직후라서 그런지 다소 놀랍다. 이어서 톱으로 나무를 자르고 있는 스기야마(시미즈 마사오淸水将夫) 순사에게 말한다. "스기야마 씨." 이번에는 일본어다. 신임 아사노 순사(사이토 히데오齋藤英雄)가 앉아서 차를 마시는 주민들 옆을 지나 임 순사 등에게 다가간다.

여기까지가 영화의 도입부다. 임 순사의 대사에 일본어와 조선어가 뒤섞여 당황하게 된다. 원래 시나리오 단계에서는 시작 부분의 "차 좀 드세요"라고 부르는 여성을, 주재소 소장의 부인 역인 하라 세쓰코가

맡게 되어 있었다. 하지만 하얀 치마저고리를 입은 소녀 역의 김신재가
맡은 것이 국경 영화로서의 '조선 컬러'가 더 잘 표출된 것 같다. 영화
와 각본을 비교하면 이런 사소한 변화는 자주 확인할 수 있다.

압록강을 건너 만주 쪽 지역을 정찰하고 있던 주재소 소장 다카쓰
경부보(다카다 미노루高田稔)가 나룻배에서 내린다. 검은 중국옷으로 정
체를 숨기고 호주머니에는 권총을 소지하고 있다. 김 순사(진훈秦薰)가
곁을 따르고 있다.

조선인 아이들이 돌 나르기를 거든다. 마을 주민 황창덕(주인규)은 심
사가 불편하다. "자기 집 돌담을 쌓는 데 남을 공짜로 부리는 경우는 없
어(일본어)." 아내(전옥)가 "주재소 순경들 좀 도와주는 게 어때요(일본
어)"라고 하자 황창덕은 "인부를 쓰면 되잖아(일본어)"라고 쌀쌀맞게 대
답한다.

황창덕 역을 맡은 주인규는 수수께끼에 싸인 배우다.

나운규가 감독한 전설의 영화 〈아리랑〉(1926)에서는 악역을 맡았다.
'전설'이라고 한 것은 필름이 남아 있지 않기 때문이다. 주인규의 아내
역을 맡은 전옥은 1930년대에 '눈물의 여왕'이라 불리며 일세를 풍미
한 가수 겸 배우다. 이 영화에서 김 순사 역을 맡은 남편 진훈(본명 강홍
식)과 함께 인기 가수였다. 일찍이 유명 배우였던 주인규와 유명 가수
인 전옥이 부부로 등장하고, 조선인 쪽의 '비협력', '협력'을 대변하는
역할이라는 점이 무척 흥미롭다. 곧 상세히 설명하겠지만 주인규의 인
생에는 '적색노동조합', '항일운동'의 개인사가 숨어 있다.

주재소 안에 붙은 '국어(일본어) 상용'이라는 표어가 빈번하게 화면
에 비친다.

'쇼와 10년(1935)경'이라는 영화의 시대 설정에서 보면 있을 수 없는

영상이다. '국어 상용'이라는 표어가 등장하는 것은 제3차 조선교육령이 발포되는 1938년 이후이기 때문이다. 촬영 때의 풍조에 영화가 영합한 영상인 것이다.

그런데 더욱 이상한 것이 있다. 영화에서 묘사되는 마을의 일상은 전혀 '국어(일본어) 상용'이 아닌 것이다. 조선인끼리 조선어로 대화를 나누고 일본인 경관과 조선인 순사의 잔치에서는 조선어 민요를 낭랑하게 노래한다. 마을 학교(서당)에서 조선인 유 선생(심영)이 아이들에게 가르치는 것은 일본어이지만, 주재소의 일본인 순사는 조선어가 능숙하다. 업무상의 필요에서 보아 당연하다. 실제로도 이런 장면은 틀림없이 있었을 것이다.

자기모순의 극치는 주민 집회 장면이다.

마을 사람들에게 훈시하는 주재소 소장(다카다 미노루)의 등 뒤의 칠판에는 일본어와 조선어가 병기되어 있다. '관민 일치 협력', '조기 신고'라는 한자 옆에 조선어가 있다. 영화에서는 몇 번이나 '국어 상용'이라는 표어가 비치는데 영화 대사에 조선어가 많은 것은 연출자의 비아냥거림이 아니다. 이 훈시 장면은 지역의 '시국 좌담회'를 묘사한 것이고 당시로는 흔한 광경이었다.

1930년대 조선인의 비식자율은, 지방에서는 약 78퍼센트나 되었다. 다시 말해 80퍼센트 가까운 사람이 조선어도 일본어도 읽고 쓰지 못했다(1930년 국세 조사). 그러므로 신문 등의 활자가 아니라 영상과 음성으로 조선 민중에게 호소할 필요가 있었던 것이다. 총독부에 의한 계몽 수단으로서 영화가 중시된 이유이기도 하다.

〈도라지 타령〉의 수수께끼

화면은 저녁의 잔치로 바뀐다.

아사노 순사의 환영회다. 안뜰에 돗자리가 깔리고 남포등 아래서 함께 음식을 먹고 술을 마시며 환담을 나누고 있다. 일본인 순사가 김 순사(진훈)에게 노래를 하라고 재촉한다. "좋지" 하고 주재소 소장인 다카쓰 경부보도 권한다. 김 순사가 수줍어하며 일본어 노래를 부른다. 노래가 끝나자 다카쓰 경부보가 "잘하는 그 노래를 하지 않겠나" 하고 김 순사에게 조선어 노래를 요구한다.

"좋~죠(조선어)" 하는 임 순사. 김 순사가 낭랑한 목소리로 조선어 노래를 부르기 시작한다. 유명한 조선 민요 〈도라지 타령〉이다. 그 노랫소리는 프로페셔널하다. 그는 1930년대에 레코드 가수 강홍식으로, 유명했던 인물이다. 그러니 노래를 잘하는 것은 당연하다. 옆에 앉아 있

〈망루의 결사대〉. 내선 융화의 저녁 잔치.

던 임 순사가 일어나 술에 취한 거나한 표정으로 춤을 추기 시작한다. 김 순사도 노래하며 춤춘다. 일본인 경관들은 젓가락으로 접시나 그릇을 두드리며 장단을 맞춘다.

조선어 노래 〈도라지 타령〉은 2분 가까이나 이어진다. 음식을 날라온 주재소 소장의 부인(하라 세쓰코)이 다카쓰의 옆에 앉아 조선인 순사 두 사람의 노래와 춤을 즐거워하며 바라본다. 하라 세쓰코의 부드러운 표정이 인상적이다. 이런 온화한 잔치 모습을 카메라는 롱 숏의 부감 영상으로 잡는다. 조선 민요 〈도라지 타령〉으로 야기된 '내선 융화의 저녁 잔치'라는 연출 의도가 일목요연하다. 이 영화 도입부의 하이라이트는 여기에 있다고 생각한다.

아사노 순사가 말한다. "춤만 추지 않았다면 김 순사는 완전히 내지인 같네요." 임 순사는 "저도 이름을 '하야시(林)'라고 하면 (조선인인 줄) 모르겠지요. 아내도 이렇게 일본 옷에 익숙하고요"라고 옆에서 일본

옷을 입고 시중을 드는 아내 옥선(도가와 유미코戶川弓子)을 보며 말한다. 현대 일본인의 감각에서 보면 이런 염치없는 대화가 조선과 일본 경관들 사이에서 이루어진다.

1943년에 공개된 당시 경성에서는 메이지자明治座, 경성 다카라즈카宝塚극장, 와카쿠사若草극장, 경성극장 등에서 상영되었다. 조선인 관객에게 왕년의 유명 가수가 노래하는 조선 민요 〈도라지 타령〉은 어떤 이미지를 환기했을까.

하라 세쓰코의 전쟁 활극

2010년 가을 나는 서울의 한국영상자료원에서 이 〈망루의 결사대〉를 처음으로 봤다.

일본에서 기증받은 필름을 DVD로 만들어 개별 시청용으로 공개하고 있었던 것이다. 일인용 DVD 관람 박스에서 보고 무척 놀랐다. 서부극 구조의 활극 장면을 클라이맥스로 한 식민 통치 영화였기 때문이다. 전후의 공산당원이고 〈히메유리의 탑ひめゆりの塔〉(1953) 등의 반전 영화를 만든 이마이 다다시今井正가 감독하고, 전설의 여배우 하라 세쓰코가 국경경비대 대장의 부인으로 등장하여 '비적'을 향해 총을 쏴대는 전쟁 활극인 것이다. 그리고 조선어와 일본어라는 이중 언어의 모순으로 가득 차 있다. 왜 주목받지 못한 것일까.

영화는 관객에게 일상생활과 다른 차원의 체험을 하게 해주는 미디어다.

〈망루의 결사대〉는 전시의 조선·만주 국경을 보여주는 영화다. 지금도 북한 측에서 탈북자가 넘어오는 압록강 유역을 무대로 한 전쟁 영화다. 최대 주안점은 '내선일체', '황국신민화'라는 제국주의 이데올로기를 배경으로 식민지 조선에서 현지 촬영을 한 국책영화라는 점이다. 전쟁 활극, 북선 국경, 허식의 이데올로기. 이만큼의 요소가 있는 영화를 '민주화 영화'의 감독이 연출하고 '영원한 처녀'가 주연한 것이다. 그 진상은 무엇이었을까.

도호의 프로듀서 후지모토 사네즈미藤本眞澄(1910~79)는 이 영화에서 주연을 맡은 다카다 미노루 등과의 대담에서 "지금까지 우리는 국경이라는 의식이 없었다. 이런 영화를 만들어도 좋지 않을까"라고 말했다. 다카다는 "국경을 의식하지 않는 생활을 하고 있기 때문에 그곳에 가서 신기한 느낌이 듭니다"라고 응했다(잡지 『신영화新映画』 1943년 1월호). 두 사람의 대화를 저서 『이마이 다다시—전시와 전후 사이戰時と戰後のあいだ』(2013)에서 인용한 최성욱崔盛旭(와세다대학 연극박물관 초청 연구원)은 "후지모토의 발언에는 '제국의 영역'을 '보여준다'는 의식이 분명히 드러나 있다"라고 지적한다. 확실히 그럴 것이다. 조선총독부 경찰국의 전면적인 협력 없이 이 영화의 촬영은 불가능하다.

당시의 경무국장은 미쓰하시 고이치로三橋孝一郎(1936년 9월~42년 6월 재임)다.

로케이션 현장을 관할하는 만포 경찰서에 있던 경부보 미야아키 마쓰오宮明松夫(오이타 출신)는 "미쓰하시 국장이 국경 경비 경관의 고생을 후세에 남기고 싶다며 도호의 지인에게 의논하여 만포경찰서 문악 주재소에서 로케를 했다"라는 비망록을 남겼다. 나는 오이타현립예술문화단기대학에 근무했던 당시에 미야아키의 아들로부터 비망록을 입수했다.

미쓰하시 경무국장 시대인 1938년 5월 잡지 『삼천리』에 편집부 논설 「공산비共産匪, 마적 출몰과 '국경 경비'의 실상」이 게재되었다. 경무국의 발표문을 전재한 것으로, 논설은 1932년부터 1936년 6월까지 경관 순직자가 21명, 부상자 30여 명이라는 숫자를 들며 "더욱이 압록강 상류 지방에 근무하는 경찰관의 고심은 일층 심한 것으로서 일조一朝 위급의 시時에는 가족이라 하드라도 경비의 임任에 나아갈 준비를 하고 잇서, 일처一妻도 총을 잡고 응전한다는 각오를 가진다는 것이다"라고 기술했다. 〈망루의 결사대〉의 모티프 그 자체다.

조선총독부 경무국에는 국경 영화에 전통적인 집착이 있는 것 같다. 나중에 경시총감이 되는 마루야마 쓰루키치丸山鶴吉(경무국장 재임 1922~24)는 국경 경관의 분투를 그린 장편 영화의 대본을 스스로 창작했다. 그의 구상은 경무국의 후원으로 시마다 아키라島田章 감독의 〈남편은 경비대로夫は警備隊に〉(1931)라는 영화로 결실을 맺었다. 칼싸움 전문 배우인 도야마 미쓰루遠山満가 주연한 작품이다. 필름은 현존하지 않지만 〈망루의 결사대〉의 전사前史로서 소개해둔다.

'적과 동침시키다'

한국의 중진 감독 김수용(1929년생)이 〈망루의 결사대〉에 대해 언급했다. 그는 "중학교 1학년 무렵이었는지 일본인 교사에게 인솔되어 〈망루의 결사대〉를 단체관람했다"는 것이다. 김수용은 영화인이 되고 나서 다시 한번 이 영화를 봤다.

"경비대가 위기에 빠지자 가족들은 자결하려고 권총을 든다. 터지는 수류탄, 깨지는 유리창, 벽에 박히는 총탄, 사살되는 게릴라 등 숨을 죽이는 장면이 끊임없이 연출된다. 53년 전의 영화로는 믿어지지 않는다. 역시 영화라는 것은 정확한 영화 문법에 입각한 정교한 편집이 생명이다."⁴⁾

김수용은 이마이의 프로파간다 영화를 격찬했다. "그저 용감했던 경비대의 승리에 하마터면 박수를 칠 뻔했다. 하지만 게릴라가 마적이 아니라 항일 독립군이었다면, 하고 생각하자 전율이 느껴졌다. 영화의 마력은 관객을 적과 동침시킬 수도 있는 것이다."

'적과 동침시키는 마력'이라는 표현은 절묘하다. 항일 독립군을 탄압하는 일본인 경비대 측에 한국인을 동일화시키는 영화의 '마력'을 느끼고 김수용은 감탄한 것이다.

나는 김수용 감독과 몇 번 이야기를 나눈 적이 있다. 6회에 걸쳐 오이타현 벳푸시에서 열었던 '한일 차세대 영화제'(2008~14)에 게스트 감독으로 초청한 적도 있다. 그는 한류 영화 팬 여성들에게 능숙한 일본어로 말했다. 무척 인기가 있었다. 앞에서 말한 문장은 솔직한 감상이라 여겨진다.

허식의 프로파간다('내선일체', '황국신민') 영화임에도 불구하고 〈망루의 결사대〉가 지금도 생명력을 갖고 있는 이유가 그 어디쯤에 있을 것이다. 한일 관계사가 소원해지고 많은 오해를 갖고 있는 현대인에게 과거를 재검증시킬 계기가 되는 영화인 것이다.

이 영화의 조감독 최인규는 한국의 해방 전후를 대표하는 감독이다. 〈국경〉(1939)을 통해 감독으로 데뷔했다. 1911년경에 태어났으니 감독 데뷔 당시는 아직 20대 후반의 신예였다. 〈수업료〉, 〈집 없는 천사〉 등

---

4) 『영상문화정보』 1996년 6월호.

주목할 만한 작품을 연속해서 내놓은 조선 영화계에서 가장 뛰어난 젊은 감독이었다.

"대단한 사람입니다. 뭐든지 할 수 있지요." 선배인 방한준 감독은 최인규를 이렇게 평했다. 조선 영화인 여섯 명의 좌담회(『모던 일본』 조선특집호, 1940년 8월호)에서 했던 발언이다. 최인규가 소속한 고려영화협회 사장인 이창용은 "(최인규는) 병적인 예리함을 갖고 있다. 미세한 부분에 예리한 사람은 큰 부분을 보지 못하는 경우가 있기 때문에 좋은 프로듀서 아래가 아니면 좋은 작품이 나오지 않는 게 아닐까"라고 말한다.

이 좌담회에서 최인규는 "써보고 싶은 내지(일본)의 배우는?"이라는 질문을 받았는데, 그 대답이 흥미롭다. "하라 세쓰코를 한 번 써보고 싶어요"라고 말한 것이다. 하라 세쓰코는 데뷔 열두 번째 작품인 독일과의 합작 영화 〈새로운 대지新しき土〉(1937)로 세계적으로도 주목을 받았다. 최인규도 경성의 영화관에서 그녀가 출연한 작품을 틀림없이 봤을 것이다. 그의 꿈은 2년 후 〈망루의 결사대〉에서 실현되었다.

하라 세쓰코와 다카다 미노루

주재소 소장 역인 다카다 미노루는 인상 좋고 잘생긴 남자 배우다. 〈망루의 결사대〉의 2년 후에 최인규가 감독한 〈사랑과 맹서愛と誓ひ〉(1945)에서도 주연을 맡았다. '쇼치쿠 삼총사松竹三羽がらす'의 한 사람으로 불렸던 인기 배우다. 스기야마 순사 역인 시미즈 마사오는 전전과 전후를 통해 영화나 연극 무대에서 명 조연으로 활약했다. 콧수염을 기른 구마

자와 순사 역의 도바 요노스케도 전전·전후의 영화계에서 활약한 배우다. 무성영화 시기부터 활약해온 스가이 이치로가 중화요리점 주인인 왕룽 역을 맡았다.

하라 세쓰코는 다카쓰 경부보의 아내 유코 역을 맡았다. 이마이 감독의 작품에는 세 번째로 출연한 것이다. 출정한 병사가 있는 꼬치집의 여주인 역을 맡은 〈여자의 거리女の街〉(1940), 신문기자의 젊은 아내 역을 맡은 〈결혼의 생태結婚の生態〉(1941), 그리고 〈망루의 결사대〉인 것이다. 그리고 이마이의 다음 작품으로 그 이듬해에 공개된 해군 영화 〈분노의 바다怒りの海〉에도 출연한다. '군함의 아버지'라 불린 히라가 유즈루平賀譲 박사의 고투를 그린 일종의 전기 영화다. 하라 세쓰코는 히라가의 딸 역할을 맡았다. 〈푸른 산맥青い山脈〉(1949), 〈속 푸른 산맥〉(1949)이라는 전후 이마이 감독의 두 작품에 그녀가 여교사 역으로 주연을 맡은 것은 유명하다.

〈망루의 결사대〉의 중국인 왕룽의 딸(왕연) 역이 미타니 사치코다. 도요다 시로豊田四郎 감독의 〈젊은 모습若き姿〉(1943)에도 출연한 중견 여배우다. 〈젊은 모습〉은 식민지 조선의 국책회사 '조선영화제작주식회사'의 첫 번째 작품이다. 조선인이나 중국인 역할을 일본인 배우(사야마 아키라, 미타니 사치코, 도가와 유미코 등)가 맡은 점이 눈에 띈다. 이런 캐스팅은 전후의 영화에서도 자주 보였다. 얼굴을 보기만 해서는 어느 민족인지 식별할 수 없기 때문이다. 교활한 '내선일체', '오족협화'의 이데올로기가 영화 세계에 침투하기 쉬운 기반이 여기에 있다.

중요한 것은 〈망루의 결사대〉에서 조선인 역의 이름이 모두 일본인 풍의 이름(창씨개명)이 아니라는 점이다. 이 영화의 두드러진 특징이다. 이는 시나리오 단계에서부터 드러난 특색이다. 〈망루의 결사대〉로부터

8개월 후인 1943년 12월에 공개된 〈젊은 모습〉에서는 사정이 달라진다. 복혜숙, 문예봉이라는 조선인 톱 배우가 창씨개명을 한 인물로 출연한다. 복혜숙이 마쓰다 레이분松田礼文, 문예봉이 요시무라 후쿠준吉村福順이라는 식이다.

〈망루의 결사대〉에서는 배역이 왜 조선 이름이었을까.

간단히 말하자면, 영화의 설정이 1935년경이기 때문이라고 할 수밖에 없다. 창씨개명은 1940년에 있었던 일이다. 그런데 이 영화에서는 '국어(일본어) 상용' 등 1935년 당시에 일반적이지 않았던 표어가 등장한다. 창씨개명도 하지 않은 시대에 '국어 상용'이라니 이게 어찌된 일인가. 이러한 자기모순, 자의적인 처리도 영화의 해석을 혼란시키는 원인 가운데 하나다.

사실 최인규는 전쟁 말기에 더욱 복잡한 영화를 만들었다. 조선인 특공대 모집 영화 〈사랑과 맹서〉(1945)다. 여기서도 주인공인 조선인 소년의 이름이 '김영룡金英龍(긴 에이류)'이다. 창씨개명(1940)으로부터 5년이나 지났고 최인규 자신도 창씨개명을 했는데도 주인공의 이름은 일본식이 아니다. 식민지 태생의 조선인 감독의 내면은 보통의 방법으로는 알 수 없을 만큼 복잡한 것이다.

감독 이마이 다다시

이마이 다다시 감독(1912~91)은 어떤 사람일까.

"전후 일본 영화의 좌익 휴머니즘을 대표하는 명장(위키피디아)"이라는 것이 일반적인 평가다. 그가 감독한 주요 작품으로 〈푸른 산맥〉, 〈히

메유리의 탑〉, 〈한낮의 암흑真昼の暗黒〉(1956) 등의 진보적인 영화가 있다. 그가 타계한 지도 30년 가까이 지났다. 지금은 '고전 영화를 상영하는 영화관에서나 보는 감독'이지만 '민주화 영화의 감독'이라는 사회적 평가는 부동인 것 같다.

전공투 세대인 나는 이마이의 영화 〈다리 없는 강橋のない川 제2부〉(1970)가 부라쿠部落[5]해방동맹으로부터 비판을 받은 일을 기억하고 있다. 이마이는 안티 공산당인 부라쿠해방동맹과는 사이가 좋지 않았다. 그에게는 걸작도 적지 않다. 〈저것이 항구의 불빛이다あれが港の灯だ〉(1961)는 잘 알려지지 않은 명작이다. 이승만 라인을 둘러싸고 한국인과 일본인 틈에 서게 된 재일코리언의 갈등을 그렸다. 미즈키 요코水木洋子가 열심히 취재하여 각본을 썼고, 이마이가 탁월한 연출을 보여주었다. 이 영화는 미즈키가 선도한 작품이라고 해도 좋을 것이다.

이마이 자신이 생전에 〈망루의 결사대〉에 대해 증언한 것이 있다.

이와나미쇼텐에서 나온 『강좌 일본 영화(4) 전쟁과 일본 영화』에 실려 있다. 이마이는 "미국 영화 〈보 제스트Beau Geste〉를 본보기로 하여 만주와 조선의 국경을 무대로 비적의 습격을 방어하기 위해 밤낮으로 활약하는 국경 경찰관을 그린 이야기입니다"라고 말한다. 〈보 제스트〉[6]라는 영화는 1939년에 제작된 미국 영화다. 일본에서는 공개가 금지되었지만 영화 관계자들은 볼 기회가 있었던 모양이다. 프랑스의 외인부대를 돕기 위해 지원 부대를 부르러 가는 장면이 있다. 〈망루의 결사대〉에서는 조선인 순사가 응원 부대를 부르러 간다.

---

5) 에도 시대에 최하층 신분으로 법령상의 신분은 해방되었지만 사회적으로 차별과 박해를 받는 사람들.

6) 외인부대에서 겪는 세 사람의 형제애와 모험, 부대원 간의 갈등을 그린 영화.

〈망루의 결사대〉의 광고.

  "(촬영한) 당시는 야외 촬영에 적합한 장소를 물색하러 가는 것도, 기
차로 시모노세키로 가서 관부연락선을 타고 부산으로 건너가고, 거기
서 열 몇 시간쯤 기차를 타고 압록강 끝에 있는 신의주라는 곳에 도착
합니다. 압록강이 얼어붙으면 비적이 강을 건너 습격해온다는 설정이
었거든요. 굉장히 추워서 욕조에 들어가면 넘치는 물이 금세 얼음이 되
어 타일에 쩍 들러붙을 정도였지요. 촬영할 장소를 물색하는 동안 태평
양전쟁이 발발했잖아요. (일본으로) 돌아오니 촬영소도 전시 분위기 일
색이어서, 만포진이라는 압록강 중간쯤에 있는, 평양에서 기차로 20시
간이나 걸리는 국경의 마을로 이듬해 3월에야 하라 세쓰코, 다카다 미
노루 같은 배우와 함께 출발했습니다. 하지만 미술부가 고생해서 만든
망루가 봄이 되자 지반이 물러져 무너지고 말았습니다. 결국 세트를 다
시 지어 11월에야 촬영을 재개하게 되었지요."

  "조선 측에서는 부랑아 문제를 다룬 〈집 없는 천사〉라는 좋은 영화를 찍었던 최인규라는 감독이 전면적으로 협력해주어 그 덕분에 조선의 영화 스타가 꽤 나와준 것입니다."

만포진은 현재의 북한 자강도에 있는 만포시다. 압록강을 사이에 둔 건너편이 중국 지린성의 지안시(集安, 고구려의 고도)다. 강폭이 좁아 지금도 탈북자 문제 등 북·중 국경 지대를 취재할 때 늘 거론되는 곳이다.

〈망루의 결사대〉는 1980년대가 되어 비판을 받게 되었다.

"언젠가 어딘가에서, 전쟁 중에 〈망루의 결사대〉라는 영화를 찍었다고 하는데 전범 영화다, 당신한테 말하면 대답해줄지 어떨지 모르겠지만, 하는 말을 해 와서 아무튼 내가 찍었으니까, 내 책임으로 만든 거니까 대답하지 못할 것은 전혀 없다고 말한 적이 있습니다."

이마이는 이해하기 어려운 방식으로 말하고 있는데 주목해야 할 것은 다음 부분이다.

"나는 학창 시절에 좌익운동을 해서 몇 번인가 잡혀간 후 전향서를 썼고, 전쟁 중에는 '전쟁 협력 영화'라고 해도 어쩔 수 없는 것을 몇 편 찍었습니다. 그것은 자신이 범한 잘못 중에서 가장 크다고 생각합니다. 그러므로 자신의 허약함을 알고 있는 만큼 전후에도 좀처럼 자신감을 가질 수 없었습니다."

이것이 이마이가 전쟁 책임을 언급한 부분이다.

"자신이 범한 잘못 중에서 가장 크다"고 그는 말한다. 하지만 그 이상의 상세한 언급은 하지 않는다. 이것이 재야의 역사 연구가인 신기수 등에게 강한 불신감을 갖게 한 까닭이다. 국책영화 〈망루의 결사대〉에 대한 평가가 흔들리고 있는 원인이기도 하다.

영화 스태프를 화면에서 확인해두자.

타이틀 〈망루의 결사대〉는 굵은 글씨로 가로로 쓰여 있다. 같은 화면에 '각본 야마가타 유사쿠, 야기 류이치로', '연출 이마이 다다시', '연출 보좌 최인규'라고 주요 스태프 이름이 표시된다. 각본을 쓴 두 사람에 대해서는 나중에 설명한다. 촬영은 스즈키 히로시다. 1920년대부터 쇼치쿠, 도호, 신토호에서 활약하고 이치카와 곤市川崑 감독의 〈도쿄 올림픽〉(1965)이 유작이 되었다. 녹음 다카하타 우지야스高畠氏康, 조명 히라타 미쓰하루平田光治다. 미술 마쓰야마 다카시松山崇가 주목된다. 전쟁 중의 〈하와이·말레이 해전ハワイ·マレ—沖海戰〉, 〈가토 하야부사 전투대加藤隼戰鬪隊〉나 전후의 〈푸른 산맥〉, 〈라쇼몬〉에서 수완을 발휘한 사람이다.

자막에 이름은 없지만 도호의 공적 기록인 도호 시네마 데이터베이스에는 '특수기술 쓰부라야 에이지円谷英二'라고 기재되어 있다. 쓰부라야는 전해 12월 3일에 공개된 개전 1주년 기념 영화 〈하와이·말레이 해전〉(야마모토 가지로 감독)에서 특수 촬영 솜씨를 마음껏 발휘했다. 나중에 '특수 촬영의 귀재'라고 불렀다. 알다시피 〈고지라〉, 〈모스라〉를 낳고 일본의 특수 촬영 괴수 영화의 기초를 만든 영화인인 것이다. 쓰부라야는 이마이 다다시의 다음 작품인 〈분노의 바다〉에서도 특수 촬영을 담당했다.

이 영화의 진용을 둘러싸고 한국에서는 다른 이야기가 전해진다.

전범성이 편한 『한국영화총서』(1972)의 기록에는 제작회사 고려영화협회, 제작자 이창용, 기획 최인규, 미술 김정환, 녹음 양주남, 조명 김성춘으로 되어 있다. 이창용은 고려영화협회의 사장이다. 양주남은 최인규의 〈수업료〉, 〈집 없는 천사〉에서 녹음을 담당했다. 김성춘은 1935년 이후 조선 영화계에서 활약한 조명 기사다. 〈망루의 결사대〉가 이창용이나 최인규 등 고려영화협회에서 구상하고, 자금과 인력을 겸비한 도호의 실력에 의해 합작 영화로서 결실을 맺은 제작 경위를 반영하고 있다.

이중 언어 상황

〈망루의 결사대〉에서 이중 언어 상황은 분명하다.

흔히 "식민지 시대에 조선어는 금지되었다"고 기술되는 어설픈 인식을 뒤집는 영상이 거기에 있다. 영화에 등장하는 조선민요 〈도라지 타령〉이 당시 문제가 되었다는 흔적도 없다.

〈망루의 결사대〉의 시나리오(야마가타 유사쿠, 야기 류이치로)가 전문지 『일본영화』 1942년 10월호에 게재되었다. 영화가 개봉되기 반년 전이다. 환영회인 저녁 잔치 부분은 다음과 같다.

  # 주재소의 안뜰
  휘황한 달빛이 흘러넘쳐 나뭇가지에 걸어둔 남포등도 필요 없을 정도다. 아사노 순사를 환영하는 약소한 잔치가 벌어지고 있다. 다카쓰가 있고, 구마자와도, 임도, 김도 있다.

  김: 그럼 노래하겠습니다. 어쩔 수 없군요.

김은 모두가 권하는 대로 〈백두산 타령〉을 부르기 시작한다(다카쓰 부인 등이 있는 부엌의 광경이 삽입된다). 노래를 끝낸 김이 이어서 조선 민요를 부르기 시작한다. 임, 손장단을 치며 가세한다. 일동도 차츰 손장단을 맞춘다. 김, 흥에 겨워 춤을 추기 시작한다. 어깨 율동에 특색이 있는 조선 춤이다. (후략)

'조선 민요가 환기한 조일 융화의 저녁 잔치' 장면은 시나리오 단계에서부터 구상되어 있었다는 것을 확인할 수 있다. 그리고 이 장면이 총독부나 조선군의 사전 검열에서도 이해되었다는 점이 중요하다. 시나리오에 있는 〈백두산가〉(일본어)는 당시 유행했던 군가다. 조선 민요는 바로 김 순사가 불렀던 〈도라지 타령〉이다. "어깨 율동에 특색이 있는 조선 춤"이라는 시나리오 표현은 임 순사가 영화에서 보여준 바로 그 춤사위다. 여기서는 이마이 다다시·최인규라는 연출 콤비가 시나리오에 없는 장면을 촬영 현장에서 영상화했다는 추측은 성립하지 않는 것이다.

국경의 지정학

〈망루의 결사대〉는 풍경 영화로서도 즐길 수 있다.

촌락 주변의 경치가 여정에 가득 찬 풍물시처럼 묘사된다. 마을, 산악, 학교, 하천, 묘지. 스기야마 순사(시미즈 마사오)가 신임 아사노 순사(사이토 히데오)를 데리고 경비소 관내의 촌락이나 강가를 안내하는 장면이다.

길가에서 소 한 마리가 풀을 뜯고 있다. 마당에서 물레를 돌리는 아낙이 스기야마 순사에게 조선어로 말한다. "아들이 게으름뱅이라서 곤란하니 한번 훈계를 해달라니까요"라고 하자 스기야마가 아사노에게

통역해준다. 산길을 걷는 두 사람. 스기야마 순사의 손에는 호구 조사
표 묶음이 들려 있다.

　아사노: "능숙하네요, 스기야마 씨의 말이요."

　스기야마: "이걸 못하면 관내의 상황을 알 수 없으니까."

　스기야마는 조선어로 뭔가를 호소하는 노인의 이야기를 듣는다.

　스기야마: "잘 알았소."

　노인이 일본어로 "사요나라"라고 말한다.

　두 사람이 마을의 서당에 들른다. 선생은 김 순사의 친구 유동순(심
영)이다. 일본어 수업 시간이다. 아이들의 낭독 소리. "아버지 대가 되고
나서 핀보우(가난뱅이)가 되었습니다."

　유동순: "핀보우가 아니라 빈보우."

　순사 두 사람이 교실로 들어선다. "기립." 경례하는 순사들.

　이어서 마을을 둘러보는 순사 두 사람. 길에서 소가 연자방아를 끈
다. 압록강 강가의 절벽을 나아가는 두 사람. 강에는 하얀 돛을 단 몇

〈망루의 결사대〉. 뗏목을 타고 압록강을 내려가는 국경 경관.

척의 배가 떠 있다. 뗏목을 타고 강을 내려가는 두 경관. 배경에 만주 쪽 산들이 겹쳐서 이어진다. 국경의 아름다움 그 자체다.

한반도의 북쪽 국경은 1300킬로미터 이상에 이른다. 최고봉 백두산을 중심으로 압록강(서쪽)과 두만강(동쪽)이 흐르고, 일부는 러시아와 국경을 접하고 있다. 두만강 건너의 간도 일대는 근대 이전부터 함경 북도에서 넘어간 이주민이 많았다. 이미 일본의 한국 병합(1910) 시점에 간도 총 인구의 76퍼센트에 해당하는 10만 9500명이 조선인이었다. 병합 후 국경 너머의 지역은 항일운동의 근거지가 되었다.

〈망루의 결사대〉의 촬영지에서 가까운 만포 경찰서의 고이데 다케시小出武는 당시 국경 지대의 모습을 다음과 같이 보고했다.[7]

쇼와 10년(1935)경, 여름에는 압록강을 오가는 프로펠러선의 수운에 의존하고 결빙기에는 말이나 소가 끄는 썰매에 의존하고 있었다. 공비, 항일비, 토비가 횡행하여 여자도 비적의 습격에 대비하여 사격 훈련을 했다. 국경경비대가 의사를 대신하고 있었다. 내지의 친척이 위독해도 귀향할 수 없다. 강 건너편의 만주 통화성通化省에는 '왕봉각王鳳閣'을 두목으로 하는 무리 등 비적 4, 5백 명이 있었다. 교통이 무척 안 좋았기 때문에 비적의 습격을 받아도 지원대가 도착할 무렵에는 이미 늦는 것이 상례였다.

영화의 스토리와 일치하는 내용이다. 국립국회도서관에 소장되어 있는 『조선총독부 경찰 직원록』(1943)에 따르면 고이데 다케시는 당시 만주경찰서 순사부장(나가노현 출신)이었다.

경비소장 부인 역의 하라 세쓰코가 습격해온 '비적'에 대항하여 남

---

7) 『新映画』 1943년 1월호.

편(다카다 미노루)과 함께 모제르 자동권총을 난사하는 장면은 이 영화의 클라이맥스다. 시나리오에는 '공비 교룡咬龍'이라고 되어 있다. 공산 게릴라 일당인 '교룡'이라는 의미다.

마을 여성들의 사격 훈련은 신기수가 지은 『한일병합사 1875-1945—사진으로 보는 굴욕과 저항의 근대사』[8]에서도 확인할 수 있다. 평안북도 경찰부가 촬영한 사진집 『국경 수호国境の守り』(1933)에는 '경찰관 가족의 실탄 사격 훈련' 사진이 전재되어 있다. 소매 있는 앞치마를 입은 여성들이 모제르 자동권총을 오른손에 들고 있다. 지도하는 경관들이 지켜본다. 갓난아기를 안은 마을 여성들이나 어린아이들 수십 명의 모습이 비친다. 영화의 한 장면을 방불케 하는 사진이다.

사진집에는 귀중한 화상이 많이 수록되어 있다.

두만강을 건너는 일본군, 순찰하는 기마 분대, 월경자에 대한 검문, 밤중의 주민 조사, 얼음 위를 지나는 화물 썰매 검사, 기암괴석 사이를 지나는 경비병, 눈 쌓인 국경을 순찰하는 경비병, 주재소 전경(앞쪽은 두만강 지류), 얼음 위를 가는 경관대, 강가의 낭떠러지를 지나는 경관대, 주재소의 망루, 순직한 경관의 비석……. 지도 한 장도 더해져 현장감이 넘친다.

이마이 다다시가 세상을 떠난 후 이 사진집 『국경 수호』가 그의 서재에서 발견되었다고 한다. 이마이 등이 촬영지를 찾아다닐 때 국경 경관으로부터 체험담을 듣고 자료로서 사진집을 들고 돌아왔다는 것이 이것으로 입증된다.

---

8) 辛基秀編著, 『映像が語る「日韓併合」史—1875年~1945年』, 労働経済社, 1988.; 신기수, 이은주 옮김, 『한일병합사 1875-1945—사진으로 보는 굴욕과 저항의 근대사』, 눈빛, 2009.

'비적'이란 무엇인가

애초에 '비적'이란 무엇일까.

'비적=항일무장세력(빨치산)'이라는 획일적인 이해가 적지 않다. 사전『다이지센大辞泉』에는 "도당을 지어 약탈·살인 등을 저지르는 도적"이라고 되어 있다. 이는 국어사전의 해석인데, 이를 파악해두고 만주(현재의 중국 동북부)에서 날뛰던 '비적'이 어떤 존재였는지를 생각하고자 한다.

"올여름 나는 만주를 여행하다 비적을 만났습니다."

이렇게 시작하는 에세이를 읽고 나는 쓴웃음을 짓고 말았다. 필자는『제국주의하의 타이완帝国主義下の台湾』(1929) 등 식민정책학으로 알려진 야나이하라 다다오矢内原忠雄(전후의 도쿄대학 총장)다.

1932년 9월, 만주의 수도 신징(현재의 창춘)에서 하얼빈으로 가던 도중 야나이하라가 탄 열차는 비적 집단 100명의 습격을 받았다. 일본 병사 4명, 민간인 1명, 러시아인 1명이 살해되었다. 열차를 탈선시켜 승객의 물품을 약탈하는 난폭한 수법이다. 이때의 '비적'은 무엇일까.

서대숙의『현대 북한의 지도자—김일성과 김정일』[9]에 따르면 "만주에 있던 중국의 비합법 단체는 다양한 이름으로 알려져 있었다"고 한다. 서대숙은 김일성 연구의 일인자다. "중국 정부에서 보면 그들은 비적이다. 비적 중에서도 마적, 토적土賊, 공비, 홍창비紅槍匪 등이라 불리는 일종의 테러 단체 같은 것이 다수 존재하고 있었다. 조선독립운동 계열의 무장 단체에도 몇몇 파가 있었다." 홍창비란 창에 홍색 술을 단

---

9)   徐大肅, 古田博司訳,『金日成と金正日—革命神話と主体思想』, 岩波書店, 1996.; 서대숙,『현대 북한의 지도자—김일성과 김정일』, 을유문화사, 2000.

무장 게릴라다.

'비적'에도 여러 가지가 있었다는 것을 알 수 있는 기술이다. 공비도 '테러 단체'로 인식되고 있는 것이 김일성을 찬미하는 여러 책들과 다른 점이다. 서대숙은 전문서『김일성—그 사상과 지배체제』[10]에서 김일성 부대의 병력 보충은 "중국인 하층 노동자 및 조선인 농민을 징용하고, 마을이나 읍내를 습격할 때마다 인질로 잡아온 젊은이에게 훈련을 시켜 병사로 양성했다"고 썼다.

〈망루의 결사대〉의 습격 장면에 등장하는 공비를, 김일성의 만주 빨치산이나 보천보 습격(1937)을 했던 이들과 동일시하는 견해가 한국에도 일본에도 있지만 이는 성급한 판단일 수 있다.

빨치산은 김일성의 부대 외에도 다양하게 있었기 때문이다. 동북인민혁명군의 조선인 대장 이홍광이 이끈 부대는 1935년 얼어붙은 압록강을 건너 평안북도 동흥읍을 습격했다. 이른바 동흥 사건이다. 그들은 민간인을 살해하고 금품을 약탈했으며 조선인 자산가의 집에 방화하여 일본군 당국에 충격을 주었다. 만주 빨치산 부대에 의한 첫 조선 내 침공 사건으로서 국경 경비 체제의 재검토를 촉구하게 되었다.

김일성과 '역사 위조'

박금철 등 '갑산파'라 불리는 조선 내 빨치산파도 있었다. 그러나 1960년대에 그들은 소련에서 돌아온 김일성 일파에 의해 숙청당했다. 이것으로 '김일성 신화'가 완성되고 항일투쟁사가 김일성 한 사람의

---

10) 徐大肅, 林茂訳,『金日成—その思想と支配体制』, 御茶の水書房, 1992.

성과로 독점되기에 이르렀다. 김일성을 중심으로 항일 빨치산의 역사를 서술하는 것은 김일성 숭배의 술책이다.

북한의 역사 기술에는 거짓이 있다. 고병운(일본 조선대학교 교수)과 정진화(일본 조선대학교 교원)가 편집한 『조선사 연표』[11]는 1945년 8월 9일의 역사적 사실로서 "김일성 주석이 지휘하는 조선인민해방군 부대는 일본 제국주의 침략자에 대해 총공격을 개시하고, 웅기, 서수라를 공격하여 해방"이라고 쓰어 있다.

하지만 알다시피 8월 9일에 침공한 것은 소련군이다. 김일성은 일본군의 탄압을 피해 소련 하바롭스크 근교로 피란해 있었다. 그가 블라디보스토크에서 소련의 군함 푸가초프를 타고 북한 동해안의 원산항에 상륙한 것은 9월 19일이다. 김일성은 소련군 제88특별여단의 일원이었다.

소련군이 침공할 때 중국공산당군이나 조선인 부대는 참전을 허가받지 못했다. 조선인으로 전투에 참가한 것은 오백룡 등 정찰 요원뿐이었다. "북선 지역에서는 오백룡의 회상을 이용하여 조선인민혁명군이 소련군과 함께 대일전에 궐기하여 조선의 각 도시를 차례로 해방시켰다고 기술하고 있다. 하지만 그것은 그렇게 하고 싶었다는 원망의 실현이었지 사실은 아니다"[12]라는 것이 역사적 사실이다.

일본 국내에 있는 조선중급학교의 역사교과서(3)에서는 "경애하는 주석님께서는 1945년 8월 9일, 조선인민혁명군의 전 부대에 조국해방을 위한 총공격 명령을 내리셨다"고 기술한다. 이는 위조된 역사 교육이다.

11) 高秉雲·鄭晋和編集, 『朝鮮史年表』, 雄山閣出版, 1979.

12) 和田春樹, 『北朝鮮―遊擊隊国家の現在』, 岩波書店, 2018.

한국전쟁에 대해서도 조선고급학교의 교과서 『현대조선력사(1)』는 "이승만은 1950년 6월 23일부터 38선의 공화국 지역에 집중적으로 포사격을 했고, 6월 25일에는 전면전쟁으로 확대시켰다"고 기술하여 김일성에 의한 개전 명령을 은폐하고 있다.

나카니시 이노스케中西伊之助(작가이자 전후의 공산당 국회의원)에게 「불령선인」[13]이라는 소설이 있다. 그는 『평양일일신문』의 전 기자였다. 〈망루의 결사대〉에 그려진 조선 북서부의 '비적'을 찾아가 인터뷰해서 썼다는 탁월한 소설이다. 그러나 그 정체는 토비도 공비(빨치산)도 아니고 유교적 민족주의자였다는 것이 소설의 결말이다. 비적의 마을로 가는 정경 묘사가 박진감 있다. 1922년에 잡지 『개조改造』에 발표되었다. 당시의 비적에 대한 인식을 반영한 소설이다.

고치高知에 있던 공산주의자 청년 마키무라 고槙村浩가 장편시 「간도 빨치산의 노래」를 발표한 것은 1932년 4월의 『프롤레타리아 문학』 임시증간호다. 공산당 관계의 잡지 기사 등을 읽고 상상력만으로 빨치산 찬가를 썼다. 그러자 1935, 6년경에 일본에 유학한 적이 있는 조선인 교사가 간도·연길의 소학교에서 이 시를 아이들에게 낭독해주었다. 도다 이쿠코의 『중국 조선족을 살다―옛 만주의 기억』[14]에 쓰여 있다. 그만큼 당시의 좌익 네트워크는 긴밀했다.

간도는 만주와 조선 사이에 있는 지역이다. 간도 문제는 이제 일본인이 잊어버린 문제지만, 간도를 포함한 옛 고구려의 귀속 문제(중국사인가 한국사인가)는 십수 년쯤 전에 한국과 중국의 역사학계를 대립시킨 이슈이기도 하다.

---

13) 「不逞鮮人」, 『改造』, 1922년 9월.

14) 戸田郁子, 『中国朝鮮族を生きる―旧満洲の記憶』, 岩波書店, 2011.

조선시대부터 조선인이 간도에 이주했고, 청나라와 대한제국 사이에 분쟁이 있어왔다. 한국이 병합된 후에는 1930년에 중국공산당(극좌모험주의의 리리싼李立三 집행부)과 제휴한 간도 조선인의 무장봉기(간도 5. 30 사건)가 일어나는 등 한층 복잡해졌다. '만주국'이 성립한 후에는 간도성이 설치되었다. 조선인은 만주국의 '오족협화' 체제에서 일본인 다음의 대우를 받았다. 그러나 만주 빨치산의 움직임은 내부 분열의 혜산사건(1937)[15]도 있어 쇠퇴 국면에 접어들었다.

마쓰다 도시히코松田利彦(국제일본문화연구센터 교수)의 『일본의 조선 식민지 지배와 경찰』[16]에서는 "1940년 이후 동북항일연합군의 주요 부대는 괴멸하거나 소련령으로 탈출하게 된다"라고 기술되어 있다.

"쇼와 16(1941)년 봄부터 '만주국 내에서 비적은 찾아볼 수 없다'고 할 수 있을 만큼 치안도 현격하게 나아졌다." 이는 조선 경찰 출신의 연구자 쓰보에 센지坪江汕二의 『조선민족독립운동비사』[17]에 나오는 한 구절이다.

다시 말해 〈망루의 결사대〉가 촬영된 1942, 3년 당시는 '비적이 없는' 상태였다는 것이다. 조선군 보도부의 영화 검열이 '공비'의 등장을 그냥 지나치게 할 수 있을 만큼 만주 빨치산파는 쇠퇴하여 경시되고 있었다. 그러나 그로부터 3년 후 '공비'의 배후에 있던 소련군의 침공에 의해 만주·북한의 일본군은 곧 붕괴한다.

---

15) 1937년 9월부터 이듬해 9월까지 일본 관헌 측이 김일성 부대의 보천보 습격 작전 후 국내 연계 세력을 색출하는 과정에서 조국광복회 회원 188명을 기소한 사건이다.

16) 松田利彦, 『日本の朝鮮植民地支配と警察——一九〇五年~一九四五年』, 校倉書房, 2009.

17) 坪江汕二, 『朝鮮民族独立運動秘史』, 巖南堂書店, 1966.

전향자들의 영화

〈망루의 결사대〉의 이마이 다다시 감독은 본인의 회상을 인용한 대로, 구제舊制미토水戸고등학교나 도쿄제국대학에 다니던 시절 검거된 적도 있는 좌익 학생이었다. 각본을 쓴 야마가타 유사쿠山形雄策(1908~91)는 이마이보다 네 살 많고 공산주의 청년동맹의 유력한 멤버였다. 야마가타는 고바야시 다키지와 같은 시기(1930~31)에 도요타마豊多摩 형무소에서 옥중 생활을 했다. 이마이도, 야마가타도 전후에는 일본공산당의 영화 부문에서 활약했다. 또한 제3장에서 자세히 설명한 것처럼, 국경 주재소에서 볼멘 얼굴의 마을 사람을 연기한 조선인 배우 주인규는 '적색노동조합운동'으로 체포되어 투옥된 적이 있는 공산주의자였다.

야마가타 유사쿠는 영화 공개에 즈음하여 잡지 『시나리오』에 4페이지에 걸쳐 「〈망루의 결사대〉 각본 메모」를 썼다. 야마가타가 대표해서 영화의 제작 의도를 기술한 형태다.

그 메모에 따르면 야마가타가 〈망루의 결사대〉에 참가했을 때는 "공동 작자 야기 류이치로, 연출자 이마이 다다시, 제작자 후지모토 사네즈미, 최인규 등에 의해 스토리의 첫 번째 안이 만들어져 있었다. 현지 조사나 자료 수집에 힘써 각본 원고를 몇 차례나 개고하여 각본을 완성했다고 한다. 촬영 개시 전의 신문 발표에서 '원작 야기 류이치로, 시나리오 야마가타 유사쿠'가 된 것은 그런 사정을 반영한 것일 것이다. 야기 류이치로八木隆一郎(1906~65)는 전전과 전후에 프롤레타리아 연극운동에서부터 영화, 연극 분야에서 활약한 각본가다.

야마가타에 따르면 "주요 제작자의 중점은 (중략) 국경 경비의 정신과 현재의 국경 지대의 발전 뒤에 숨어 있는 참으로 오랜 국경 경비대의 피나는 고투를 거짓 없이 그려내려는 데 있었다". 여기에 전 좌익 활동가의 면모는 전혀 찾아볼 수 없다. "남포등 아래서 (영화 관계자) 일행을 환영하는 경찰관 여러분과 그 가족 분들은 진심으로 서로 돕고, 내지 출신도 반도 출신도 이제 구별할 수 없었던 것이다"라고 그는 영화의 장면과 흡사한 견문록을 남겼다.

야마가타는 전시에 〈망루의 결사대〉 외에 인도의 독립을 지원하는 기누가사 데이노스케衣笠貞之助 감독의 〈나아가라, 독립 깃발進め独立旗〉(1943), 이마이 다다시 감독의 〈분노의 바다〉(1944)라는 전의를 고양하는 영화 세 편의 각본을 썼다. 전후에는 일본공산당 기관지『전위前衛』나 공산당계 잡지『문화평론』 등에 많은 영화론을 발표했다. 전전과 전후에, 사상적으로 좌익-국책 추종-좌익으로 이행하는 모습을 보인 것이다.

이러한 시대 상황과 변절 가운데 조선과 일본의 좌익 영화인들이 만든 우익 이데올로기 영화가 〈망루의 결사대〉다. '좌'가 '우'로 전향(내지 위장 전향)한 시대의 영화인 것이다. 〈망루의 결사대〉를 습격하는 부대가 수많은 비적 중에서 왜 '공비'로 설정되었을까. 그 해답의 실마리는 이 좌우 뒤틀림 현상에서도 이끌어낼 수 있을 것이다. 그들은 '적' 안에 예전의 자신을 투영했다고도 할 수 있다.

'다민족 제국'의 허실

다카시 후지타니는 재미 진보파 연구자다. 시각화된 근대 천황제를 논한 저작 『화려한 군주―근대일본의 권력과 국가의례』[18]로 잘 알려져 있다. 그는 〈망루의 결사대〉를 보고 "상상하기 쉬운 단순하고 뻔한 줄거리는 전혀 아니었다"고 평가했다. 후지타니는 프로파간다 영화라고 해도 편견을 제거하고 보는 것이 좋다고 말한 것이다.

"중요한 것은 국가의 아주 엄격한 감시하에서 제작되기는 했어도 일본과 조선의 영화 제작자들이 그들 자신의 다양한 현안과 확대되는 다민족 제국 일본이 변화해갈 필요 사이에서 '교섭했다'는 점이다."

이는 다카시 후지타니의 「식민지 지배 후기 '조선' 영화에서의 국민, 피, 자결/민족자결―이마이 다다시 감독의 작품에 대한 분석」(2006)[19]이라는 논문의 첫 부분이다. 그가 말하는 '다민족 제국'은 이 영화를 논할 때의 키워드다. 나는 후지타니의 다음 문장에 있는 '신참자'라는 말에 주목하고자 한다.

"조선인은 문화적 동화를 받아들여 일본인 복장을 하고 드디어 국민 공동체에 참여하는 것이 허락되는데, 영화는 우리에게 '신참자'와 내지 출신의 일본인 사이에 환원 불가능한 차이가 있는 것을 잊게 하지 않는다."

여기서 후지타니가 말하는 '신참자'인 조선인과 '내지 출신의 일본인'의 차이란 김 순사가 부르는 〈도라지 타령〉이고, 조선의 아이가 일본어를 정확히 발음하기 위해 '훈련'하는 것 등이다. '신참자 일본인'으로서의 조선인. 그것을 단적으로 표현하는 다른 말이 식민지 시대에

---

18) T. フジタニ, 米山リサ訳, 『天皇のページェント―近代日本の歴史民族誌から』, NHKブックス, 1994. 다카시 후지타니, 한석정 옮김, 『화려한 군주―근대일본의 권력과 국가의례』, 이산, 2003.

19) タカシ・フジタニ, 宜野座菜央見訳, 「植民地支配後期"朝鮮"映画における国民, 血, 自決/民族自決」, 冨山一郎編, 『記憶が語りはじめる』, 東京大学出版会, 2006.

는 있었다. '신푸新付[20] 일본인'이라는 말이다.

후루카와 가네히데古川兼秀가 이 말을 쓴 글을 읽은 적이 있다. 영화의 무대가 된 평안북도에서 경찰부장을 했던 인물이다. 조선총독부 보안과장으로 옮겨간 1941년 6월 백제의 고도 부여에서 열린 전全 조선 지도자 강습회에서 그는 '내선일체'에 대해 다음과 같이 정의했다.

"내선일체의 본뜻은 신푸 조선 동포로 하여금 명실공히 충량한 황국 신민이 되게 하는 것이고, 조선인 측에서 말하자면 진정한 일본인이 되는 것이다."

뉴커머(newcomer, 신참자) 조선인이 오로지 일본인화하는 것이 '내선일체'의 본뜻이라는 것이다. 그가 말하는 '내선일체'론은 일본적인 제국주의 이데올로기의 노골적인 표현이다.

후루카와가 평안북도 경찰부장이었던 무렵 〈망루의 결사대〉와 아주 유사한 사건이 일어났다. 1936년에 평안북도 창성경찰서 대길 주재소에서 일어난 비적 습격이다. 후루카와 자신이 현지로 가서 진두지휘했다. 이 사건은 『조선중앙일보』(6월 26일)가 4단 제목으로 "150명의 토병 습격/경찰과 격전을 벌이고 퇴각/경찰용 비행기도 출동"이라고 보도했다. 나는 한국의 신문 데이터베이스에서 확인했다.

그 기사에 따르면 비적 150명이 압록강을 건너 습격해와 주재소의 순사 세 명이 총격으로 즉사했다. 기관총 3정, 경기관총 1정, 금고 등을 강탈했다. 주민 한 명이 납치되고 자경단원 한 명이 부상을 당했다. 50명이 주재소, 100명이 시가지를 습격하여 민가에서 많은 물품을 약탈했다. 그들이 5, 6명으로 흩어져 도망치는 바람에 비행기로 폭탄을 투하할 수는 없었다고 전한다. 상당히 조직적인 습격이었다는 것을

---

20) 새로 호적에 등록하는 것, 새로 따르게 되는 것.

알 수 있다.

총독부의 어용신문 『매일신보』는 1935년 5월 24일에도 마적 40명이 대길 주재소의 건너편 강가를 습격하고, 압록강을 건너 대길 주재소에도 기관총으로 총격을 가했다고 전한다.

후루카와가 과장으로 있었던 총독부 보안과는 신문이나 영화의 검열을 담당한 부서다. 다시 말해 후루카와는 국경 경찰도, 영화도 잘 알고 있었다. 〈망루의 결사대〉에는 그의 실제 체험이 반영되어 있다. 후루카와는 패전 때의 평안남도 도지사로서 평양에 진주해온 소련군과 교섭했다. 그는 구속되어 시베리아에서 5년간의 억류 생활을 했다.

'신푸 일본인'

'신푸 일본인'이라는 말에 격렬하게 반발한 조선인 관료가 있다.

임문환(1907~93)이다. 충청남도에서 태어나 열여섯 살에 일본으로 건너가 인력거꾼, 우유 배달 등을 하며 도시샤同志社중학, 제6고등학교第六高等學校[21]를 거쳐 도쿄제국대학 법학부를 졸업했다. 조선총독부 식산국殖産局, 철도국, 광공국鑛工局에서 근무했다. 그리고 전후에는 이승만 정권의 상공부 차관, 농림부 장관 등을 역임했다. 그가 남긴 『일본제국과 대한민국을 섬겼던 관료의 회상』[22]은 자신의 생애를 자신의 머리로 고찰하여 기술한 흔치 않은 회상록이다. 임문환은 '신푸 일본인'

---

21) 오카야마시에 있던 구제舊制의 관립고등학교. 1949년에 발족된 신제新制 오카야마대학의 전신 가운데 하나.

22) 任文桓, 『日本帝国と大韓民国に仕えた官僚の回想』, 筑摩書房, 2015.

이라는 말을 아주 쓸쓸한 마음으로 기술하고 있다. 조선총독부에서도 차별 대우는 노골적이었다. 일본인의 급료에는 식민지 근무 가봉加俸과 사택료舍宅料가 붙어 조선인 관료의 두 배쯤이나 되었다.

그는 "일본의 식민지 통치에 참여하면서 마음속으로는 그 식민지가 일본으로부터 해방되기를 빌면서 식민지인의 이익을 수호하는 데 계속 몰두했다"고 썼다.

임문환은 그 인생을 "곡예사의 공중그네"에 비유했다. 만약 그네에서 떨어져도 구조망은 없다. '친일파(배신자)'라 불리는 심연이 아주 새까맣게 펼쳐져 있을 뿐이다. 고독한 인생이었다.

그러나 임문환은 일본인 관료 두세 명의 이름을 명기하고 그들에게 감사하고 있다.

"식민지인의 이익 확대와 인권 향상이 궁극적으로 일본 체제를 강화한다"고 믿었던 사람들이고, 임문환에게 그들은 "잊을 수 없는 구원"이었다고 한다. 그는 상사였던 호즈미 신로쿠로穗積眞六郎(1889~1970, 전 총독부 식산국장)에 대한 경의를 빼먹지 않는다. "이 사람에게 배운 '이도吏道'를 지니고 일생을 보냈다." 그는 이렇게 말하는 것을 꺼리지 않는다. 호즈미는 현대 일본인에게 더 많이 알려진 훌륭한 인물이다.

임문환에 따르면 호즈미는 창씨개명의 강제에 반대하며 "조선인이 옷깃의 오른 자락이 왼 자락 위로 가게 입으면 일본이 전쟁에 이기는 건지" 하고 내뱉듯이 말했다고 한다. 전시의 조선 지배 정책에 비판적이었던 호즈미는 1941년 반군反軍적이라는 이유로 강제 퇴관을 당했다. 일본이 패전하자 호즈미는 경성 일본인 돌봄 모임을 만들어 많은 일본인 귀환자를 지원했다. 전후에는 옛 총독부 관료들이 가져간 자료를 가쿠슈인学習院대학에 기증하고 조선근대사료연구회를 만들어 식민지 지배를 비판하는 젊은 학자들과 토론했다. 조선 식민지 연구에서 빼놓을 수 없는 인물인 것이다.

제7대 조선총독 미나미 지로南次郞는 한국인으로부터 "가장 악랄한 총독이었다"는 혹평을 받았던 육군 대장이다. 그가 총독으로 재임하는 중(1936~42)에 신사참배, 황국신민서사, 창씨개명, 조선교육령 개정, 지원병제 실시, 징병제 공포 등의 황국신민화 정책이 강행되었기 때문이다. "미나미가 최초로 결심한 통치 목표는 두 가지였다. 하나는 조선에 폐하를 행차하게 하는 것이고, 또 하나는 조선에 징병제를 실시하는 것이다."[23]

미나미 총독의 치세를 이론적으로, 실전적으로 떠받친 사람은 미나미에 의해 학무국장으로 발탁된 시오바라 도키사부로塩原時三郞다. 시오바라는 "백인의 세계 정복 방법의 하나로 생겨난 것은 민주주의이고 공산주의(『문교의 조선文敎の朝鮮』[24] 1937년 9월호)"라는 사상을 가진 사람으로 "조선에는 두 가지의 나쁜 사상인 공산주의와 민주주의가 있다(『문교의 조선』 1938년 7월호)"고 거침없이 말했다. 시오바라가 총독부의 주류였다. 호즈미 같은 관료는 주류파로부터 배척당했다.

이상과 같은 사실에서 쉽게 추측할 수 있는 것은, '내선일체'라는 슬로건은 총독부 관료 내부에서 적어도 두 가지 해석이 있었다는 사실이다.

국수주의적인 해석과 리버럴한 관료들의 해석이 보인 차이다. 그리고 조선인 측에서도 '내선일체'의 논리는 두 종류가 있었다. '철저 일

---

23) 御手洗辰雄編, 『南次郞』, 南次郞伝記刊行会, 1957.

24) 조선총독부 조선교육회가 일본어로 1925년 9월호부터 1945년 1월호까지 발행한 월간 종합잡지.

체론'은 몸도 마음도 피도 일본인이 되어야 한다는 사고다. 소설가 이광수 등이 주도했다. 또 하나는 '황도皇道'를 생활 원리로 하면서도 이 체동심으로 단결하면 된다는 '협화적 내선일체론'이다. 조선의 지식인 대부분이 이런 사고를 갖고 있었다.[25]

일제 강점기의 조선 이해에 대해서는 '식민지 착취론', '식민지 근대화론' 외에 지난 십수 년 사이에 대두한 복합형의 '식민지 근대(성)론'이라는 세 가지 사고가 있다. 획일적인 '착취', '근대화'라는 이항대립으로 이해할 수 없는 것은 당연할 것이다. 나의 조선 식민지론은 '식민지 근대(성)론'에 가깝다.

미나미 지로의 묘

조선총독 미나미 지로의 묘는 벳푸만이 바라보이는 오이타현 히지마치日出町의 고지대에 있다.

만주사변 당시 육군대신으로서의 책임을 물어 A급 전범 용의자가 되었고 종신금고형 판결을 받았다. 옥중에서 병이 들어 자택에서 요양하던 중 사망했다. 81세였다.

벳푸 온천에서 오이타 공항으로 향하는 도중, 히지마치 교차로 부근에 작곡가 다키 렌타로瀧廉太郎의 기념비가 보인다. 그곳에서 산 쪽을 향해 가면 완만한 산허리에 주택가가 있다. 아파트 옆의 나무숲에 미나미의 묘가 있다. 지도에 실려 있지 않기 때문에 찾기 힘들다. 묘에서 가

---

25) 趙景達, 『植民地朝鮮と日本』, 岩波書店, 2013.; 조경달, 최혜주 옮김, 『식민지 조선과 일본』, 한양대학교출판부, 2015.

미나미 지로의 묘(오이타현 히지마치).

까운 네거리에 그 지역 로터리클럽이 세운 표지가 있을 뿐이다. 미나미의 묘는 나무숲 입구에 있으며 비교적 크다. 전후 얼마 되지 않아 유족이 건립했다. 옆에는 미나미가의 조상 묘가 여러 기 있다. 초라한 인상을 면할 수 없다.

묘를 참배한 후 히지마치 역사자료관을 방문했다. 그러나 미나미 지로에 관한 어떤 자료도 없었다. 미나미에 관한 학술적 평전도 없었다. 미나미 지로의 전체상에 관한 현대 일본의 무관심은 이색적이다.

전 외무대신 시게미쓰 마모루重光葵는 『스가모 일기巢鴨日記』(1953)에서 스가모 감옥의 옆방에 있던 미나미를 "양끝이 아래로 처진 입가의 새하얀 수염이 명물이다"라고 묘사하는 한편 미나미가 "외교란 군행동의 뒤치다꺼리를 하는 것이라고 생각했지만 이번에야 비로소 외교의 중요성을 이해했다"고 말한 것을 기록했다. 시게미쓰도 오이타현 사람(기쓰키시杵築市 출신)이다. 일급 외교관이었는데도 그 지역 사람들은 그를 잘 모른다.

미나미 지로는 만주사변(1931년 9월) 때 관동군의 독주를 허락한 육군대신이다.

나카무라 신타로中村震太郎 대위 살해 사건(1931년 6월)[26]이나 조선인과 중국인 농민끼리 격돌하여 경성과 평양에서 중국인 상점 습격으로 발전한 만보산 사건(1937년 7월) 등 외교적으로도 어려운 문제가 빈발했던 시기다. 걱정한 쇼와 천황이 미나미에게 "육군이 국책을 끌고 가는 경향은 없는가"라고 물었지만 미나미는 "외교에 관해 군부는 주제 넘은 태도로 나서는 일은 삼가야 한다"고 대답했다고 한다.

"미나미는 상당히 간사한 사람입니다." 군사사가인 하타 이쿠히코秦郁彦는 『역대 육군 대장 전람—만주사변·중일전쟁기歷代陸軍大将全覧 昭和篇 満州事変·支那事変期』에서 이렇게 말한다. 내 인상은 여기에 가깝다.

동향인인 미타라이 다쓰오御手洗辰雄(『경성일보』 사장)가 집필한 『미나미 총독의 조선 통치南總督の朝鮮統治』(1942)는 선전 기사 퍼레이드다. 하지만 전후에 미타라이가 편집한 전기 『미나미 지로』(1957)에는 총독 시절의 육군특별지원병령에 대해 "군수나 경찰서장 등 그 성적을 과시하기 위한 권유가 있었고, 그중에는 강제도 있었다"는 기술도 있다.

미나미는 육군 내의 '오이타벌大分閥'의 보스 같은 존재였다. 포츠담 선언 수락의 어전회의에 출석한 육해군 수뇌 네 명 중 이와테 출신의 해군대신 요나이 미쓰마사米內光政를 제외하고 육군대신 아나미 고레치카阿南惟幾, 육군참모총장 우메즈 요시지로梅津美治郎, 해군군령부총

---

26) 1931년 6월 27일, 관동군 소속 스파이였던 나카무라 신타로 대위가 농업기사로 위장하고 대흥안령 일대에서 임무를 수행하다 봉천군벌에게 억류되어 살해당한 사건. 이를 두고 중일 간의 외교 분쟁이 발생했으며 일본은 이 사건을 만보산 사건과 함께 만주사변의 구실로 삼았다.

장 도요다 소에무豊田副武가 모두 오이타현 사람이다. 전후에 일부 오이타 현민들 사이에 '전범 현'이라는 자조사관이 생긴 것도 미나미의 존재와 무관하지 않다.

제2장
하라 세쓰코와 이마이 다다시의 수수께끼

하라 세쓰코가 찍힌 사진 한 장이 바로 앞에 있다.

오이타현립예술문화단기대학 교수였던 2010년 나는 이마이 다다시 감독의 〈망루의 결사대〉를 대학의 공개강좌에서 상영했다. 그때 관객 중 한 남성이 "돌아가신 아버지의 유품"이라며 가져온 것이다. 그의 아버지는 조선 북부의 국경 경관이었다.

국경의 하라 세쓰코

사진 두 번째 줄의 치마저고리를 입은 여성의 왼쪽이 하라 세쓰코로 보인다. 사진 뒤에 "1943년 1월 5일, 도호 〈망루의 결사대〉 로케이션 기념 촬영(평안북도 강계군 만포읍 문흥동 경찰서장 관사)"라고 쓰여 있다. 이 글에서 보아 압록강 언저리 일대에서 촬영하고 있던 하라 세쓰코 일행과 경찰 가족의 기념사진임이 틀림없다. 하라 세쓰코는 당시 스물세 살이었다.

사진을 소지하고 있던 사람은 오이타시의 미야아키 겐지宮明健児(1940년 9월생)다. 사진 오른쪽 끝의 여성이 미야아키의 어머니(90세에 사망)다. 그녀의 무릎에 안겨 있는 아이가 겐지다. "아버지가 이 사진을

〈망루의 결사대〉를 촬영 중이던 1943년 설을 맞이한 하라 세쓰코(두 번째 줄 왼쪽에서 세 번째) 등
의 기념사진. 하라 세쓰코의 오른쪽은 김신재.

오이타의 여동생에게 보냈기 때문에 수중에 남아 있었던 게 아닐까요"
라고 한다. 겐지는 아버지 미야아키 마쓰오宮明松夫(96세에 사망)로부터,
촬영 관계자 중 남성들은 경찰서에서, 여성들은 서장 관사에서 새해 축
하 잔치를 열었다는 이야기를 들었다.

치마저고리를 입은 여성은 당시 조선인 톱 배우인 김신재다.

김신재는 〈망루의 결사대〉에서 경성의 여자의전을 다니는 마을의
소녀 역을 맡았다. 조선민요 〈도라지 타령〉을 부르는 김 순사(진훈)의
누이 역이다. 첫 번째 줄의 여성(왼쪽에서 두 번째)도 하라 세쓰코와 많이
닮았다. 어쩌면 이 사람이 하라 세쓰코일지도 모른다.

미야아키 마쓰오는 1912년생이다. 보통문관(준 국가공무원) 시험에
합격한 경찰관이다. 국립국회도서관에 소장되어 있는 『조선총독부 경
찰직 목록』(1943)에 따르면 당시 만포 경찰서의 경부보였다. 경시(서장),
경부 두 명에 이어 경부보 세 명 중 한 명이었다.

이 직원록에 따르면 1943년 당시의 만포 경찰서에는 총 70명의 경

찰이 있었다. 그중 조선인은 명부에 기재한 출신지로 보아 23명으로 보이고, 모두 창씨개명을 했다. 영화 〈망루의 결사대〉에서 조선인 순사역의 이름이 모두 조선식 성명인 것과는 큰 차이가 있다.

조선인 경관은 순사부장 12명 중 4명이다. 순사 49명 중에서는 17명이 조선인이다. 순사 두 명을 제외한 전원이 현지인 평안북도 출신이다. 공의公醫와 경찰 보건의는 조선인이다. 만포진에 있는 본서 외에 주재소가 7곳(30명), 출장소가 9곳(20명)이나 되었다. 이동 경찰계가 9명이었다.

미야키 일가는 패전으로 조선에서 고향인 오이타로 귀환했다. "한국전쟁이 시작되자 공안조사청(1952년 설치) 사람이 몇 번이나 찾아와 복직하라고 권유했지만 아버지는 그때마다 거절했다(겐지의 이야기)"고 한다.

〈망루의 결사대〉 촬영을 위해 조선으로 가는 하라 세쓰코를 목격한 인물이 있다.

비교문학자인 고故 사에키 쇼이치佐伯彰一(전 도쿄대학 명예교수)다. 그는 1942년 12월 해군 소위로서 도쿄역에서 가고시마행 장거리 열차를 탔다. 문득 주위를 둘러보니 같은 차량의 아주 가까운 자리에 하라 세쓰코가 앉아 있었다고 한다. 사에키는 그 일을 도쿄대학 대학원 수업 때 요모타 이누히코(영화사 연구자) 등에게 했다. 요모타가 『리샹란과 하라 세쓰코李香蘭と原節子』(2011)에서 이 일화를 소개하고 있다.

사에키에 따르면 하라 세쓰코는 하룻밤을 차 안에서 보내고 시모노세키에서 슬쩍 내렸다. 요모타는 하라 세쓰코의 연보에서 볼 때 그녀는 〈망루의 결사대〉를 촬영하기 위해 조선으로 가는 도중으로 시모노세키에서 배로 갈아탔을 거라고 추측하고 있다. 앞에서 말한 사진에서 확인한 것처럼 세쓰코는 1943년 설에는 북선 지역에 있었다. 전해인 1942년 12월 세쓰코는 도쿄에서 시모노세키까지 열차로 가서 조선행 연락선으로 갈아탄 것으로 보인다.

사에키에 따르면 하라 세쓰코는 "언니인 듯한 여성과 둘이었다"고 한다. 요모타는 "동행한 여성은 아마 친언니로 영화감독 구마가이 히사토라熊谷久虎의 부인"이었을 거라고 추정하고 있다. '언니인 듯한' 그 여성이 미야아키가에서 보관해온 사진의 맨 앞줄에 찍힌, 하라 세쓰코와 닮은 여성으로 보이지만 다른 추측도 가능할 것이다.

사진 속의 여성은 하라 세쓰코나 다름없을 만큼 젊고 아름답다. 그러나 구마가이 히사토라의 부인인 미쓰요光代(둘째 언니)는 하라 세쓰코보다 열네 살이나 많기 때문에 미쓰요로 생각하는 것은 다소 부자연스럽다. 사진 속의 여성은 네 살 위의 넷째 언니인 리쓰코律子일지도 모른다. 그녀는 "하라 세쓰코보다 아름다운 언니"라는 평판이 있었고, 한때는 따라다니며 돌봐주는 일을 했다고 한다. 훗날 영화감독 반쇼 요시아키番匠義彰와 결혼했다(나중에 이혼). 그러나 이 여성이 둘째 언니든 넷째 언니든 미야아키가가 보관해온 사진과 사에키 쇼이치의 기억이 일치했다는 사실은 움직이지 않는다.

하라 세쓰코의 집안에서 아주 흥미로운 것은 오빠와 언니에게 만주나 시베리아의 그림자가 있다는 사실이다(이시이 다에코의『하라 세쓰코의 진실』[1] 외).

큰오빠는 억류되어 있던 시베리아에서 1945년 10월쯤 세상을 떠났다. 도쿄외국어학교(현재의 도쿄외국어대학)를 졸업한 후 변호사 자격을 따고 만주로 건너가 있었다. 페리스와에이(Ferris和英)여학교(현재의 페리

1)   石井妙子,『原節子の真実』, 新潮社, 2016.

스여학원대학)를 졸업한 셋째 언니는 미쓰이 은행원과 결혼했다. 남편은 다롄 지사에 근무하는 중에 소집되어 필리핀에서 전사했다. 셋째 언니의 남은 가족은 몸뚱이 하나만 가지고 귀환하여 세쓰코의 원조를 받아 식당을 운영했다. 구마가이 히사토라의 부인인 언니 일가도 만주에서 무일푼으로 고향인 나카쓰(오이타현)로 귀환했다. 전시하에서 처음으로 세상을 떠난 사람은 세쓰코의 어머니 나미다. 간토 대지진 때 화상을 입고 1941년에 세상을 떠났다. 큰언니는 결혼하지 않고 1944년에 세상을 떠났다. 영화의 카메라맨이었던 둘째 오빠는 전후 촬영을 하는 중에 사고로 죽었다.

국경 경관의 전후

미야키 겐지의 수중에 아버지 마쓰오가 전후가 되어 써서 남긴 『비망록』이 있다.

1943년 설날 오전 10시 만포경찰서에서 새해 축하 잔치가 시작되었다. 도호 〈만루의 결사대〉 일행이 새해 인사를 하러 찾아왔다. 이마이 다다시, 시로타 겐조代田謙三(?) 사무장, 다카다 미노루, 시미즈 마사오, 하라 세쓰코, 미타니 사치코, 김신재 외 여러 명이다.

"내(미야키 마쓰오) 앞으로 하라 세쓰코가 와서 머리를 숙였다. '새해 복 많이 받으세요.' 아름다운 목소리. 세상에 이렇게 아름다운 여자도 있구나 하고 깜짝 놀랐다."

영화 촬영지는 "만포경찰서 문악 주재소"라고 마쓰오는 기록했다. 그는 1938년에 결혼했다. "전등도 없는 남포등 생활에, 나를 속여 이런 시골로 데려왔다고 아내는 불평했다."

패전 때는 평안북도의 도청이 있는 신의주에 있었다.

미야아키 일가의 귀환 기록은 다음과 같다.

"겐지(4세)를 업고, 아내(29세)는 마리코(2세)를 업고, 가미야의 부인은 도시오키寿興를 업었다. 도시카즈寿一는 걸을 수 있었지만 군인이 어깨에 짊어졌다. 사리원을 떠나 노상강도를 만났다. 일행 열한 명은 몸뚱어리 하나만 남아 산야를 터벅터벅 걷기 시작했다. (중략) 정오를 조금 지났을 무렵 천태에 도착했다. 백중날이라 조선의 노인들이 제사 음식을 목기에 담아 머리에 이고 엷은 노란색 치마저고리를 차려입고 무덤으로 성묘를 가고 있었다. 쉬고 있는 머리 위에서 안녕히 가십시오(조선어) 하고 말해주는 친절한 아주머니도 몇 명 만났다. 다정한 눈으로 아이를 보며 사과를 주는 사람도 있었다."

난외의 메모. "8월 15일 평양, 그날 밤은 강계. 시무라 겐지의 사택에서 곯아떨어짐. 16일 강계 출발, 저녁, 신의주. 17일 무도장武道場. 18일 지사知事 공사公舍." 이 외에 의미 불명의 기술.

본문. "8월 23일 새벽 3시경, 신의주역에서 남행 특급열차를 탔다. (중략) 이 열차로 내지까지 직행할 수 있다는 것은 누구 한 사람 의심하는 사람이 없었다. 기차 안은 만주에서 귀환하는 사람들로 입추의 여지가 없었다. 승차할 수 있었다는 것만으로도 다행이라고 생각했을 터다. 모두 특별고등경찰의 형사 경험자다. 만약 도중에 하차하라고 한다면 어떻게 할까. 그런 일을 생각하지 않았던 것일까. 이 열차 안에서 패전 국민으로서의 비참한 인생이 시작되었다."

"두 시간쯤 지나 기차가 정차했다. 특급인데 왜 멈춘 걸까. 평안북도 백마역(남신의주역에서 13.8킬로미터)이라는 것을 알았다. 잠시 후 달리다가 다시 멈췄다. 작은 탄광 마을의 역이다. 기차는 더 이상 앞으로 가지 않으니 하차하라고 역무원이 말한다. 어제 38선의 개성에 소련군이 진주하여 모든 열차는 소련군 지휘관의 권한이 된 모양이다. 그날 밤은 무리한 부탁을 해 그곳에서 숙소를 잡았다. 탄광에 근무하는 일본인도 있었다. 그러고 나서 우마차를 얻어 탔다."

난외의 메모. "9월, 경성 체재 약 20일. 부산 체재 5일. 10월 12일 부산 출발, 13일 쓰시마 히다카쓰, 14일 고도五島, 15일 후쿠오카 상륙. 17일 (오이타현) 사이키."

사이키는 미야아키가의 고향이다. "전쟁에 졌다. 두 번 다시 바다 건너 일본을 떠나 외국에는 가지 않겠다고 맹세했다." 마쓰오는 이렇게 썼다.

미야아키 마쓰오는 패전 때 평안북도 경찰부 고등경찰과의 과장 보좌였다.

그의 상사인 과장 일가의 동반자살 사건이 있었다는 것은 쓰보이 사치오坪井幸生의 『어느 조선총독부 경찰 관료의 회상』[2]에 기술되어 있다. 후기에 "자결한 고등경찰 과장, 나카노 경시"라고만 기록되어 있는 사실이다. 앞에서 언급한 『조선총독부 경찰 직원록』(1943년판)을 조사했더니 나카노는 평안북도 고등경찰 과장인 나카노 히데오中野秀雄 경시(후쿠오카현 출신)라는 것을 알 수 있었다. 고등과는 반정부 활동을 단속하는 정치 경찰이다.

미야아키 마쓰오의 비망록에는 동반자살 사건이 상세히 기술되어 있다.

"나카노 과장은 백발에 체구가 작기는 했지만 늘 뭔가를 생각하는

---

2)   坪井幸生, 『ある朝鮮総督府警察官僚の回想』, 草思社, 2004.

것 같은 사람이었다. 주도면밀하고 신중한 성격이라 고등경찰 과장에 적임자였다. 나카노 과장은 체포되어 있던 신의주의 유치장에서 부인에게 차입하게 한 청산가리를 먹고 자결했다. 부인은 과장 관사에서 여섯 살의 장남, 네 살의 장녀와 함께 거의 같은 시각에 음독자살했다."

겐지에 따르면 나카노 과장의 고향은 후쿠오카현 지쿠조군築上君 시다마치椎田町다. 돌아가신 그의 아버지는 전후에 종종 성묘를 했다고 한다. 전후 국경 경찰관들의 진상을 알고 오싹해지지 않을 수 없다.

하라 세쓰코, '군국의 여신'

하라 세쓰코는 한국의 영화 팬들에게도 인기가 많다. 서울의 어느 대학 영화학과 교수의 부탁으로 사진집 『하라 세쓰코』(1992)를 구입하여 한국까지 가져간 적도 있다. 그 책의 권말에서 영화평론가 사토 다다오佐藤忠男가 하라 세쓰코의 매력에 대해 이렇게 썼다.

"하라 세쓰코는 1930년대 중반부터 1960년대 초까지, 바로 전쟁기를 사이에 두고 30년 가까이 일본 영화계에서 톱스타의 자리에 있었던 대배우다. (중략) 한창때 전쟁의 시대를 지나야 했던 것은 그녀에게 실로 불행한 일이었다. (중략) 패전 후 민주주의 계몽의 시대가 되자 지적이고 착실한 캐릭터를 가진 그녀가 나설 차례가 찾아온다."

확실히 하라 세쓰코의 이름은 전후 민주주의와 관련하여 말하는 경우가 많다.

하지만 그녀를 '군국의 여신'이었다고 부를 수도 있다. 영화사 연구자인 요모타 이누히코는 이렇게 지적한다. "1942년부터 1945년의 패전까지 4년간 하라 세쓰코는 열세 편의 영화에 출연했다. (중략) 이 편수를 다른 배우들과 비교해보면 확실히 많다. 그리고 그 대부분이 전시하의 국민에게 모범을 보여주겠다는 의도로 제작한 영화였다(요모타 이누히코의 『리샹란과 하라 세쓰코』)."

사토 다다오는 앞의 책에서 하라 세쓰코가 영화에서 연기한 "진보적 사상 경향은 그녀 자신과는 관계없는 것 같다"고 썼다. "그녀는 형부인 구마가이 히사토라 감독의 영향 아래에 있었고 구마가이 감독은 우익적인 사람이었기 때문이다." 하라 세쓰코의 둘째 언니가 구마가이의 아내다.

구마가이가 하라 세쓰코에게 준 영향에 대해서는 이마이 다다시의 다음과 같은 증언이 잘 알려져 있다. 조선에서 〈망루의 결사대〉를 촬영할 때의 일과 관련된 증언이다.

"숙소에 도착한 날 저녁, 하라 세쓰코가 찾아와, 이마이 감독님, 형부(구마가이 감독)가 전해달라고 해서요, 하며 봉투를 내밀었습니다. 그 편지에는, 일본은 전력을 다해 남방의 여러 나라들에서 영토를 확보하지 않으면 안 된다, 그때 일본 국민의 눈을 북방으로 돌리려고 꾀하는 것은 유대인의 음모다, 이 〈망루의 결사대〉는 일본 국민을 교란시키고자 하는 유대의 음모이니 즉각 중지했으면 좋겠다는 내용이었습니다. 구마가이 씨는 닛카쓰日活에서 〈정열의 시인 다쿠보쿠情熱の詩人啄木〉를 찍었습니다. 좋은 영화였지요. 도호로 와서 〈아베 일족阿部一族〉을 찍었는데 그것도 좋았습니다. 저는 정말 감격했습니다. 그러고는 점점 이상해지더니 스메라학숙スメラ学塾3)이라는 극우 단체에 들어가 상당히

---

3) 스메루(수메르 문화에서 유래하는) 문화권은 나중에 이집트 민족의 점령으로 분리되고 확산되었는데, 그것을 통일하고 새롭게 건국한 것이 진무神武 천황이었다. 그러므로 일본은 '스메루 문화권의 르네상스를 감행해야 할 필연적 주체자이고 모든 민족

높은 자리까지 올라갔지요. 그러므로 그 영향으로 하라 세쓰코까지 유대인 음모설을 주장하는 상태였습니다(『강좌 일본 영화(4) 전쟁과 일본 영화』)."

이마이의 회상은 하라 세쓰코에 대한 각종 연구에서 인용되었다. 세쓰코의 생생한 모습을 전해주는 일화다.

야바케이로의 소개

"형부 부부의 존재를 떠나 저라는 인간은 생각할 수가 없어요."

하라 세쓰코가 『주간 아사히』의 별책(1960년 5월 1일호)에서 한 말이 그녀의 사후인 2015년에 클로즈업되었다. 적잖은 책에서, 형부인 구마가이 히사토라 감독(1904~86)은 하라 세쓰코라는 배우에게 큰 영향을 끼친 '문제적 인물'로 언급되었다.

구마가이 히사토라가 태어난 것은 신비의 동굴 '아오노도몬靑の洞門'으로 유명한 오이타현 야바케이耶馬渓(현재의 나카쓰시)다. 제국대학에 진학하고 싶었으나 아버지가 탄광 사업에 실패한 바람에 오이타고등상업학교(현재의 오이타대학 경제학부)에 진학했다. 유급한 것을 기회로 학교를 그만두고 교토에서 닛카쓰의 촬영소장을 하고 있던 아버지의 사촌에게 부탁하여 그곳에 취직했다. 구마가이는 전중과 전후에 '국수주의자'로 불린 영화인이지만, 그 당시는 프롤레타리아 문학에 열중하

을 재통일하여 장래에 통일국가를 형성해야 할 사명이 있다고 생각한 단체(1940~44). 1945년 스메라학숙의 멤버들은 규슈를 독립시켜 새로운 정부를 수립하려고 했다. 학숙의 우두머리는 해군 대장 출신의 스에쓰쿠 노부마사末次信正, 중심 멤버는 육군 대령 다카시마 다쓰히코高嶋辰彦, 국민정신문화연구소의 고지마 다케히코小島威彦 등이었다.

는 좌익 청년이었다.

구마가이의 영화에 관해서는 요모타 이누히코의 『일본 영화 110년』(2014)의 기술이 적확하다.

구마가이는 당초 "이상주의적 경향을 가지고 사회 모순을 밝혀내려는 의욕으로 메가폰을 잡았다". 1937년에 공개한 『창맹蒼氓』에서는 브라질 이민의 실태를 그렸다. 〈아베 일족〉(1938)에서는 무사도 비판을 전개했다. "1940년대에 이르자 국책영화로 향하여 초국가주의의 신비한 사상 단체의 두목으로서 일본에는 아주 드문 반유대주의를 주창했다."

구마가이가 감독하고 하라 세쓰코가 중국인 여성을 연기한 〈상하이 육전대上海陸戰隊〉(1939)는 해군성이 후원한 국책영화인데, 제2차 상하이사변에서 상하이 해군 특별육전대의 모습을 다큐멘터리로 그렸다. 큰 소리의 내레이션과 하라 세쓰코의 부자연스러운 연기가 두드러진 영화다.

구마가이의 이름은 의외의 소설에도 등장한다.

히노 아시헤이火野葦平가 자살한 직후에 간행된 그의 『혁명 전후』(1960)다. 이 소설은 실화를 바탕으로 한다. 구마가이는 패전 전야에 규슈 독립운동을 획책하는 주모자 중의 한 사람이었던 것이다. 후쿠오카 교외에 있는 후쓰카이치二日市 온천 여관에 관계자가 집결했다고 한다. 실재하는 '조각組閣 명부'에서 구마가이는 서기관장(관방장관)이었고 히노는 선전 담당이었다.

소설 『혁명 전후』에 대해 구마가이는 "그건 실제로 내가 말한 대사까지 완전히 그대로입니다"라고 대담집 『훈장이 필요 없는 거인들』[4]

---

4) 森山幸晴, 『勲章のいらない巨人たち: 森山幸晴対談集』, 世界聖典刊行協会, 1981.

에서 말했다. 그들이 집결한 여관은 후쓰카이치 보양소(지쿠시노시筑紫野市)에서 도보로 몇 분 거리밖에 떨어져 있지 않다. 거기서는 만주 등에서 소련군에게 강간당하고 귀환한 여성들의 임신중절 수술(400~500건)이 이루어졌다.

전시와 전후 하라 세쓰코의 동향에는 수수께끼가 많다.

우익 단체 스메라학숙의 멤버였던 인물의 자전에는 세쓰코가 갑자기 "엷은 갈색의 군복 상의에 바지를 입은 남장 차림으로 씩씩하게 나타났다"고 기술되어 있다. 『하라 세쓰코의 진실』(2016)의 저자인 이시이 다에코는 현지 조사를 한 후 세쓰코는 "1944년 말인가 1945년 초"에 구마가이가의 조상 땅인 야바케이에서 한때 언니인 미쓰요(구마가이 감독의 부인)와 함께 살았다고 추정한다.

오이타현립예술문화단기대학(오이타시)에 재직하고 있던 나는 진작부터 '하라 세쓰코의 야바케이 전설'에 관심이 있었다. 그 지역에서도 "요시타케 씨라는 친척이 야바케이에 있고, 하라 세쓰코가 소개疏開해 있었다"는 등 적지 않은 풍문이 있었다.

벳푸에서의 선거 지원

최근 의외의 새로운 사실이 발견되었다.

전후가 되고 나서 하라 세쓰코가 선거 지원을 위해 오이타현을 다시 방문했다는 사실이 밝혀진 것이다(『마이니치신문』 오이타판 2015년 12월 22일자).

하라 세쓰코는 전후 첫 중의원 의원 선거(1946년 4월 10일 투표)의 오이타 전현全縣 1구(정수 7)에 입후보한 다마루시마 다케오溜島武雄 후보를 지원하기 위해 3월 12일 벳푸시 간나와鉄輪와 가메가와에서 지원 연설을 했다. 그 지역 신문인『오이타합동신문』에 "하라 씨는 구마가이 히사토라 씨를 대신하여 도쿄에서 급히 달려와 난생처음 연단에 서서 여성의 입장에서 응원했다"는 기사가 있다. 시민단체 '오이타 프란게 문고의 모임'의 시라쓰치 야스요白土康代 대표(전 오이타문리대학 교수)가 발견한 것이다.

다마루시마는 전시에 산업보국회 중앙본부 생활지도부 부부장을 한 우파 사상을 지닌 사람이다. 세쓰코가 선거의 지원 연설까지 한 것은, 그녀 자신에게 상당한 공감이 있었다는 것을 엿보게 한다. 세쓰코는 라디오의 정견 방송에서도 '여성과 문화'라는 제목으로 지원 연설을 했다. 그런 자료가 '프란게 문고'(GHQ가 검열을 위해 수집한 신문이나 잡지)에서 발견된 것이다.

알다시피 여성들은 이 총선거에서 처음으로 선거권, 피선거권을 얻었다. 하라 세쓰코의 전후 첫 번째 작품은 1946년 2월에 공개된 〈푸른 고향緑の故郷〉(와타나베 구니오渡辺邦男 감독)이다. 세쓰코는 2년 반 전 와타나베 구니오 감독의 작품 〈결전의 하늘로決戦の大空へ〉에서 소년항공병을 격려하며 전장으로 보내는 역할을 맡았다. 전후에는 일변하여 GHQ 산하 CIE(민간정보교육국)의 검열 아래 〈푸른 고향〉에서 민주주의 찬미를 요구받는 여교사를 연기했다.

〈결전의 하늘로〉의 군국주의, 〈푸른 고향〉의 민주주의, 우파 후보를 지원한 '선거의 지원 연설'. 어느 것이 아이다 마사에会田昌江(하라 세쓰코의 본명)의 본심이었을까.

다마루시마의 자서전은 신뢰성이 결여된 부분이 있다. 다마루시마

의 『메이지인의 경영 외전明治人の経営外伝』(1986) 권말에 들어 있는 자전에 그 선거 결과에 관한 기술이 있는데, 그는 '차점자 다음'으로 낙선했다고 쓰여 있다. 그러나 오이타 시절의 내 제자들에게 오이타현 선거관리위원회의 기록을 조사하게 했더니 무소속 신인이었던 다마루시마 다케오는 오이타 전현 1구(정원 7명)의 입후보자 49명 중 16위였다. 특표수는 2만 2421표다. 차점자(3만 379표)와는 상당한 표차가 있었다.

다마루시마는 "1905년 오이타현 시모게군 산코무라 출신"이다. 구마가이 감독(시모게군 야바케이 출신)의 1년 후배에 해당한다. 두 사람 다 오이타고등상업학교(현재의 오이타대학 경제학부)에 진학했다. 다마루시마는 오이타고등상업학교에 입학하기 전에 조선 북부의 진남포에 2, 3년 있었다고 쓰여 있다.

구마가이가 하라 세쓰코에게 큰 영향을 끼쳤다는 것은 이미 말했다. 다마루시마는 나치식의 노동조합을 일본에 소개한 인물이고, 전후에 공직추방의 대상이 되었다. 그 때문에 구 해군성 고문실 보좌관 시절의 지인과 의논하여 '국제선전주식회사'를 세웠다. 그의 자서전에 따르면 구마가이 히사토라도 하라 세쓰코와 함께 이 회사의 이사로 이름을 올렸다.

'고치'의 허물

하라 세쓰코의 형부 구마가이 히사토라는 고향 오이타현에서도 '잊힌 영화감독'이다.

세쓰코가 세상을 떠난 후 그녀가 주연한 작품이 종종 도쿄에서 상영

되었다. 구마가이가 감독한 〈아름다운 어머니美しき母〉(1955)도 그중 한 작품이다. 하라 세쓰코가 오이타 사투리를 쓰는 어머니를 연기하는 특이한 작품이다. 전향 작가 하야시 후사오의 자전적 소설이 원작이다. 하야시는 구제 오이타중학(현재의 오이타 우에노가오카上野丘고등학교)의 졸업생이다.

생전에는 저명한 작가였던 하야시 후사오도 지금은 '잊힌 작가'라고 해도 좋을 것이다.

『니시닛폰신문西日本新聞』 문화면(2007년 6월 10일자)에 오이타 현지의 분위기를 전하는 기사가 있다. 기자가 하야시 후사오의 친척을 방문했더니 갑자기 "좀 봐주세요" 하며 취재를 거절했다는 것이다. 친척들은 하야시의 『대동아전쟁 긍정론』(1964)을 부담스럽게 느끼고 있다고 한다. 후쿠오카현에 거주하는 문예평론가 마쓰바라 신이치松原新一는 하야시를 '기피된 작가'라고 표현했다.

구마가이와 하야시의 인생 궤적은 아주 흡사하다. 두 사람 다 아버지의 광산 투기로 가세가 기울어 고학했다. 두 사람 다 젊었을 때는 프롤레타리아 문학을 애독하는 좌익 청년이었다. 두 사람 다 훗날에는 우익 감독, 우익 소설가로 전향했다.

나는 영화 〈아름다운 어머니〉를 본 후 하야시의 자전적 소설『고치繭』(1926)와『아름다운 어머니에 대한 찬가美しき母への讚歌』(1953)를 읽고 어머니에 대한 사랑이 하야시의 인생에서 전환점이 되었다는 사실을 알았다. 그리고 하야시와 구마가이의 작품에 다시 관심을 갖게 되었다.

하야시 후사오의 소설『아름다운 어머니에 대한 찬가』는 꽤 괜찮은 작품이다.

하야시가 예전에 살았던 집이 있는 오기쿠보荻窪의 도서관까지 가서 읽었다. 이 책은 도립도서관에만 있다(국립국회도서관과 제휴 관계에 있는 도서관에서는 디지털 서적으로 열람할 수 있다). 파라핀지로 포장된 고서적을, 파손되기 쉬운 물건이라도 손대는 듯이 읽었다. 오이타·후나이성府內城⁵⁾ 터, 항구의 우타세선打瀬船,⁶⁾ 연병장, 어머니가 일했던 제사공장, 지장당地藏堂, 오이타중학교……. 이제 그 지역에서도 말하지 않는 다이쇼 시대 오이타의 모습이 정성껏 기술되어 있었다. 그 도시에 8년을 살았던 사람으로서 큰 감명을 받았다.

하라 세쓰코는 112번째의 영화 〈주신구라忠臣藏 꽃의 권, 눈의 권〉(1962, 이나가키 히로시稲垣浩 감독) 촬영을 마치고 은막을 떠났다. 그리고 긴 칩거 생활 끝에 2015년 95세의 일기로 세상을 떠났다. 형부 구마가이 히사토라는 1986년 5월, 그의 아내 미쓰요는 그 이듬해 6월에 세상을 떠났다.

하야시 후사오의 어머니는 오이타시 제사공장의 여공으로 일하며 아들을 키웠다.

자전적인 소설 『고치』에서 하야시는 다음과 같이 썼다. 그 묘사는 이제 와서 보면 본명 아이다 마사에라는 여성의 신체가 '하라 세쓰코'라는 이름의 아름다운 명주실로 감겨 사망 후에 남긴 표상인 것처럼 여겨진다. 다음과 같은 구절이다.

"여공들 앞에는 끓는 물을 가득 채운 솥이 큰 것과 작은 것이 각각 두 개씩 있는데, 작은 솥에서는 하얀 고치가 부글부글 끓고 있었다. 충분히 끓여진 고치는 큰 솥에 하나둘씩 던져 넣어져 끓는 물 안에서 빙

---

5)　오이타시에 있었던 일본의 성으로 오이타성이라고도 한다.

6)　작은 범선으로 조개나 갯가재, 게, 가자미 등 밑바닥의 어패류를 잡기 위한 배.

글빙글 돌며 점점 야위어갔다. 눈에 보이지 않을 만큼 가는 명주실 줄기가 여공들의 머리 위를 넘어 뒤에서 윙윙 돌고 있는 얼레에 감기고 있었다. 벨트의 회전에 따라 얼레는 살쪄가고 고치는 점점 야위어 가늘어진다. 드디어 완전히 알몸이 되면 그다음에는 새까만 번데기 사체가 두둥실 떠올랐다."

국경의 리얼리즘

주제를 바꾼다.

더 이상 하라 세쓰코에 대해서는 언급하지 않을 것이다. 이 희대의 여배우에 대해 불손하다는 생각이 들기 때문이다.

〈망루의 결사대〉의 언어 문제와 관련하여 점검해두고 싶은 기사가 있다.

영화잡지 『신영화』(1943년 1월호)에 실려 있는 〈망루의 결사대〉 관계자에 의한 좌담회 기록이다. 이마이 다다시, 최인규, 후지모토 사네즈미에 더해 주연 다카다 미노루, 영화평론가 이지마 다다시飯島正, 후타바 주자부로双葉十三郎, 이렇게 총 여섯 명이 참여했다. 이마이 등이 세 번째 북선 현지 촬영을 떠나기 직전인 1942년 말 무렵에 도쿄에서 열린 것으로 보인다.

"일본에는 활극 영화가 없습니다. 이번에 조선에 가서 〈망루의 결사대〉를 찍게 되었습니다." 좌담회에서 이렇게 말을 꺼낸 이는 프로듀서 후지모토다. 이 말을 받아 최인규가 "저는 예전에 후타바(주자부로) 씨로부터 활극을 찍으라는 말을 들었습니다"라고 발언한다. 후타바가 최인규에게 활극 영화를 제안한 것이 〈망루의 결사대〉를 제작하게 된 발단이라는 것을 밝히고 있는 대화다.

후타바는 전후가 되고 나서도 〈망루의 결사대〉의 아이디어를 제공한 사실을 작가 고바야시 노부히코小林信彦나 가와모토 사부로川本三郎에게 이야기했다. 도호 선전부에 재적하고 있던 영화평론가 요도가와 나가하루淀川長治에 따르면 〈망루의 결사대〉의 습격 장면의 연출을 고민하고 있던 이마이에게 후타바는 미국 영화의 연출 사례를 설명하며 아주 상세하게 소개했다. 〈망루의 결사대〉에는 "그 연출이 완벽하게 효과적으로 쓰였다"고 한다(『요도가와 나가하루 자전(상)』).

후지모토 사네즈미와 최인규는 먼저 "조선과 소련의 국경인 토리土里라는 곳으로 가서 열흘쯤 국경을 걸었다". 두만강의 상류, 농사철에 어느 주재소에 대여섯 명의 국경 경찰관을 모아 이야기를 들었다. "누가 내지인이고 누가 반도인인지 알 수 없었습니다. 최 군은 알았다고 합니다만." 후지모토는 "이건 좋은 이야기라고 생각했고, 거기서 이 이야기(영화화)가 나온 것입니다" 하고 제작 경위를 밝힌다. 후지모토는 경관들의 '내선 융화'에 감격했다는 것이다.

최인규의 발언에서 주목되는 것은 그가 "제 가족이 비적한테 당한 적이 있습니다"라고 말한 점이다. "고모부의 형제가 부자였습니다. 어느 날 어딘가에서 술을 마시고 있었는데, 그렇게 집을 비우고 있을 때 비적이 와서 돈을 내놓으라고 한 것이지요." 친척 두 사람이 비적과 맞붙었다가 가슴 등을 다쳤다고 한다. "최 군의 아버지는 경찰관입니다" 하고 이마이가 덧붙인다.

최인규: "국경에 있는 어지간한 부자는 비적의 피해를 당합니다. 마치 서부

극에 나오는 듯한……."

이마이: "연안의 어지간한 집은 망루를 갖고 있지요."

후지모토: "비적은 경찰한테는 탄환, 민가에는 식량을 노리고 옵니다. 진군 나팔을 불며 일제히 사격해오는 것이지요."

이마이, 최인규, 후지모토, 이 세 사람 각자가 촬영지를 물색하며 얻은 현장 감각을 기초로 이런 리얼리티 있는 이야기를 했다. 이어서 이마이 등이 대사의 언어 문제에 대해 언급한다. 이 대화에서 '국어'는 일본어라는 의미다.

이마이 다다시: "이번에 반도의 배우들은 국어를 쓰기 때문에 국어에 정신이 팔린 나머지 연기가 딱딱해졌습니다."

이지마 다다시: "그럼 조선어로 하고 나서 더빙을 하면 어떨까요?"

최인규: "좀 더 일찍부터 국어로 하지 않으면 안 되었습니다. 그렇게 되었다면 좀 더 나은 것이 되었을 거라고 생각합니다."

이지마 다다시: "이 영화라면 국어로 하지 않을 수 없습니다. 그런 점에서 합당합니다."

최인규 : "무리하게 넣은 게 아니라면 당연히 국어로 해도 됩니다."

영화 〈망루의 결사대〉에서 국경경비대는 일본인이든 조선인이든 주로 하는 말은 일본어다. 그 때문에 "조선인 배우의 연기가 딱딱해졌다"고 이마이는 한탄하지만 연출 조수인 최인규는 그건 어느 정도 어쩔 수 없는 문제라는 의견이다. 최인규가 이마이의 연출 내용에 상당히 관여했다는 것을 시사하는 발언이기도 하다.

이마이가 "반도의 국어(일본어)는 규슈 사투리가 많다"고 말한 점도 흥미롭다. 이마이가 "그쪽(조선)에 가 있는 일본인과 관련된 걸까요?"라고 고개를 갸웃한다. 이마이는 반도로 이주한 일본인 중 규슈 출신자가 많다는 점을 환기하고 있는 것이다.

확실히 재조선 일본인은 규슈·주고쿠 지방 출신자가 많았다. 1930년 당시의 재조선 일본인(총 52만 3486명)의 출생 조사에서는 ① 야마구치현 3만 2615명, ② 후쿠오카현 2만 8532명, ③ 나가사키현 2만 4452명, ④ 구마모토현 2만 2849명, ⑤ 히로시마현 2만 2734명 순이다. 조선 태생의 일본인도 15만 4954명이 있었는데 사투리는 부모의 영향을 받은 것이었음이 틀림없다.

> 이지마: "심영 군(유동순 선생 역)은 꽤 능숙하더군요."
> 최인규: "본인이 용감하니까요. 아무튼 열의를 갖고 있습니다."
> 이마이: "주인규 씨(황창덕 역) 같은 경우도 사투리가 없더군요. 굉장히 몰두합니다."

심영이나 주인규는 비교적 무난하게 일본어 연기를 해냈다는 것을 알 수 있다. 탁음과 청음의 혼동을 언급한 발언도 있다.

> 최인규: "한 가지 더 안 되는 것이 탁음입니다. 써 넣어도 틀리니까요."
> 다카다 미노루: "이번 영화에 들어 있는 것인데, (학교의 수업 광경에서) '빈포우가 아니라 빈보우(貧乏, 가난)다'라는 것은 아주 훌륭한 착상이더군요."
> 후지모토 사네즈미: "심영 군이 선생인데 빈포우가 아니라 빈보우라고 가르치지요."

다카다: "사이토 히데오 군(아사노 순사 역)이 '어머니가……'라고 말하는 것을 하지 못해서 두 시간인가 세 시간이 걸렸지요."

최인규: "전택이(박 순사 역)가 한마디를 하는 데 세 시간쯤 걸렸습니다."

이마이의 연기 지도는 엄격했다. 이마이는 〈저것이 항구의 불빛이다〉(1961)에서 조선인 창부 역의 중견 여배우의 연기가 마음에 들지 않아 기시다 교코岸田今日子로 교체해서 박진감 있는 화면을 연출했다.

영화의 리얼리티

조선 영화의 언어 문제에 대해 조선 영화계에 정통한 니시키 모토사다西龜元貞(1910~78)의 설명을 소개하고자 한다.

도쿄제국대학 법학부를 중퇴한 후 『경성일보』 학예부에서 영화를 담당했던 영화 청년이다. 1939년부터 2년간 영화 검열을 하는 총독부 도서과의 촉탁으로 있었다. 조선 영화계가 국책회사 '조선영화제작주식회사'로 통합된 시기에는 이 주식회사의 기획과에 재적하며 영화의 각본을 쓴 인물이기도 하다. 니시키는 패전 후 경성에서 귀환할 때까지 최인규 감독의 〈집 없는 천사〉를 비롯하여 조선 영화 수 편의 시나리오를 썼다.

니시키는 『영화평론』(1941년 7월호)에 「조선 영화의 제재에 대하여」라는 제목의 소론을 기고했다. 이 글에서 니시키는 조선 영화는 신파풍新派風의 비극, 실연물失戀物이 대부분이라고 쓴 후 "국어 사용의 문제를 잠깐 언급한다"고 하며 "국어 사용은 어느 정도 그 제재가 (무엇인가에 따라) 결정된다"며 조선 영화계의 실정을 말한다. 일본어, 조선어의 혼용 정도는 영화의 제재에 따라 다르다는 주장이다. 나는 그의 설명을 중시하고자 한다.

니시키는 한 영화를 예로 들어 설명한다.

"조선으로 나카가와 시로中川紫朗라는 뛰어난 감독과 쓰바키 산시로椿三四郎 외에 서너 명의 남녀 배우를 데려와 〈방공의 맹세防共の誓ひ〉라는 극영화를 만들었다." 나카가와는 무성영화 시절 데이코쿠키네마 연예주식회사帝国キネマ演芸株式会社의 감독이었다. 4년간 200편 가까운 영화를 찍었다고 한다. 쓰바키 사부로는 도아키네마주식회사東亞キネマ株式会社 시절부터 주로 시대극에서 활약한 배우다. 영화 〈방공의 맹세〉(필름 분실)는 경성발성영화제작소가 1940년에 나카가와 감독, 다나카 주조田中十三 촬영으로 만들었다.

니시키에 따르면 이 영화는 "조선의 공산주의자가 시베리아에서의 동포 학대며 이번 사변이 발발한 결과, 각성하여 제국신민이 된다는 훌륭한 줄거리"였지만 배우들은 영화의 대사를 "물론 일본어로 했다". 영화는 조선의 지방에서도 상영되었다. 니시키는 "나중에 들으니 관객은 내지의 공산당이라고 생각하며 봤다"고 한다. 그는 "웃을 수 없는 난센스"라고 조소했다.

니시키는 조선 영화에서의 '국어(일본어)' 사용 문제에 대해 "국어를 부분적인 예로 사용한(일본어와 조선어를 혼재시킨)" 영화로 〈수업료〉(최인규 감독), 〈지원병〉(1941, 안석영 감독), 〈집 없는 천사〉(최인규 감독) 등의 예를 드는 한편 "조선지원병훈련소에서 취재한 〈승리의 뜰〉 같은 작품은 전부 국어(일본어)다"라고 해설했다. 〈승리의 뜰〉은 고려영화협회가 1940년 11월 15일에 공개한 방한준 감독의 작품이다. 각본이 니시키 모토사다이고, 최운봉, 독은기, 전택이, 김한 등이 출연했다.

식민지의 이중 구조

조선 사회에서는 1940년대가 되어서도 일본어와 조선어의 혼용이 일반적이었다. 그러나 특별히 도시 지역이나 지식층에서의 현상이었다는 것에 주의할 필요가 있다. 왜냐하면 당시의 조선 사회에서는 일본어도 조선어도 읽고 쓸 수 없는 비식자층이 많았기 때문이었다.

1930년의 조선국세조사의 수치인데, 조선인 중 일본어와 조선어를 읽고 쓸 수 있는 자는 6.8퍼센트에 지나지 않는다. 조선어만 읽고 쓸 수 있는 조선인은 15.4퍼센트, 일본어만 읽고 쓸 수 있는 조선인이 0.03퍼센트다. 나머지는 일본어도 조선어도 읽고 쓸 수 없는 '비식자자非識字者'이고 77.7퍼센트를 차지했다.

도시와 지방별로 보면 도시 지역의 비식자자는 56.7퍼센트(남성 41.7퍼센트, 여성 72.5퍼센트)다. 지방의 비식자자는 78.7퍼센트(남성 64.9퍼센트, 여성 92.9퍼센트)다. 그 이중 구조와 남녀의 격차가 두드러졌다고 말할 수밖에 없다.

현실의 언어 상황과 영화 표현은 당연히 위상이 다르다.

영화 관계자 사이에서는 영화 제작상의 리얼리티를 중시하는 니시키 모토사다에 대한 이론도 있었다. 조선 영화 시장을 내지나 만주 등으로 확대하기 위해서는 일본어 대사를 써야 한다는 논자도 있었던 것이다. 전쟁의 패색이 짙어감에 따라 검열 당국자는 오히려 '국어(일본어) 상용'을 내세웠다.

가라시마 다케시辛島驍(경성제대 교수, 조선문인보국회 이사장)는 『영화순보映画旬報』(1943년 7월 11일호)의 좌담회에서 "반도의 동포를 일본 정신으로 단련해내는 큰 임무가 영화에 주어져 있다"고 하며 영화에서의 '국어 상용' 강화론을 주장했다. 이케다 구니오池田国雄(조선총독부 영화 검열실)도 "전체적으로 국어로만 가야 합니다"라고 말한다.

영화 연구자 30명이 분담해서 집필한 『한국영화사―개화기開化期에서 개화기開花期까지』[7]는 윤봉춘 감독의 〈신개지〉(1942)를 마지막으로 조선어 영화는 금지되었다고 기술한다. 그러나 1943년에 공개된 조선과 일본의 합작 영화 〈망루의 결사대〉에서도 조선어 대사나 노래가 나왔다는 것은 이미 앞에서 본 대로다. 1945년에 공개된 〈사랑과 맹서〉에서도 최인규는 조선 이름의 주인공을 등장시키고 출정병사를 조선 민요로 전송하는 야경을 연출했다.

즉 현실의 사회상을 그리는 영화 현장에서는 니시키가 지적한 것처럼 제재에 따른 리얼한 언어 표현으로 대응하는 방법론이 모색되었던 것이다. 그러나 거기에도 한계가 찾아왔다. 1944, 1945년이 되자 대사가 모두 일본어인 영화가 되었다. 영화의 제재 자체가 전쟁의 최종 국면을 반영하여 '대동아전쟁'의 전의 고양 영화로 돌진했기 때문이다.

윤건차(가나가와대학 명예교수)가 박사논문을 기초로 쓴 『조선 근대교육의 사상과 운동』(1982)은 일반적으로 "천황에 대한 충성과 일본어 습득이 강제되는 한편 조선어 및 조선 역사의 말살이 꾀해졌다(종장)"고 전체를 어림잡아 기술하고 있다. 이는 40년 이상이나 전의 문장으로, '조선어 말살'이라는 표현은 오해를 부른다. 식민지 조선에서의 일본어 강요 문제에 관한 현 시점에서의 학술적 견지는 다음과 같은

---

7)　キム・ミヒョン, 根本理惠譯, 『韓国映畫史―開化期から開花期まで』, キネマ旬報社, 2010.

것이다.

"1930년대 말부터 학교나 공적 시공간에서는 일본어를 사용하는 것이 의무가 되어 조선어가 금지되었다. 이를 해방 후의 북한에서도 한국에서도 보통 '조선어 내지 한국어가 말살되었다'고 표현하지만 오해를 부르는 말이다. 공적 시공간에서의 사용이 금지되었을 뿐이므로 물론 조선어가 '말살'된 것은 아니다. 다만 총독부가 조선어의 영성靈性을 사적 공간에 가두고 일본어의 헤게모니를 압도적인 우위로 이끈 정책을 전개한 것은 분명하다."

이는 교토대학 대학원 교수 오구라 기조小倉紀藏의 『조선 사상 전사朝鮮思想全史』(2017)의 기술이다.

확실하게 하기 위해 부언하자면 '국어 상용(조선어를 쓰지 않는)' 운동은 사회적인 유도와 괴롭힘(배급에 차등 두기, 벌로 표찰 착용, 국어 상용 가정이라는 문패, 국어 상용 배지 등)을 수반하고 있었다. '국어 상용'이 일본어의 급격한 보급(조선어 억압)을 꾀하는 정책이었다는 것은 사실이다.

그러나 공적 공간과 사적 공간에는 차이가 있다. 영화는 말할 것도 없이 사적인 오락이다. 영화관이라는 공적 시설에서 상영되어도 영화 관람에 의한 공동환상을 수반하는 사적 성격(영화와 관객의 사적 커뮤니케이션)이 감소하는 일은 없다. 교조적인 '국어 상용'론을 끌고 가는 것의 한계는 징병제 도입을 앞둔 당시에도 인지되고 있었다.

예컨대 조선방송협회의 제2라디오 방송은 조선어인 채 패전까지 계속되었다. 1940년에 조선어 신문인 『동아일보』·『조선일보』가 폐간되는 한편, 총독부의 어용지인 『매일신보』에 최후까지 조선어 표기가 있었던 것도 그런 맥락에서 이해할 수 있다.

'조선어가 말살되었는가' 아니면 '조선어도 허용되고 있었는가' 하는 것은 식민지 당국자의 의도만이 아니라 당시의 실태에 근거하여 이 해되어야 한다.

자주 인용되는 데이터인데, 1943년 말 단계에서도 조선에서의 '국어 (일본어)' 보급률은 22.15퍼센트에 지나지 않았다(조선총독부 제86회 제국 의회 설명 자료). 사실 이 숫자는 타이완에서의 선례에 비하면 그다지 나 쁜 수치는 아니다. 타이완의 경우 1918년의 시점(영유 후 33년)에서 일 본어 교육을 받은 아동의 비율은 16퍼센트가 좀 안 되는 수준이었다. 모어를 달리하는 조선인이나 타이완인에 대한 일본어 교육이 그렇게 간단하게는 급속히 진행될 리가 없는 것이다. 이미 말한 것처럼 도회나 지방, 남녀 간의 교육 환경에도 큰 낙차가 있었다는 것도 파악해두어야 한다.

한편 조선어를 할 수 있는 일본인 공무원도 사실 적지 않았다.

조선국세조사 보고에 따르면 1930년 현재의 재조선 일본인 52만 7016명 중 일본어와 조선어를 다 읽고 쓸 수 있는 일본인은 3만 2714명(6.2퍼센트)이었다. 이를 거주지별로 보면 군 지역 일본인 남성 의 11.0퍼센트는 일본어와 조선어를 둘 다 읽고 쓸 수 있었다[8]고 한다. 〈망루의 결사대〉의 일본인 경관이 그 직무상 조선어를 능숙하게 구사 하는 것은 예외적인 일이 아니었던 것이다.

'〈도라지 타령〉의 수수께끼' 풀기

또 하나의 수수께끼에 관해서도 해명하고자 한다. 〈망루의 결사대〉에

---

8)　山田寛人, 『植民地朝鮮における朝鮮語奨励政策―朝鮮語を学んだ日本人』, 不二出版, 2004.

서는 왜 조선 민요 〈도라지 타령〉을 조선어로 낭랑하게 노래하는 장면이 그려졌을까 하는 문제다.

당시의 영화 잡지를 살펴보다가 의외의 글을 만났다. 검열 당국자의 조선군 보도부장 구라시게 슈조倉茂周蔵(육군 소장)가 이 수수께끼를 풀 열쇠를 제공했던 것이다. 『영화순보』(1943년 7월 11일호)에 실려 있는 구라시게의 소론 「조선 영화에 대한 희망」이다. 그의 논리는 어이가 없을 만큼 명쾌하다.

구라시게는, "우리는 조선인에게 황국신민이 되기 위해서는 모름지기 '다쾅(단무지)'을 즐겨 먹으라는 촌스러운 말은 하지 않는다"라고 썼던 것이다. 그의 정의에 따르면 "이상한 표현이지만 '김치' 냄새와 맛을 가진 것이 곧 '조선 영화'다."

이런 입장에 선다면 조선 민요가 화면에 등장하는 것에 검열 당국자가 이의를 제기할 리는 없다. 구라시게는 "우선 '김치'도 괜찮다. '김치'에 친숙한 혀라도 국어를 상용하는 데 아무런 지장도 없고 황국신민으로서의 정신에 투철하지 못할 리는 없을 것이다"라고 썼다.

'제국 내의 지방색'으로서 조선의 민속이나 풍물시를 그리는 것은 전혀 기피되는 일이 없었다. 이는 일제 강점기의 조선 영화를 볼 때의 포인트 중 하나다.

구라시게 슈조는 1940년 3월부터 1943년 8월까지 조선군의 홍보나 언론 통제를 담당하는 보도부장이라는 직에 있었다. 조선군 보도부는 루거우차오 사건의 이듬해인 1938년 10월에 창설되었다. 패전까지 네 명의 부장이 있었지만, 구라시게의 재직 기간이 3년 5개월로 가장 길다. 조선인 지원병 모집 영화 〈너와 나〉(君と僕, 1941, 히나쓰 에이타로日夏

英太郎[9] 감독)를 조선군 보도부의 기획과 지도로 만드는 등 그는 적극적인 언론 통제를 실시했다.

"말할 것도 없이 영화는 대중의 것이지 제작자나 일부 인텔리의 것이 아니다. 대중의 기호에 편승하고 게다가 대중을 지도할 수 있는 것이어야 한다." 그리고 "조선 영화가 조선 대중을 첫 번째 대상으로 하는 이상, 선결 조건으로서 조선 대중의 기호에 편승하지 않으면(중략) 소기의 목적을 달성할 수 없다"고 주장한다.

이런 관점에서 보면 〈망루의 결사대〉에서 조선 민요를 부르고 춤을 춘 것은 전혀 이상한 일이 아니다. 제국 내의 조선에서 '내선일체'의 고무라는 '소기의 목적'을 달성하기 위해 효과적인 영상 표현이기 때문이다.

구라시게는 다음과 같은 주장을 한다. "김치를 주려는 데에 총독 정치의 부모 같은 심정이 있고, 부모 같은 그런 심정이 있기에 정치의 원활한 조작 운용을 기대할 수 있는 것이다." 그에 따르면 〈망루의 결사대〉에서 〈도라지 타령〉을 부른 것은 '총독 정치의 부모 같은 심정'이라는 것이다.

〈멋진 금광〉

일본 영화의 조선 현지 촬영에 조선 민요가 등장한 것은 사실 〈망루의 결사대〉 이전에도 있었다.

---

9) 조선 출신의 영화감독, 각본가. 일본, 조선, 인도네시아에서 활동했다. 본명은 허영許泳이다.

도호가 요시모토흥업吉本興業과 공동으로 제작한 사이토 도라지로斎藤寅次郎(1905~82) 감독의 〈멋진 금광素晴らしき金鉱〉(1941)이다. 〈망루의 결사대〉의 2년 전에 제작된 영화다. '최악의 조선 총독'이라 불렸던 미나미 지로(재임 기간 1936~42년)에 의한 '황국신민화' 운동이 진행되던 1941년 전반에 조선 현지까지 가서 촬영한 작품이다.

〈멋진 금광〉의 영상에는 처음부터 조선의 전원 풍경이 속출한다.

주연은 라쿠고가落語家[10]인 야나기야 긴고로柳家金語楼다. 조선인 '김 씨'라는 무사태평한 남자 역할이다. 출연자 전원이 일본인이고 대사도 전부 일본어다. 조선 민중이 사금 채취로 부자를 꿈꾼다는 전례 없는 콜로니얼 영화다.

주인공은 긴고로(요시모토흥업 소속)와 미하라 준코三原純子(요시모토흥업 소속)가 연기한 조선인 부부다. 냇가에서 빨래를 하는 장면이 아주 많고, 미하라가 배를 타고 가다가 노래를 부르기 시작한 것도 이상하다. 그녀가 죽을 때 아이들에게 "훌륭한 일본인이 되어라"고 하는, 방침에서 나오는 대사가 있지만 나머지는 긴고로 방식의 우당탕하는 저속한 희극이다. 마지막에는 모든 마을사람들이 일장기를 들고 "만세"를 외친다. 정말 조잡한 희극 영화이지만 오랫동안 필름의 소재를 알 수 없었기 때문에 이 영화는 한일영화사 연구에서 간과되어왔다.

〈멋진 금광〉을 현재의 시점에서 보면 내선일체를 웃어넘기는 힘이 있다. 어쨌든 요시모토흥업의 남녀 인기 스타가 아름다운 산야를 배경으로 조선 민요 〈아리랑〉과 〈도라지 타령〉을 일본어로 부르고 춤을 추며 우당탕 희극을 연기한다. 〈망루의 결사대〉에서 2분쯤 연출된 내선

---

10) 한 명의 연기자가 익살스러운 이야기를 등장인물들의 주고받는 대화를 중심으로 연기하며 그 끝에 반전을 붙여 청중을 즐겁게 하는 만담을 하는 사람.

사이토 도라지로 감독의 〈멋진 금광〉. 야나기야 긴고로(왼쪽)와 미하라 준코(오른쪽).

융화의 밤 풍경이 이 영화에서는 일본인 배우, 일본어 대사에 의해 진절머리가 날 정도로 길게 이어진다. 황국신민화를 비아냥거리는 희극의 독이 느껴진다고 말해도 좋을 정도다(사이토 감독에게 그런 의도가 있었다고는 생각되지 않지만……).

'조선산 다꽝 영화.' 앞에서 말한 글에서 구라시게 슈조는 〈멋진 금광〉을 혹평했다. "김치와는 아주 먼 물건이다"며 분격했던 것이다. 그의 입장에서 보면 당연한 분노일 것이다.

사이토 도라지로 감독은 쇼치쿠 시대부터 희극 영화의 명수였다. 야마다 요지山田洋次 감독의 〈남자는 괴로워男はつらいよ〉 시리즈의 주인공 구루마 도라지로車寅次郎라는 이름은 사이토와 관련된 것이라고 한다. "조선으로 촬영하러 갔는데 내지에는 이제 없어진 맥주나 양갱이 많이 있었다는 인상밖에 남아 있지 않습니다." 이런 사이토의 회상에는 웃을 수밖에 없다(『일본의 희극왕 사이토 도라지로 자전』).

요시모토흥업은 조선 출신의 예능인들을 일찌감치 주목했는데, 옛날부터 이 회사는 선견지명이 있었다.

오사카 신세계·아시베芦邊극장의 광고 기사(『오사카아사히신문』

1937년 2월 28일자)가 재미있다. 〈도쿄 랩소디東京ラプソディ〉의 후지야마 이치로藤山一郎, 〈다이나ダイナ〉의 딕 미네ディック・ミネ 등 일본인 가수와 함께 요시모토흥업 소속의 배구자裵龜子 조선악극단의 이름과 얼굴 사진이 게재되어 있다. 조선무용 출신의 배구자는 1933년 요시모토의 전속 탤런트로서 활약하기 시작한다. "조선의 민족색을 더욱 내도록"하라는 요시모토 측의 요청을 받아 공연 내용에도 조선의 노래나 무용을 충분히 도입했다.

요시모토흥업은 1930년에 경성극장을 매수하여 조선에 처음으로 진출했고, 나아가 도호와 제휴하여 황금좌를 운영했다.[11] 도호와 요시모토흥업의 합작영화 〈멋진 금광〉에는 이런 역사도 반영되어 있다.

한류 팝의 원류

도호와 요시모토흥업의 제휴 영화는 이 외에도 사이토 도라지로 감독이 연출한 도호 영화 〈사려 깊은 부인思ひつき夫人〉(1939)이 있다. 이는 〈멋진 금광〉보다 2년 이르다. 다케히사 지에코竹久千惠子 주연의 희극 영화인데, 조선악극단(이철 단장)의 공연 모습을 5분쯤 넣어 희극으로 만들었다. 한국 인터넷에서도 그 일부분을 2분쯤 볼 수 있다. 검색 사이트에서 '사려 깊은 부인'이라고 입력하여 검색하면 한국어 설명이 붙은 영상이 나온다.

밴드 연주는 손목인(1913~99)이 지휘하는 CMC악단(조선뮤지컬클럽밴드)인데, 당시 절대적인 인기를 자랑했던 경음악 밴드다. 열 명 정도의

---

11) 高祐二, 『吉本興業と韓流エンターテイメント』, 花伝社, 2018.

편성이다.

손목인은 〈타향살이〉(1934)와 〈목포의 눈물〉(1935)로 유명한 작곡가다. 해방 후 구가야마 아키라久我山明라는 이름으로 일본에서 활약했다. 〈카스바의 여인カスバの女〉(1955)이 1967년 미도리카와 아코緑川アコ가 불러 크게 히트했다. 〈타향살이〉는 2001년 제1회 남북정상회담 후에 방북한 김연자가 김정일 앞에서 부르기도 했다.

한복 차림으로 노래하는 사람은 젊은 날의 인기가수 김정구(1916~98)다.

김정구는 신민요 〈돈타령〉을 부른다. 경쾌한 템포로 "돈 바람이 불어온다~♪" 하고 노래한다. 김정구는 〈눈물 젖은 두만강〉(1938)으로 유명한 가수로, 한국전쟁 후 전옥(〈망루의 결사대〉에서 주인규의 아내 역)의 백조가극단에서 활약했다. 〈눈물 젖은 두만강〉은 1960년대에 반공 라디오드라마의 주제가가 되어 히트했다. 1980년에는 대중가요 가수로서 첫 보관문화훈장을 수상하고, 투병 중이던 미국 로스앤젤레스에서 세상을 떠났다.

조선악극단은 경성의 오케Okeh 레코드(데이코쿠축음기주식회사帝国蓄音器株式会社의 조선판) 소속이었다. 일본 공연에 즈음하여 오케 그랜드쇼를 조선악극단으로 개칭하고, 도쿄와 오사카에서 펼친 공연이 큰 호평을 받았다. 그들은 만주 공연까지 갔다.

조선악극단이 1943년 도쿄 공연을 했을 때는 평판을 들은 대한제국의 후예인 이은李垠(영친왕)이 이왕가李王家 공저(현재의 아카사카 프린스 클래식하우스 호텔)에 그들을 초청했다. 이난영이 〈목포의 눈물〉을 부르고, 김정구는 〈낙화삼천〉(1941)을 불렀다. 〈낙화삼천〉은 백제가 멸망할 때 삼천 궁녀가 낙화암의 낭떠러지에서 백마강에 몸을 던졌다는 슬픈 이야기를 전하는 노래다. "낙화삼천 간 곳이 어데냐♪." 자신의 처지와 겹친 이은은 감정이 고조되어 볼에 눈물을 흘렸다고 한다. 〈낙화삼천〉을 노래하는 장면은 히나쓰 에이타로(허영許泳) 감독의 〈너와 나〉(1941)의 명장면이기도 하다.

영화가 음악과 교차하는 장면에 그런 역사가 끼워져 있는 것이다.

이마이 다다시와 조선

이마이 다다시의 영화는 크게 두 종류로 구별된다.

전시하의 군국주의적 '국책영화'와 전후의 반군국주의적 '민주 영화'다. 이마이 다다시는 전쟁책임을 회피한 것일까 아닐까. 이 문제에는 상반된 논의가 있다.

이마이를 비판하는 대표적인 저작은 피터 하이Peter B. High의 『제국의 은막―15년 전쟁과 일본 영화』[12]다. 나고야대학 언어문화부 교수였던 피터 하이에 따르면 이마이는 "일단 전쟁이 끝나자 진지한 좌익 사상가, 몸과 마음을 다 바친 평화주의자로 자청했다"는 것이고, 그는 "전쟁 수행에 참가한 것이 아니라 전후에 그가 표명한 기만에 의해 비판받아야 하는" 영화감독이라고 통렬히 비난했다.

그러나 이렇게 비판하는 사람은 소수다. 전후의 '민주적 영화'로 이마이를 칭찬해온 것이 일본 사회의 일반적인 평가였다.

한국의 영화 연구자인 최성욱은 『이마이 다다시―전시와 전후 사

---

12)　ピーター B・ハーイ, 『帝国の銀幕―十五年戦争と日本映画』, 名古屋大学出版会, 1995.

이』[13]에서 전전의 작품과 전후의 작품을 분리하는 견해에 이의를 제기했다.

한국에서 〈망루의 결사대〉를 알았던 최성욱은 도쿄에서 이마이의 유작 〈전쟁과 청춘〉(1991)을 보고 깜짝 놀랐다고 한다. '군국주의자 영화감독'으로 생각했던 인물이 이 영화에서는 "조선인에게 거두어진, 치마저고리를 입은 일본인 여성"을 등장시켰기 때문이다. "전시하에 대한 이마이의 기억이 이 숏 안에 새겨져 있다"고 생각한 최성욱은 이마이의 영화를 공들여 다시 보며 그의 '마음속'을 살펴보려고 했다.

이마이는 전후 공산당원이었다.

영화평론가 야마다 가즈오山田和夫는 「이마이 다다시의 영화 인생」에서 다음과 같이 썼다.

"(이마이는) 전쟁 중 국책영화 비슷한 것을 만들었다. 그리고 전전에 비합법 활동을 했으나 좌절한 일로 반성하며 좀처럼 공산당에 입당하려고 하지 않았다. 반년쯤 깊이 생각한 끝에 들어갔다." 이는 공산당원 사이의 기억으로서 귀중한 증언이다.

나 자신은 최성욱 등과는 다른 경위로 이마이 다다시에게 관심을 가졌다.

이승만 라인을 둘러싼 재일코리언의 갈등을 그린 이마이의 영화 〈저것이 항구의 불빛이다〉를 DVD로 봤기 때문이다. 정확히 말하면 각본을 쓴 미즈키 요코에게 강한 관심을 가졌다. 그녀의 열성적인 취재로 인해 그 작품이 영화화되었기 때문이다. 미즈키 요코는 나루세 미키오成瀬巳喜男 감독의 수작 〈뜬구름浮雲〉(1955)의 각본을 쓴 사람이기도 하다. 히구치 이치요 원작의 이마이 다다시 감독의 작품 〈흐린 강

---

13) 崔盛旭, 『今井正—戦時と戦後のあいだ』, クレイン, 2013.

にごりえ〉(1953)도 미즈키 요코와 이데 도시로井手俊郎가 각본을 썼다. 미즈키 요코와 아시아의 관계에 대해서는 다른 글에서 다룰 필요가 있을 것이다.

그리고 이마이 다다시와 조선에 관한 최대의 수수께끼가 있다. 전쟁 말기에 만들어진 조선인 특공대 모집 영화 〈사랑과 맹서〉(최인규 감독, 1945)에 이마이가 어느 정도 관여했는가 하는 문제다.

이마이 본인은 이 영화에 대해 전혀 언급하지 않았다. 그것은 왜일까. 〈망루의 결사대〉, 〈사랑과 맹서〉, 〈저것이 항구의 불빛이다〉, 이 세 작품에 공통되는 주제는 조선이다. 이마이 다다시에게 조선이란 무엇이었을까. 내 감상을 말하기 전에 최성욱의 견해를 들어보기로 하자.

앞에서 언급한 저작에서 최성욱은 이마이의 데뷔작 〈누마즈 병학교沼津兵学校〉에서부터 〈저것이 항구의 불빛이다〉에 이르기까지 전시기의 영화 아홉 편과 전후의 영화 세 편을 중심으로 공들여 분석했다. 최성욱의 결론은 그 '맺음말'에 명백히 드러나 있다.

"이마이의 출발점이 된 '반전反戰'은 전시하의 반군국적인 심정(=마음속)과의 연속성을 갖고 있고, 그것은 곧 다양한 장르를 통한 사회 비판으로 옮겨간다."

다시 말해 최성욱의 '이마이 다다시론'은 '사회파 리얼리즘 감독'이라는 통설에 근본적인 수정을 가한 것이 아니다.

최성욱의 수법은 영화를 텍스트로 하여 해석하고 연출된 영상을 분석함으로써 감독의 '마음속(반군국적인 심정)'을 보려고 한 것이다. 이해하기 쉬운 예를 들자면 〈망루의 결사대〉에 이어지는 이마이의 작품 〈분노의 바다〉에서 주인공 히라가 유즈루平賀穣('군함의 아버지'라 불린 조선학造船學의 권위자)가 제국해군의 전과를 전하는 라디오 뉴스를 듣고 싶지 않은 것처럼 '등을 돌리고' 듣는 장면을, 그 '마음속(저항성)'을 반영한 연출로서 착목하는 수법이다.

그러나 이 책에서는 그런 방법을 취하지 않는다.

내가 영화에 접근하는 방식은 전통적인 수법, 이른바 신문기자적인 수법이다. 영화의 제작 경위를 중심으로 분석함으로써 '이마이 다다시와 조선'에 대해 생각해보고자 한다.

후지모토 사네즈미의 회고

후지모토 사네즈미는 도호의 저명한 프로듀서다.

〈망루의 결사대〉의 제작 과정에 대해 가장 상세한 증언을 남겼는데, 그는 만주의 뤼순 태생이다. 전후가 되어서도 활약하여 이마이의 대표작 〈푸른 산맥〉 등을 제작했다. 도호의 전무, 그리고 부사장 자리까지 올랐다. 후지모토는 오자키 호쓰키가 편찬한 『프로듀서 인생―후지모토 사네즈미 영화에 건다』[14]에서 〈망루의 결사대〉에 대해 다음과 같이 말한다.

"도호 촬영소로 돌아간 직후 이마이 다다시와 뭔가 액션물을 찍자고 이야기가 되었다. 미국 영화인 〈보 제스트〉 같은 것을 바탕으로 해서 만주와 북선의 국경 근처를 무대로 비적(게릴라)의 습격을 방어하느라 밤낮으로 활약하는 국경경비대를 그리려고 한 것이다. 그래서 각본 야마가타 류사쿠, 야기 류이치로, 감독 이마이 다다시, 이렇게 넷이서 조선으로 촬영지를 물색하러 갔다. 태평양전쟁이 시작되기 조금 전인

---

14) 尾崎秀樹編, 『プロデューサー人生―藤本真澄映画に賭ける』, 東宝出版事業室, 1981.

11월 초순이었다고 생각한다."

영화 〈망루의 결사대〉의 콘셉트는 당초부터 명확했다. '국경 부근 비적의 습격과 싸우는 국경경비대의 액션 영화'다. 이마이의 일기 (1940년 5월 13일, 『일본영화』 1940년 7월호 게재)에 따르면 이마이는 후지모토로부터 미국 영화 〈역마차〉(1939, 존 포드 감독)의 시사회 초대장을 받아 만원사례인 유라쿠초 호가쿠자邦樂座에 갔다.

이마이의 다른 회상담에 따르면, 시마즈 야스지로島津保次郎 감독(쇼치쿠 가마타蒲田 시절에 서민 생활을 그린 영화를 많이 찍은 감독)에게도 국경 경관에 관한 영화를 찍을 기획이 있었다는 점에서 도호 관계자의 활극 지향은 그 당시부터 있었음을 알 수 있다.

후지모토는 회상록에서 "최인규의 시사에 의해 이 기획이 가능했다"고 말한다. 최인규와 이마이가 왜 이 영화를 착안한 것일까. 그 힌트는 이미 썼다. 그의 아버지가 경찰관이었던 것이나 영화평론가 후타바 주자부로의 조언이 있었던 것과 관계가 있다.

후지모토를 비롯한 다섯 명은 영하 20도인 상황에서 압록강을 따라 촬영지를 물색했다.

"불편하다는 것을 다 알고 상류로 촬영지를 정했다." "만포진이라는 읍내의 교외에 오픈세트를 짓기로 했다. 땅을 천 평쯤 빌리는 것보다 사는 게 싸다고 해서 사기로 했다."

"미술 감독 마쓰야마 다카시의 지시로 돌을 쌓아 올리고 망루, 보루를 만들고 숙소를 지었다." "그 사이에 태평양전쟁이 발발했지만 일은 계속했다."

1942년 3월, 촬영을 시작하기 위해 다카다 미노루, 하라 세쓰코 등의 배우를 포함한 수십 명의 촬영대가 부산, 경성, 평양을 거쳐 만포진에 도착했다. 그런데 바야흐로 촬영을 시작하기 직전에 봄이 찾아오자 동결되었던 지반이 약해져 쌓아 올린 돌의 망루가 무참히 무너지고 말았다.

후지모토는 평양의 호텔로 돌아가 도호 도쿄 본사의 모리 이와오森岩雄(상무이사)에게 전화를 걸었다. "어쩔 수 없다. 전원 철수하라"라는 지시가 떨어졌다.

"조선인과 일본인을 합쳐 7, 80명의 스태프를 중심으로 촬영을 시작했다. 라이트에 쓰는 전력은 읍내에서 코드를 끌어왔다. 몹시 추운 겨울의 영하 20도, 때로 영하 30도인 상황에서 촬영을 해야 했기 때문에 예기치 못한 말썽이 속출하여 좀처럼 스케줄대로 진행되지 않았다. 연내에 촬영을 끝낼 예정이었지만 촬영대는 결국 극한의 만포진에서 해를 넘기지 않으면 안 되게 되었다."

영화는 이런 악전고투 끝에 완성되어 1943년 4월에 개봉했다.

후지모토는 이렇게 한탄했다. "몹시 추운 겨울의 촬영이었기 때문에 전체적으로 움직임이 둔해서 다소 활극의 효과가 나지 않아 작품의 완성도도, 흥행 성적도 고생한 보람을 얻을 만한 성과가 나지 않았다." 단단히 마음먹고 극한의 촬영을 했는데 영화의 완성도, 영업적으로도 다소 부족했다는 것이다. 그러나 공개한 해의 『영화 평론』(영화평론가들에 의한 종합 평가)에서는 베스트 5라는 평가였다. 그렇게 나쁜 평가는 아니었던 것이다.

1943년도의 영화 흥행 수입 기록에 따르면 극영화 68편 중 개봉 흥행에서 선두를 차지한 것은 하세가와 가즈오長谷川一夫 주연의 마타타비모노股旅物[15]인 〈이나노 간타로伊那の勘太郎〉(다키자와 에이스케滝沢英輔

---

15) 소설, 연극, 영화 등에서 주인공으로 하여금 각지를 유랑하며 도박 등을 하게 하여 의

감독, 99만 8264엔)였다. 〈망루의 결사대〉는 약 절반인 52만 4876엔으로 29위였다. 개전 2주년 기념으로서 대대적으로 공개된 〈해군海軍〉(다사카 도모타카田坂具隆 감독)이 2위로 95만 9430엔이었다.

국책영화가 대체로 인기가 없었는지는 후루카와 다카히사의 『전시하의 일본 영화—사람들은 국책영화를 봤는가』[16] 등이 상세하게 분석하고 있다. 타이완을 무대로 리샹란이 주연한 〈사욘의 종サヨンの鐘〉(시미즈 히로시清水宏 감독)은 제48위(41만 5312엔)였다. 조선·만주 국경을 무대로 한 〈망루의 결사대〉도 그렇고, 외지 영화는 대체로 내지에서 흥행하지 못했던 것 같다.

신기수의 비판

영화 제작의 경과에 대해서는 「이마이 다다시 감독 연보」(지바 노부오千葉伸夫 편집)에도 상세한 기술이 있다.

그것에 따르면 이마이는 〈결혼의 생태結婚の生態〉의 제작을 통해 후지모토 사네즈미와 친해졌다. 〈망루의 결사대〉의 촬영지 물색을 위해 후지모토와 이마이 등이 조선으로 출발한 것은 1942년 1월이다. 눈이 녹아 오픈세트가 무너졌기 때문에 3월에는 제작을 일시중지하고 도쿄로 돌아왔다. 8월에 현지의 오픈세트를 다시 짓기 시작하여 10월에 가을 장면을 촬영하고 다시 도쿄로 돌아온다. 11월에는 조선의 배우가 도쿄로 와서 세트 촬영을 했다. 연보에는 "클라이맥스인 주재소 습격

리나 인정의 세계를 그린 것. 쇼와 시대 초부터 사용하게 된 말.

16)   古川隆久, 『戰時下の日本映画—人々は国策映画を観たか』, 吉川弘文館, 2003.

장면은 세트 촬영"이라고 기록되어 있다. 하라 세쓰코 등 일본인 배우들이 북선 국경까지 가서 촬영한 것과 반대로 조선인 배우 등도 도쿄로 와서 세트 촬영을 했다는 것이다.

1942년 12월 하순, 세 번째 북선 지역의 현지 촬영을 위해 출발했다. 사에키 쇼이치가 열차 안에서 하라 세쓰코를 목격한 것이 이때다. 그들은 영하 30도 가까운 압록강 기슭에서 촬영을 계속하며 해를 넘겼다. 1943년 설날에는 만포진 경찰서로 새해 인사를 하러 갔다. 1월 8일 이마이 다다시는 서른한 살 생일을 맞았다. 1월 중에 만포진에서 도쿄로 돌아왔다. 2월 26일부터 도쿄에서 세트 촬영을 했고, 3월 26일까지는 모든 촬영을 마쳤다.

'이마이 다다시와 조선'을 고찰할 때 안타까운 것은 일본과 조선 영화인의 교류에 관해 이마이가 구체적인 증언을 전혀 남기지 않았다는 사실이다.

이마이 다다시를 크게 비판한 신기수辛基秀(1931~2002)는 조선통신사 연구로 알려진 재일코리언 역사가다.

신기수는 전쟁 말기의 어느 여름날 밤 교토시 사쿄구 구루마자키신사車折神社 근처의 공터에서 열린 이동영사반의 영화회에서 〈망루의 결사대〉를 봤다고 한다. 그는 아직 열네 살 소년이었다.

"영화를 다 보고 할머니와 밤길을 서두르는 가벼운 발걸음은 조선인과 일본인의 경관이 '내선일체'가 되어 민족차별도 없이 국경 경비에 힘쓰고 있는 상쾌함에 의한 것이었다. 그만큼 만듦새가 좋은 영화였다."[17]

소년 신기수의 이러한 감격은 전후 '내선일체'의 환영이 사라지자

---

17) 辛基秀,『アリラン峠をこえて―'在日'から国際化を問う』, 解放出版社, 1992.

이번에는 이마이 다다시에 대한 비판으로 변했다. 신기수의 이마이 비판은 영화 관계자들 사이에서 상당히 유명한 에피소드다.

신기수는 논평이나 인터뷰에서 "영화인의 전쟁책임은 어디에 있는가"라며 비판을 계속했다. "필름을 소장하고 있는 국립근대미술관 부속 필름센터로 필름 상영을 교섭하러 여러 번 찾아갔다. 하지만 이마이 다다시 감독의 강한 의지로 대출 상영은 할 수 없다며 거절당했다"[18]라며 신기수는 울분을 털어놓았다.

이마이 다다시 팬의 회보지『이마이 다다시 통신』에도 이 일에 대한 언급이 보인다.

그것에 따르면, 신기수가 이마이 비판을 발표하게 된 것은 1983년 필름센터에서 이마이 다다시 감독 특집이 이루어졌을 때 이마이가 〈망루의 결사대〉를 상영 목록에서 제외하라고 한 일에 대한 의분 때문이었다. 『이마이 다다시 통신』의 관계자는 당시 상영 팸플릿 편집자에게 확인했더니 이마이로부터 그런 요청이 있었던 것은 사실이지만, 전전의 미숙한 작품 전체에 대한 요청이었던 것처럼 받아들여지기도 한다는 취지를 기술하고 있다.

〈망루의 결사대〉를 감독한 이마이에 대한 비판이 표면화된 것은 전후가 되고도 상당한 시간이 지난 1980년대다. 미국에 압수되어 있던 전시의 국책영화가 1967년 이후 일본 측에 반환되고 나서도 상당한 시간이 지난 시점이다. 반대로 말하면 그때까지 이마이 다다시의 국책영화가 주목되는 일은 없었던 것이다.

반환된 영화의 상영회 팸플릿(1968년 11월)을 보면 〈망루의 결사대〉는 "국책을 반영한 애국 영화"라고 쓰여 있다. 실로 미온적인 평가가

---

18) 위의 책.

아닐 수 없다. 이마이는 1963년 베를린 국제영화제에서 〈무사도 잔혹 이야기武士道残酷物語〉로 금곰상을 수상하고, 1969년에는 모스크바 국제영화제에서 〈다리 없는 강橋のない川 제1부〉로 소련영화인동맹상을 수상했다. 그는 '민주주의 영화 작가'로서 좋은 평가를 받고 있었던 것이다. 1980년대가 되고 나서 제기되기 시작한 이마이의 전시 작품에 대한 비판은 그에게 고통의 원인이었을 것으로 추측된다. 거꾸로 말하면 전후 이마이의 긴 침묵이 신기수 등의 비판을 야기했다고도 할 수 있다.

이런 점에서 이마이와 동세대 촬영감독인 미야지마 요시오宮島義勇(1909~98)는 명쾌하다. 그는 전시의 국책영화 〈저 깃발을 쏴라あの旗を撃て〉(1944, 아베 유타카阿部豊 감독)의 네거티브 필름을 아시노코芦ノ湖에서 태워버렸고, 타지 않고 남은 것은 호숫가의 모래에 묻어버렸다고 솔직히 회고했다. 포로인 미군을 다수 출연시킨 것이 국제법의 포로 학대에 해당한다는 도호 측의 걱정이 있었기 때문이라고 한다.『'천황'이라 불린 사나이』[19]에서 미야지마가 한 증언이다.

이런 미야지마의 솔직한 고백에 비하면 이마이의 침묵은 너무나도 불투명하다. 영화계에서는 잘 알려져 있는 일로 이마이도 미야지마도 전후의 공산당 문화부원이지만 이 점에서는 대조적이다.

후지모토 사네즈미가 1942년 가을, 경성에서 〈망루의 결사대〉의 제작 발표를 했을 때 촬영 담당은 미야지마 요시오로 되어 있었다. 당시의 조선 신문에 따르면 "원작 야기 류이치로, 시나리오 야마가타 유사쿠"이고, 음악은 핫토리 료이치服部良一(실제로는 스즈키 세이이치鈴木静一), 남자배우는 오비나타 덴大日方伝(실제로는 다카다 미노루)이었다. 실제로

---

19) 山口猛編,『'天皇'と呼ばれた男·撮影監督宮島義勇の昭和回顧録』, 愛育社, 2002.

촬영은 스즈키 히로시鈴木博가 담당했지만 미야지마가 〈망루의 결사대〉를 촬영할 가능성도 있었던 것이다. 만약 그렇게 되었을 경우 미야지마의 입에서 '진상의 일단'이 나왔을지도 모른다.

이마이는 왜 침묵했던 것일까.

다음 장에서 소개하는 주인규 등의 행동과도 관계가 있을 것 같았지만, 이마이 자신이 증언을 피해왔기 때문에 그 진의는 여전히 '어둠' 속에 있다고 말할 수밖에 없다.

영화감독 구마이 게이熊井啓의 회상 「이마이 다다시 감독을 애도한다」에서 아주 흥미로운 구절을 발견했다.

이마이 쓰야의 『남편 이마이 다다시』[20]의 말미에 해설풍으로 실려 있다. 그것에 따르면 이마이 다다시는 죽기 약 반년 전인 1991년 봄 전화를 걸어온 구마이에게 "자서전을 썼는데 안타깝게도 어떤 사정이 있어 출판할 수 없다"고 털어놓았다고 한다.

'어떤 사정'이란 무엇이었을까. 그 후 그 자서전 원고는 어떻게 되었을까. 수수께끼의 해명은 아직 어중간한 상태에 있다.

'조선 영화'란 무엇인가

이미 다룬 것처럼 희극 영화 〈멋진 금광〉의 사이토 도라지로 감독의 조선 회고는 명료하다. 사이토는 〈멋진 금광〉을 둘러싸고 일어난 조선총독부 관료와의 마찰에 대해 아주 흥미로운 일화를 이야기한다.[21]

---

20) 今井ツヤ,『夫今井正』, 今井正監督を語り継ぐ会, 2001.
21) 『日本の芸談(六) 映画』, 九芸出版, 1979.

그것에 따르면, 사이토는 조선 각지를 촬영할 때 총독부 관리를 요정에서 접대했다. 그때 "상대 쪽에 뭔가 오해가 있었는지, 긴고로가 조선 옷을 입고 사람들을 웃겨 우리 조선 인민을 무시하는 듯한 동작을 하는 것은 곤란하다, 하는 강경한 의견을 제시했다"는 것이다. 접대 상대인 총독부 관리는 도서과장 같은 사람으로 보이는데 '우리 조선 인민'이라 자칭하는 것이 다소 의아하다. 그는 누구였을까.

사이토는 일어나 "조선에는 당신처럼 그렇게 딱딱한 사람만 살고 있는가" 하고 열변을 토했다. "이 나라에는 웃음이 없습니까. 웃음은 평화로운 나라끼리 악수할 때의 얼굴 아닙니까" 하고 다그쳤다.

관료들에게 상당한 노여움을 샀을 것이다.

〈멋진 금광〉은 공개할 때 문부성에 의해 비일반용 영화(14세 미만 관람 제한)로 지정되고 말았다. 말하고 행동하는 것이 신중하지 못하고 가벼워서 청소년에게 악영향을 끼친다는 것이다. "희극 영화인데……." 이렇게 말하는 사이토의 푸념에는 쓴웃음을 짓지 않을 수 없다. 이 영화를 '다꽝 영화'라고 매도한 조선군 보도부장 구라시게 슈조도 "조선 옷을 입고 아리랑을 부른다고 조선 영화는 아니다"라고 말했다. "김치와는 비슷하나 다른 모조품이다"라고 가차 없이 지적했다.

사이토에게 불평을 한 '조선 인민'이란 누구였을까.

이창용(고려영화협회 사장)이 일본에서 오는 영화인에 대한 불만을 제기한 기사를 봤다. 『영화순보』(1941년 11월 1일호)에 실린 좌담회다. 이창용은 영화평론가인 이지마 다다시나 하즈미 쓰네오筈見恒夫를 상대로 "아무것도 준비하지 않고 와서 기차에서 내려 곧바로 촬영을 개시하고 돌아가거나 하는 일이 지금까지도 여러 번 있었습니다" 하고 불만을 털어놓았다.

"저도 조선에 살고 있는 한 사람으로서 그런 것은 굉장히 불만입니다. 풍속이나 인정을 잘못 알아 그렇게 전해지기도 하는 겁니다." 이창용은 이미 창씨개명을 해서 '히로카와 소요廣川創用'라는 이름으로 좌담회에 출석하고 있었는데, 그래도 '조선 주민'으로서 그런 사람들에게는 불만이었던 것이다.

이창용은 〈멋진 금광〉을 지명하여 비판한 것은 아니다. 그러나 좌담회에서는 이창용의 발언에 이어 하즈미가 "예컨대 긴고로의 〈멋진 금광〉, 그런 영화를 만들면 안 된다"고 말했다. 어쩌면 '우리 조선 인민'이라고 말하며 사이토에게 항의한 것은 이창용 같은 사람이었을지도 모른다.

〈망루의 결사대〉의 전사前史에는 이런 일이 있었던 것이다.

2년 전 〈멋진 금광〉의 실패를 거울삼아 도호가 후지모토 사네즈미(기획), 이마이 다다시(감독), 야마가타 유사쿠(연출) 등에게 만들게 한 국경 활극이 〈망루의 결사대〉였다는 것을 확인해두고자 한다.

조선군 보도부장 구라시게 슈조는 「조선 영화에 거는 희망朝鮮映画への希望」에서 다음과 같이 썼다.

"조선 영화는 원칙적으로 조선 대중을 대상으로 기획되고 조선 사정에 정통한 작가(조선인 작가는 말할 것도 없는)의 각본, 조선인의 심리를 잘 아는 연출가의 연출에 의해 제작되어야 한다. (중략) 총독 정치를 보좌하는 문화적 재료임과 동시에 조선 민중 생활의 문화적 배양원이어야 한다."

최인규 등은 이런 조선영화론을 어떻게 받아들였을까. 조선인에 의한, 조선인을 위한 조선 영화. 이렇게 말하며 조선 영화인의 분발을 독려한 일본군 소장의 영화론이 현혹으로 가득 찬 양날의 검이었던 것은 상상하기 어렵지 않다.

구라시게는 "관제 냄새가 농후한 영화의 성적이 좋지 않은 것은 널리 알려져 있는 사실이다"라며 초조함을 숨기지 않았다. 1943년 4월에 공개된 에노모토 겐이치榎本健一, 다카미네 히데코高峰秀子 주연의 〈효로쿠의 꿈 이야기兵六夢物語〉(아오야기 노부오靑柳信雄 감독)는 66만 엔의 개봉 흥행 수익을 거두었다. 그러나 우에하라 겐上原謙, 다나카 기누요田中絹代 주연의 옴니버스 국책영화 〈적기 공습敵機空襲〉(노무라 히로마사野村浩将·시부야 미노루渋谷実·요시무라 고자부로吉村公三郎 감독)은 42만 엔에 머물렀다.

"조선에서는 이런 전철을 밟아서는 안 된다. 조선에서는 기획에 광채가 나고 각본에 매력이 많아졌으면 좋겠다." 이런 군부의 질타와 격려로 연출을 맡은 이마이 다다시나 각본을 쓴 야마가타 유사쿠 등은 내선일체가 된 '황국신민의 활극 영화'를 연출했다. 〈망루의 결사대〉에서 연출된 제국의 위계 구조는 이마이 등 전 좌익 활동가들의 굴종 기록이기도 하다.

제3장
전쟁과 해방, 그 후

"왜놈 자식이."

경성의 조선인 거리 종로의 술집에서 영화감독 최인규는 잔뜩 취해 있었다. 일본인에 대한 욕을 실컷 해댔다. 옆에 있던 친구이자 각본가인 니시키 모토사다가 곤혹스러울 정도였다.

어떤 작가가 이 밤의 광경을 글로 썼다. 재일조선인 김달수金達寿(1920~97)다. 1961년 8월의 월간지 『문학』에 게재된 「태평양전쟁하의 조선문학—김종한의 추억을 중심으로」에서 그날 밤의 이야기를 썼다.

김달수의 목격담

열 살 때 아버지와 일본으로 건너간 김달수는 1943년 5월에 귀국하여 『경성일보』의 출판국 교열부원이 되었다. 『경성일보』사(현재 한국의 프레스센터가 있는 장소)에서 종로의 술집거리는 걸어서 10분쯤 거리에 있다. 최인규 감독의 〈집 없는 천사〉에 나오는 첫 장면이 이 근처다.

"화신백화점 뒤쪽의 미로로 들어간다. 길은 거미발처럼 사방팔방으로 뚫려 있다. 선술집이 있나 싶으면 어묵 포장마차, 꼬치구이집도 있고 일본풍의 카페 옆에 순조선식 갈빗집, 설렁탕집이 있다."

다나카 히데미쓰는 전후의 소설 『취한 배』에서 종로의 광경을 이렇게 적었다.

김달수는 그날 밤 같은 하숙집에 사는 김종한(시인)과 함께였다. "그날은 그가 월급날이었는지 내 월급날이었는지 잊어버렸지만 아무튼 둘이서 여러 술집을 돌며 마셨다"고 한다. 술집은 하숙집이 있던 종로구 사간동에서 멀지 않다. 최인규와 니시키 모토사다는 김종한의 지인이었다고 한다.

"최인규와 니시키에게는 〈집 없는 천사〉나 〈수업료〉라는 뛰어난 작품이 있어서 나도 그 이름은 알고 있었다"라고 김달수는 썼다.

최인규는 몹시 취해 있었다고 한다. 큰 소리로 이런 말을 했다.

" '나는 창씨개명 같은 건 안 해, 절대 창씨개명 같은 건 안 할 거야!' 그래서 나도 그만 그에게 이끌려 '그거 좋군, 그것 참 굉장해' 하고 말한 것까지는 좋았지만 끝내 최인규는 '왜놈 자식이'라고 말하며 일본인에 대한 욕을 실컷 해대기 시작했다."

김달수는 최인규와 초면이었는데도 최인규의 분노를 마구 부추기는 말을 한 것이다. 그 욕을 듣다 못한 니시키는 "그런 말을 하는 건 아니네"라며 최인규를 타이른 후 김달수에게도 설교를 시작했다. 니시키는 김달수보다 열 살 위다. 김달수는 당초 니시키를 창씨개명한 조선인이라고 생각했다. 그가 일본인이라는 것을 깨닫고 "이제 빼도 박도 못하게 되어 서둘러 그 자리에서 도망쳤다"고 하니 과연 난감했을 것이다.

최인규가 몹시 취한 모습을 잘 알 수 있는 묘사인데, 내가 이 기술을 기이하다고 생각하는 것은 당시 최인규가 진작 창씨개명을 마쳤다는 사실 때문이다. 창씨개명은 1940년 2월부터 8월까지 기간이 한정되어 있었다. 1943년에 귀국한 김달수는 1944년 2월에 다시 도쿄로 돌아갔다. 그러므로 네 명의 조우는 1943년 말 전후의 사건이었을 것이다. 최인규의 이름이 '호시 도라케이星寅奎'로 바뀌어 있었는데 "나는 창씨개명 같은 건 안 해"라고 최인규가 말한 것은 어떻게 된 일일까.

최인규는 상당히 스트레스가 쌓여 있었음이 틀림없다. 해방 후에 대표적인 '친일파 영화인'으로 비난당한 최인규가 전시 중에도 아랑곳하지 않고 일본인 욕을 해댄 사실이 흥미롭다. 1943년 무렵이 되어 창씨개명으로 인해 번민한다는 것은 어떤 일일까.

그러나 이 의문은 발상을 바꿈으로써 수수께끼 풀이의 돌파구가 열리는 것이 아닐까. 최인규는 당시 구상 중이었던 신작 영화의 주인공 이름을 조선식으로 할지, 일본식으로 할지 고민하고 있었지 않았을까 하는 것이다. 그 영화가 어떤 것이었는지를 단정하기 위해서는 꼼꼼한 검증 작업이 필요하다. 하지만 여기서는 일단 1943년경에 최인규가 창씨개명을 둘러싸고 울분을 토했다는 사실만을 확인해두고자 한다.

최인규는 1945년에 공개된 영화 〈사랑과 맹서〉에서도 조선인 주인공 소년의 이름을 '긴 에이류金英龍(김영룡의 일본식 음독)'로 한 감독인 것이다. 자기 자신이 창씨개명한 후에도 영화의 주인공 이름을 어떻게 할지에 대해서는 고민하고 있었지 않았을까 생각된다.

〈태양의 아이들〉

최인규에게는 〈태양의 아이들〉(1944)이라는 국책영화가 있다.

필름은 남아 있지 않지만 이 영화에 대해서는 신뢰할 만한 증언이 있다. 학생 역으로 출연한 전 소학교 교장인 김창국이 쓴 『우리의 경성사범부속제2초등학교』(2008)다. 여기에 영화 출연 때의 회고담이 실려 있다. 종래의 조선 영화사 연구에서는 인용된 적이 없는 문헌이다.

저자는 국민학교 5학년 때 동급생 10명과 함께 이 영화에 출연했다.

전범성이 편찬한 『한국영화총서』(한국영화진흥조합, 1972)에 따르면 영화에는 〈망루의 결사대〉에 순사 역으로 출연한 전택이 외에 문예봉, 서월영, 최운봉 등 저명한 배우가 출연했다. 담임 역의 여성 교사는 최인규 감독의 부인 김신재다. 김창국에 따르면 일본인 배우는 교장 역의 미즈시마 미치타로水島道太郎뿐이었다. 국책회사 '조선영화제작주식회사(사장은 다나카 사부로田中三郎)'의 제작이고, 각본은 최인규의 술친구인 니시키 모토사다였다는 점도 흥미롭다.

잡지 『조광朝光』의 1944년 9월호에 따르면 영화의 스토리는 다음과 같다.

남태평양의 어느 고도孤島. 그곳에는 교장 한 명, 여성 교사 한 명, 학생 3, 40명의 작은 학교가 있다. 쓰키오카라는 소년은 아버지를 따라 사이판으로 갔고, 곧이어 교장도 소집되었다. 쓰키오카 소년과 교장은 사이판에서 우연히 만났다. 그러나 사이판은 함락의 날을 맞이한다. 섬에 남겨진 여성 교사(김신재)는 학생들에게 전원 전사했다는 보도를 읽어준다. 학생들은 바다를 향해 작은 주먹을 치켜들고 복수를 맹세한다는 내용이다.

교장 역이 미즈시마 미치타로이고, 문예봉은 쓰키오카 소년의 어머니 역이었던 것으로 보인다. 이 기사에 따르면 소년의 이름은 일본식이다. 최인규의 전작 〈수업료〉(1940), 〈집 없는 천사〉(1941)에서 주인공 소년은 조선식 이름이었다. 조선인 소년의 자립과 성장을 그리는 것이 그의 아동영화 본래의 모습이다. 최인규는 이 영화에서 주인공의 이름을 조선식으로 할지 일본식으로 할지 고민했을까. 아니면 그 밖에 영화화할 작품의 구상이 있었을까. 여기서는 아직 단정적인 표현을 피하고자 한다.

김창국에 따르면 영화 후반부의 촬영은 경성에서 버스로 1시간쯤 북쪽으로 간 경기도 양주군의 한 국민학교에서 이루어졌다. 다른 학생 네 명이 해안의 캠프장에서 노는 장면은 평양 근처의 진남포에서 작은 배로 몇 시간 걸리는 작은 섬에서 촬영했다고 한다.

교실에서 촬영할 때는 그 학교 학생 열 명이 빠지고 김창국 등 경성사범부속제2초등학교 학생 열 명이 자리에 앉았다. 촬영은 "선생 역의 여배우와 약 20일간 눈부신 라이트 속에서 두 시간, 세 시간이나 반복되었다"고 한다. 〈태양의 아이들〉의 필름이 현존하지 않는 만큼 김창국의 증언은 귀중하다.

'만영의 아마카스'와 구마가이 히사토라

〈태양의 아이들〉을 둘러싸고 또 한 가지 중요한 사실이 있다.

하라 세쓰코의 형부(둘째 언니의 남편)인 영화감독 구마가이 히사토라의 모습이 최인규 주위에서 보였다 안 보였다 한다. 『훈장이 필요 없는 거인들—모리야마 유키하루 대담집』[1]에서 구마가이는 "만영의 아마카스의 부탁을 받고 조선의 영화 제작을 도왔다"고 느닷없이 믿기 힘든 이야기를 한다. '만영의 아마카스'란 물론 만주영화협회의 이사장 아마카스 마사히코다.

---

1)   森山幸晴, 『勲章のいらない巨人たち—森山幸晴対談集』, 世界聖典刊行協会, 1981.

당시의 조선 영화계의 동향을 상술한 다카시마 긴지의 『조선영화통제사』[2]에 구마가이 히사토라의 이름은 없다. 한국의 과거 신문을 검색해봐도 구마가이의 경성 방문을 전하는 기사는 없었다. 구마가이에게는 거짓말을 하는 버릇이 있었던 걸까. 아니, 그가 하는 말은 사실이다.

구마가이는 1944년 7월경부터 국책영화회사 '조선영화사(조선영화제작주식회사를 개편)'의 촉탁(이사 대우)으로서 경성·도쿄를 왕복하며 사실상 이 회사의 영화 제작을 전담하는 지위에 있었던 것이다.

『일본영화』(1944년 8월호)의 '영화계 시사'에서 그 인사에 관한 기사를 찾아냈다. 간단히 말하면 1944년에 '조선영화제작주식회사'는 '조선영화사'로 개편되었으며, 사임한 상무이사 다나카 야스하루田中康晴의 후임이 구마가이였다. 이 인사는 지금까지 중시되지 않았던 조선 영화사 연구의 맹점이다. 방약무인한 남자를 상사로 둔 최인규도 초조함이 심했을 것이다.

경성에서 구마가이의 행적은 「영화계 이단아의 고백적 방담」이라는 제목으로 모리야마 유키하루와의 이 대담에서 그 자신이 밝히고 있다. 청자인 모리야마는 스가와 에이이조須川榮三 감독의 〈백만 인의 대합창〉(1972) 등 네 편의 영화를 기획한 인물이다.

구마가이: "나는 조선에 갔었네."

모리야마: "아아, 조선에 가셨군요."

구마가이: "그 무렵 조선에 유니치카의 프로덕션이 있었지."

모리야마: "아하, 조선에 말인가요?"

구마가이: "그래, 총독부가 그걸 하나로 합쳐서 활동한다며 아마카스가 내

---

2)　高島金次, 『朝鮮映画統制史』, 朝鮮映畵文化研究所, 1943.

게 전무로 와달라고 해서 간 거네."

모리야마: "예, 그게 1944년쯤인가요?"

구마가이: "그래, 그렇다네. 그 회사의 사장이 부자로, 시계방을 하는 녀석이었지. 여기서 간 일본인 중에서는 명사가 되었다네. 그 녀석을 명목 사장으로 삼았으니까 내게 지원해달라고 한 거지. 그래서 조선에 간 거네."

모리야마: "아, 그렇습니까?"

구마가이: "조선호텔에서는 두 칸이 이어진 근사한 방을 잡아주더군. 굉장히 후한 대우를 받았지."

정말 방자한 말투다. '시계방의 사장'이라는 사람은 '조선영화제작주식회사'에 이어서 '조선영화사'에서도 사장이었던 다나카 사부로(경성상공회의소 부회장)를 말한다. 다나카는 경성 혼마치의 시계상이었다. 구마가이의 입에서 최인규 이야기가 나온 것은 다음 대목이다. 구마가이의 방담록에서는 '최은정崔殷丁'으로 잘못 기록되어 있다.

구마가이: "영화를 만들어야만 해서 당시 가장 재능이 있는 최은정이라는 녀석을 발탁해서 한 편 찍었지. 바로 사이판이 함락되기 전이네." (사이판 함락은 1944년 7월)

모리야마: "아아, 그렇습니까?"

구마가이: "사이판을 중심으로 일본인이 다들 죽어갔지. 그 모습을 찍은 거네."

구마가이: "뭐, 단 사오일에 찍게 했지."

모리야마: "그건 프로그램 픽처[3]인가요?"

---

3) 중심 영화에 곁들인 단편 영화.

구마가이: "그래, 맞네. 일본에서도 상영되었지." (시모카와의 주석: 이 점은 의문
이다.)

모리야마: "(전략) 그건 제목이 뭔가요?"

구마가이: "뭐였더라, 잊어버렸네."

모리야마: "아, 예."

구마가이는 정말 난폭한 말투를 쓰지만 이 영화는 〈태양의 아이들〉
임에 틀림없다. "단 사오일에 찍게 했지"라는 구마가이의 자랑은 김창
국의 증언과 비교해보면 신빙성이 떨어진다.

〈태양의 아이들〉은 1944년 11월 16일, 명치좌明治座(현재의 명동예술
극장)에서 공개되었다. 출연자 일동은 그 직전에 경의를 표하기 위해
조선총독 아베 노부유키阿部信行를 방문했다고 한다. 장소는 경성의 조
선호텔 리셉션 홀이었다. 김창국 등의 학생들도 교장에게 인솔되어 나
갔다.

총독 앞에서 한 사람 한 사람이 인사했다. 총독은 주역인 학생에게
말을 걸었다. "자네는 내지 어디서 온 건가?" 그러자 담임이 뛰어나와
말했다. "이 학생은 일본의 아이가 아닙니다. 반도 아이입니다." 총독은
"아, 그런가?" 하고 고개를 갸웃하며 "일본어가 능숙하군" 하고 말했다
고 한다. '국어(일본어) 상용'으로 교육받은 조선인 학생의 일본어 능력
에 놀라는 조선총독이라는 모습은 우스꽝스럽다.

조선 영화인의 창씨개명

창씨개명. 다른 조선 영화인은 어땠을까.

조선의 주요 영화인의 창씨개명 이름을 기재해둔다. 잡지 『삼천리』의 후신인 『대동아』 1942년 7월호에 일람표가 실려 있다. 이하의 표기는 예명(아호 내지 필명)-창씨개명 후의 성명-본명 순이다.

〈여배우〉

▷ 문예봉-林丁元-文丁元

▷ 김신재-星信哉-金信哉

▷ 김소영-金惠得-金惠得

▷ 복혜숙-富川馬利-卜馬利亞

▷ 전옥-松原禮子-全德禮

〈남배우〉

▷ 김일해-金用正錫-金正錫

▷ 전택이-宮田泰彰-田泰彰

▷ 주인규-安川文治-朱仁奎

〈감독〉

▷ 최인규-星寅奎-崔寅奎

▷ 안종화-安田辰雄-安龍熙

▷ 안석영-安田榮-安碩柱

〈촬영/녹음〉

▷ 이필우-瀨戸武雄-李弼雨

▷ 이명우-瀨戸明-李明雨

창씨개명은 조선의 남계 혈연사회(성명 사회)에 일본식 이에家 제도[4]에 기초한 씨명을 도입하여 마찰과 혼란을 일으켰다. 법제화에 의한 것이므로 강제적이다.

일본인풍의 씨(설정設定 창씨)로 하지 않는 경우, 김이나 박 등의 조선식 성이 씨가 되었다. 이를 법정法定 창씨라고 한다. 1940년 2월부터 6개월 간 등록하게 되었는데, 최종 결과는 전자가 80퍼센트, 후자가 20퍼센트다. 법제화에 수반되는 본명(법률명)은 성명에서 씨명으로 변경되었다. 다만 성이 호적에서 사라지는 것은 아니다. 씨는 일본풍으로 하는 것이 장려되고 강요되었지만 개명은 임의다. 개명에는 수수료 50전이 필요했다. 10퍼센트 가까운 조선인이 개명했다.

정말 까다로운 신제도이지만 제1장에서 말한 것처럼 조선총독부 내에서도 호즈미 신로쿠로穂積真六郎(식산국장) 외에 "누가 누구인지 알 수 없게 된다"고 한 미하시 고이치로三橋孝一郎(경무국장) 같은 반대론자도 있었지만, 시오바라 도키사부로(학무국장) 등의 추진론으로 강행되었다.

조선 영화인의 창씨개명 상황을 보면 최인규·김신재 부부가 모두 '호시星' 씨가 되었다. 조선 사회는 남계 혈족사회이므로 부부 별성이지만 창씨의 도입으로 부부가 같은 성이 되었던 것이다. 문예봉이나 김소영은 법정 창씨이고 개명도 하지 않았다. 설정 창씨로 하지 않았던 것은 개인의 의사라기보다는 그녀들이 속한 종족의 의사에 따른 것일 것이다.

목사의 딸로 태어난 복혜숙은 본명(복마리아)과 조합하여 '도미카와

---

4) 이에家는 호주와 가족으로 구성된다. 호주는 집의 통솔자이고, 가족은 그를 구성하는 자들 중 호주 아닌 사람들을 일컫는다.

마리富川馬利'로 했다. 조선 영화계의 중진이었던 안종화는 '야스다 다쓰오安田辰雄'로 일본인풍의 씨명이 되었다. 안석영의 창씨명은 '야스다 사카에安田榮'다. 이필우와 이명우 형제는 모두 '세토瀨戸'로 설정 창씨를 했다.

당시의 조선 영화인은 깊이 고민했을 것이다. 창씨개명 목록을 보는 일본인의 한 사람으로서 소름이 돋는 듯한 기분을 억누를 수 없다. 그런데 의외로 생각될지도 모르지만 내가 서울 특파원이 된 1989년경 창씨개명에 대한 본격적인 연구서는 일본에도 한국에도 없었다. 그 때문에 한일 쌍방이 모두 자의적인 해석이 앞서 혼란을 불러온 일에 대한 주의를 환기하고자 한다.

창씨개명을 배경으로 조선총독부에서 일하는 일본인 직원의 고뇌를 그린 가지야마 도시유키梶山季之의 소설 「족보」(1952)나 이를 원작으로 한 임권택 감독의 영화 〈족보〉(1979)는 모두 역작이지만 오해에 기초한 기술과 연출이 있다.

선구적인 연구서인 김영달의 『창씨개명 연구』[5]에서 "가지야마 도시유키는 창씨와 개명의 구별도 모르고(중략) 소설에서의 기술이 전혀 실태와 맞지 않다"고 기술한 대로다. 그는 "역사적 사실에 비춰볼 때는 아주 우스꽝스러운 픽션에 지나지 않는다"고 단정했다.

미즈노 나오키(교토대학 명예교수)의 『창씨개명─일본의 조선 지배 안에서』[6]도 「족보」에는 마찬가지의 오해가 있다고 지적했다.

족보는 남계 혈통 관계의 추이를 보여주는 사적인 문서다. 그러나 창씨는 공문서 표기(법률명)의 문제다. 이 점을 이해하지 않는 오해가 여

5) 金英達, 『創氏改名の硏究』, 未来社, 1997.
6) 水野直樹, 『創氏改名─日本の朝鮮支配の中で』, 岩波新書, 2008.

전히 많다. 김영달이 기술한 것처럼 창씨개명은 조선 전통의 성姓과 본관을 폐지한 것도 아니고 변경시킨 것도 아니었다.

특공대 영화와 이마이 다다시

도호의 프로듀서 후지모토 사네즈미의 회고담으로 돌아간다.

전쟁 말기에 만들어진 최인규·이마이 다다시 감독의 〈사랑과 맹서〉에 관한 중요한 증언이 있기 때문이다. 이 영화의 필름은 현존하지만 최근까지 일본 영화사 연구에서는 거의 무시되어온 영화다. 해군에 의한 조선인 특공대원 모집 영화라는 특이한 작품이다. 이마이 다다시도 도중에 참여를 요청받은 작품이다. 그 제작 경위에 대한 점검은 영화사를 공정하게 서술하는 데 불가결하다고 여겨진다.

후지모토의 회상에 따르면 제작 경위는 다음과 같다. 1944년 이마이 다다시 감독의 〈승리의 날까지勝利の日まで〉를 완성한 후 후지모토는 "조선의 해군병사 모집 영화를 만들라"는 해군의 요청을 받고 조선으로 건너갔다. 그는 조선인 모집 영화라면 조선인 감독을 기용해야 한다고 생각하여 〈망루의 결사대〉를 통해 이미 알고 있는 최인규를 기용했다. 시나리오는 〈망루의 결사대〉의 각본가 중 한 사람인 야기 류이치로가 썼다. 조선인 고아가 최후에는 해군 특공대원에 지원한다는 스토리의 국책영화다.

여기서 중요한 것은 "이마이 다다시가 소집 해제가 되어 제대했기 때문에 이마이에게도 (〈사랑과 맹서〉를) 돕도록 했다"고 후지모토가 증언한 점이다. 그러나 그 이상의 상세한 언급을 하지 않은 것이 아쉬울

뿐이다. 이마이 다다시는 〈사랑과 맹서〉에 대해 지금껏 전혀 언급하지 않았다.

『이마이 다다시 영화 독본』[7]에 따르면 이마이는 1943년 가을에 소집되어 경성 근교에 있는 용산의 육군부대에 3개월 동안 있었다. 이마이에게는 유일한 군대 체험이다. 이마이는 전후의 철권제재 등 내무반의 가혹함을 군대 체험으로 말했다. 그러나 왜 3개월 만의 교육 소집으로 끝났는가 등의 상세한 경위는 전혀 밝히고 있지 않다. 〈망루의 결사대〉 이래 두 번째가 되는 조선 체험인데도 그 상세한 사정에 대해서는 그의 증언도 없고 달리 기록도 하지 않았다.

도호의 영화 데이터베이스는 〈사랑과 맹서〉를 "사단법인 조선영화사 제작, 도호 (지원)"으로 한 다음 "이마이 다다시·최인규 연출"이라고 기재하고 있다. 문화청의 일본영화정보시스템도 "이마이 다다시·최인규 감독"이라고 되어 있다. 한국영상자료원의 데이터베이스도 마찬가지다.[8]

이마이 다다시가 조선인 특공대원 모집 영화 〈사랑과 맹서〉에 대해 아무 말도 하지 않은 것은 그 영화 제작에서 중요한 역할을 하지 않았기 때문이라는 견해도 가능하다. 그러나 그렇게 판단할 수 있는 본인의 증언도, 타자에 의한 방증도 전혀 없다. 〈사랑과 맹서〉의 제작 기간 중에 이마이가 도쿄에 있었는지 경성에 있었는지도 밝혀져 있지 않다.

이와 관련하여 참조할 만한 것은 작가 마쓰모토 세이초와 도쿄대학 교수 마루야마 마사오의 조선 체험이라고 생각된다. 두 사람은 1944년 7월이라는 같은 시기에 조선의 육군 부대에 있었다. 둘 다 이등병으로

---

7)　今井正監督を語り継ぐ会編,『今井正映画読本』, 論創社, 2012.

8)　현재 한국영상자료원의 데이터베이스에는 최인규로 되어 있다.

소집되었다. 마쓰모토 세이초는 용산에, 마루야마 마사오는 평양에 배속되었다. 당시는 조선의 육군 부대가 속속 뉴기니 등 남방으로 파견되어 전사자가 끊이지 않던 시대였다.

마쓰모토 세이초는 패전 때까지 조선에 있었다. 마루야마 마사오는 평양에 부임한 3개월 후에는 도쿄의 참모본부 정보반으로 전속되었다. 마루야마 마사오의 경우 종군 중에 각기병을 진단받은 것 외에 군대 이력에 대한 상세한 사정은 충분히 파악되지 않았다.[9]

마쓰모토는 자전『반생의 기록』[10] 등에서 조선 체험을 기술했지만, 마루야마의 경우 가혹한 내무반 체험 이외에 많은 이야기를 하지 않은 것은 이마이 다다시와 마찬가지다. 마루야마의 전속轉屬은 도쿄대학의 은사인 난바라 시게루南原繁가 군 당국에 그의 소집 해제를 요청했다는 것과 관계[11]가 있는 것으로 보인다.

일본과 조선이 공동으로 제작한 영화 〈사랑과 맹서〉에는 이마이 다다시 감독의 〈망루의 결사대〉에 이어서 다카다 미노루(『경성일보』의 편집국장 역)가 주연을 맡았다. 독은기(가미가제 특공대로 나갔다가 죽은 조선인 무라이 신이치로村井信一郎 소위 역), 다케히사 지에코(편집국장 부인 역) 외에 전후 구로사와 아키라 영화에 단골로 나온 시무라 다카시志村喬(무라이의 아버지로 국민학교 교장 역)도 출연했다. 김신재(무라이의 아내 역), 김우호(가미가제 특공대에 지원하는 소년 김영룡 역) 등도 출연했다.

후지모토는 "전쟁이 긴박해져 필름을 내지로 보내 현상하는 것이 불가능해졌으므로 경성에서 현상하기로 했다"고 한다. 미군이 대량으로

9)   南富鎭,『松本清張の葉脈』, 春風社, 2017.

10) 松本清張,『半生の記』, 新潮文庫, 1970.

11) 石田雄,「平壤での丸山二等兵」,『丸山眞男手帖 55』, 丸山眞男手帖の会, 2010.

〈사랑과 맹서〉의 시무라 다카시(왼쪽)와 다카다 미노루(오른쪽).

기뢰를 부설하여 관부연락선의 운행이 점차 어려워진 사정을 반영한
것이다.

후지모토의 회상은 대단히 구체적이다.

"각오는 하고 조선에 왔지만 내지로의 귀환을 걱정하는 사람도 나왔
기 때문에 최소 인원만 남기고 도호 스태프의 대부분을 귀국시키고, 어
쨌든 조선에서의 촬영을 마쳤다. 촬영 진행 일로 최인규와 다투기도 했
다. 그런 상태에서도 최인규는 감독으로서 주장해야 할 것은 주장했다.
그런 태도는 훌륭했지만 이쪽도 거의 히스테리 상태에 있었기 때문에
상당히 무리한 말이기도 했다. 전황이 하루하루 긴박해지는 가운데 스
태프를 데려온 책임이 있었기 때문에 하루라도 빨리 촬영을 마치고 싶
었던 것이다."

"아무리 시대가 시대라고 해도 드물게 보는 뛰어난 영화감독이었던
최인규에게 조금 더 나은 조건으로 〈사랑과 맹서〉를 찍게 하고 싶었다.
그때의 내 처사를 떠올리면 최인규에게 미안했다는 마음이 간절하다."

도쿄 공습을 피해 우왕좌왕하다

후지모토의 회상이 이어진다.

"조선에서의 촬영을 끝내고 일본 측 스태프와 최인규, 진훈, 주인규 등의 조선 측 배우 몇 명을 데리고 귀국했다. 이미 시모노세키 부근의 바다에는 기뢰가 투하되어 위험하기 때문에 관부연락선은 하카타에 정박했다. 하카타에서 폭격하의 산요선山陽線, 도카이도선東海道線을 통해 도쿄에 도착하자마자 그들을 시부야의 여관에 묵게 했다. 그날 밤인 5월 22일, 시부야구에 대공습이 있어 숙소를 잃고 가까스로 도 망친 일행을 도호 촬영소 뒤의 기숙사로 데려갔다. 곧 세트 촬영에 들어갔다."

나는 이 기술을 읽고 깜짝 놀랐다.

상상도 하지 못했던 사실이었기 때문이다. 후지모토는 〈사랑과 맹서〉의 감독 최인규 외에도 〈망루의 결사대〉의 출연 배우 두 사람(진훈, 주인규)를 연일 이어지는 공습에 신음하던 도쿄로 오게 했다는 것이다. 최인규가 일본에 온 것은 〈사랑과 맹서〉의 세트 촬영과 편집 작업 때문으로 보인다. 하지만 이 영화에 나오지 않는 주인규나 강홍식(진훈)까지 도쿄에 온 것은 어떤 사정이 있었던 걸까.

나중에 말하겠지만, 주인규는 위장 전향자였던 것으로 보인 만큼 그의 동향에는 더 많은 관심이 간다. 이마이 다다시가 제대한 후 후지모토로부터 〈사랑과 맹서〉의 촬영을 '도와달라'는 지시를 받은 모습은 어디로 사라진 것일까. 5월 공습 때 이마이는 에비스의 자택에 있었다는 증언도 있다. '여러 명'이라고 한 만큼 그 외에도 조선인 배우들이 있었다는 이야기가 되는데 그들은 누구였을까.

관부연락선 곤론마루崑崙丸는 1943년 10월 미국 잠수함의 어뢰 공격을 받고 침몰하여 583명이 사망하거나 행방불명되었다. 1945년 6월 이후 관부연락선은 폐쇄 상태가 되었다(간몬 해협關門海峽이 내려다보이는 시모노세키 시내의 고지대에 곤론마루 위령비가 있다).

후지모토의 증언은 중요하다. 후지모토가 "5월 22일 시부야구의 대공습"이라고 쓴 것은 5월 24, 25일의 '야마노테 공습'을 착각한 것으로 보인다. 1945년의 도쿄 대공습은 3월 10일의 시타마치下町 공습(경시청 조사에 따르면 사망자는 8만 3793명)이 유명하지만 5월의 야마노테 공습(경시청 조사에 따르면 사망자는 4415명)도 관청가 외에 아카사카, 아오야마, 나카노 등 일반 주택가를 노린 소이탄에 의한 융단 폭격이었다.

기록에 따르면 시부야구에서는 24일 "농밀한 소이탄 투하로 광범위하게 다수의 화재가 발생했는데 질풍이 일어나 화재가 합쳐져 큰 피해를 낳았다. 시부야구에서도 소방청 조사에 따르면 전소된 가옥 8855호, 사망자 20명, 중상자 240명, 이재민 3만 1557명에 달했다". 그리고 25일에는 "마침 불어온 강풍으로 큰 불이 소용돌이를 일으켜 나머지 도쿄 시가지 대부분을 태웠다. 시부야구는 전소된 가옥 2만 8615호, 사망자 900명, 중경상자 3860명, 이재민 11만 6377명이라는 막대한 피해를 입었으며, (중략) 시부야구의 약 77퍼센트가 불에 타 폐허가 되었다(모두 총무성의 『시부야구의 전재戰災 상황』)."

최인규 등 조선 영화인들은 이 맹렬한 불구덩이에서 '가까스로 도망친' 것이다.

후지모토에 따르면 그들을 "도호 촬영소 뒤의 기숙사로 데려갔다"고 되어 있으므로 최인규 등은 시부야의 여관에서 세타가야의 촬영소 기숙사로 옮긴 것이다. 그리고 그 무렵 〈사랑과 맹서〉의 세트 촬영이 이루어졌다는 이야기가 된다. 일본에서 이 영화를 공개한 것은 7월 26일이었다.

야마노테 공습의 참상은 증언집 『오모테산도가 불타던 날』(2008)에 상세하다.

오모테산도 교차로에 있는 야스다 은행(현 미즈호 은행) 지점의 문 앞에 검게 그을린 시체가 겹겹이 쌓여 있던 광경을 많은 사람들이 목격했다. 시모메구로에 살고 있던 의학전문학교 학생이던 야마다 후타로는 『전중파 부전 일기』[12]에서 공습하에서 청년이 느낀 분노와 절망을 기록했다. 야마다는 8월 16일의 일기에 "일본은 다시 부국강병의 국가가 되지 않으면 안 된다", "쓸쓸한 과거에 대한 추궁 안에서 길이 열릴 것이다"고 적었다.

미나미아오야마 욘초메의 세이난青南국민학교(현재의 세이난소학교)의 학생도 공습에 희생되었다. 이 학교 학생이었던 배우 나카다이 다쓰야仲代達矢는 그 체험을 자서전 등에 자주 썼다. 고바야시 마사키小林正樹 감독의 〈인간의 조건〉(1959~61)에서 나카다이는 만주·시베리아에서의 고투 끝에 죽는 남자를 연기했다.

최인규나 주인규 등은 불타는 '제국의 수도 도쿄'를 도망치며 무슨 생각을 했을까. 그들이 정열을 기울여온 조선 영화와 조선 민족의 미래를 어떻게 전망하고 있었을까.

후지모토에 따르면 최인규나 주인규 등은 무척 의리 있는 사람들이었다.

세트 촬영 틈틈이 세타가야에 있는 후지모토의 집에 가서 방공호를 파주었다고 한다. "밤에는 어디선가 밀조한 조선 막걸리를 가져와 양

---

12) 山田風太郎, 『戰中派不戰日記─昭和20年』, 番町書房, 1971.

배추에 소스를 끼었은 안주로 마셨고, 조선의 노래 〈아리랑〉이나 〈뽕 따러 가세〉를 불렀다."

"큰 덩치의 배우 주인규는 취하기는 했지만 내 어머니에게 전쟁이 끝나면 조선의 금강산에 갑시다, 걸을 수 없으면 업고 갈 테니까요, 하며 친절하게 말해주었다. 전후 한국에 갔을 때 주인규는 어떻게 지내느냐고 물으니 그는 원래 좌익이어서 북한으로 갔고 지금은 함경도의 경찰서장을 하고 있다는 것이었다."

후지모토는 전쟁이 파국을 맞이한 시기에도 조선의 영화인과 기탄 없이 교류한 것을 알 수 있다. 조선 민요 〈뽕 따러 가세〉는 영화 〈사랑과 맹서〉(1945)에서도 조선인 병사의 장행회 장면에서 불린다.

후지모토가 '큰 덩치의 배우'라고 형용한 주인규는 아주 자애로운 남자였던 모양이다. 해방 후 주인규가 '함경도의 경찰서장'이라는 부분은, 그가 함경남도 검찰부장이었다는 사실을 반영한 것이다. 주인규가 '원래 좌익'이라는 것은 그가 투옥 경험이 있는 노조활동가였던 경력과 부합한다.

1945년 7월 상순, 후지모토에게 소집 영장이 나온다.

이마이 다다시와 야마가타 유사쿠(〈망루의 결사대〉의 각본가)가 "배급으로 나온 5홉의 술로 장행회를 해주었다", "도쿄역에서 출정할 때도 두 사람이 배웅해주었다"고 한다. 후지모토의 집에서 조선 영화인과 술자리를 벌였을 때 이 두 사람이 같이 있었는지 어떤지는 증언이 없다. 〈사랑과 맹서〉의 세트 촬영을 마친 최인규 등 조선 영화인이 언제 현해탄을 건너 귀국했는지도 밝혀져 있지 않다. 이 언저리의 경위에 관해 이마이 다다시는 전혀 증언을 남기지 않았다.

최인규는 해방 후 '변명'의 과정에서 단파방송을 듣다가 경찰의 조사를 받았다고 기술되어 있다(『삼천리』 1948년 9월호). 검거된 다른 영화인과 마찬가지로 중국에서 조선어로 하는 방송을 단파라디오로 들었던 것일까. 주인규 같은 확신적인 공산주의자는 더욱 면밀한 정보망을 갖고 있었을 것이다.

주인규 등이 시부야에서 경험한 미군의 공습에 의한 피해는 '단말마의 제도帝都'를 리얼하게 느끼게 하는 것이었다. 그 체험이 그들에게 '해방 후의 전신轉身'을 주도면밀하게 준비시켰다고 해도 과언이 아니다.

주인규, 또 하나의 얼굴

주인규는 혁명 지향의 '적색 노동조합(프로핀테른 계열)' 운동의 활동가였다. 좌경 연극과 영화 출연을 병행한 인물은 일본에서도 적지 않지만 좌익 공장 노동자와 배우 경력을 겸비한 인물은 흔치 않다.

주인규는 나운규 감독의 전설적인 영화 〈아리랑〉(1926)으로 주목을 받은 배우다. 〈망루의 결사대〉에서는 국경 경비대에 불만스러운 태도를 드러내는 마을사람 역을 맡았다. "자기 집 돌담을 쌓는 데 남을 공짜로 부리는 경우는 없어"라고 비판한 바로 그 남자다. 함경남도 출신의 주인규는 노구치 시타가우野口遵(1873~1944)의 조선질소비료공장을 중심으로 하는 흥남공업지대에서 인망 있는 노조 활동가였다. 〈아리랑〉에 출연한 후 주인규는 홀연히 적색노조 활동가로 변모한 것이다.

가나자와의 가난한 무사 가문에서 태어난 기업가 노구치 시타가우는 일본질소비료주식회사(현재의 짓소)를 모체로 1927년 조선질소비료

〈아리랑〉 출연자의 기념사진. 앞줄 가운데의 모자를 쓴 사람이 주인규, 그 왼쪽이 나운규.

주식회사를 설립했다. 여기서의 기업 활동이 전후 미나마타에서의 수은 공해의 연원이라고 미리 지적해둔다.

　주인규는 흥남 공장에서 노동운동을 하다가 체포되어 2년간 투옥되었다. 그리고 출옥 후에 이마이 다다시 감독의 〈망루의 결사대〉에 출연하는 아주 복잡한 궤적을 걸어온 인물이다. 해방 후에는 평양의 조선국립영화촬영소(현재의 조선예술영화촬영소)의 초대 소장이 되었다. 〈망루의 결사대〉에서 조선 민요를 부른 강홍식(진훈)이 부소장인데, 그는 문예봉 등이 주연한 북한의 첫 극영화 〈내 고향〉(1949)을 감독했다. 〈망루의 결사대〉에 출연한 배우들의 '그 후' 궤적에는 이런 사실이 숨어 있었던 것이다.

　영화를 연구할 때 내가 주안점으로 두는 것은 '영화를 계기로 과거의 시대를 안다'는 것이다.

　그러므로 영화의 내용만이 아니라 영화의 출연자나 스태프의 생애에 깊은 관심이 있다. 그런 조사를 진행하는 과정에서 영화 〈망루의 결사대〉가 가진 역사적 의미가 보이기 시작한 것이다.

주인규에 관해서는 더욱 중요한 사실이 있다.

주인규는 해방 후 북선 지역에서 일본인의 귀환을 지원한 은인이었던 것이다. 이소가야 스에지가 남긴 저서『조선 종전기』,[13]『우리 청춘의 조선』[14]에 그 기록이 있다.

이소가야는 주인규, 주선규 형제 등과 함께 흥남 콤비나트에서 노동운동에 참가하다 체포·투옥된 일본인 활동가다. 패전 후 이소가야는 흥남으로 쇄도한 일본인 난민의 구조를 떠맡았다. 함경남도 검찰부장이 되어 있던 주인규는 이소가야 등의 활동을 지원하고 소련 점령하의 북선 지역에서 일본인 난민을 도왔다. 모리타 요시오와 나가타 가나코가 편집한『조선 종전의 기록 '자료편 제1권' 일본 통치의 종언』[15]에 북선 지역에서 귀환한 사람들의 고투가 상세히 기록되어 있다.

그러나 그 후 주인규 등 조선 영화인을 기다리고 있던 운명은 더욱 가혹한 것이었다.

스탈린 비판(1956)을 계기로 북한에서도 김일성 비판이 일어났다. 소련에 의해 추대된 김일성에 대해 조선국내파(남조선노동당)나 중국파 등에서 강한 반발이 있었던 것이다. 주인규 등은 국내파로 간주되어 반격에 나선 김일성파에 의해 엄중한 조사를 받았다. 주인규는 자살했다. 강홍식은 정치범수용소에서 병사했다. 모두 그들의 동정을 아는 북한 관계자의 증언이고, 30년쯤 후에야 밝혀졌다.

〈망루의 결사대〉에 관여한 조선 영화인의 생애는 시기별로 '식민지

---

13) 磯谷季次,『朝鮮終戰記』, 未来社, 1980.

14) 磯谷季次,『わが青春の朝鮮』,影書房, 1984.; 이소가야 스에지, 김계일 옮김,『우리 청춘의 조선』, 사계절, 1998.

15) 森田芳夫·長田かな子編,『朝鮮終戰の記録 資料編第1巻 (日本統治の終焉)』, 巖南堂書店, 1979.

시대의 영화인 활동', '주인규의 노동운동', '최인규의 해방기 영화와 납치', '강홍식·주인규의 복조선 영화', 그리고 '숙청'이라고 개별 도서에 흩어져 기록되어 있었다. 따라서 그들의 전체상은 확실하지 않았다. 주인규가 배우-좌익 활동-배우를 왕복하는 파란만장한 활동을 거듭하고 또 배우 진훈이 강홍식과 동일 인물이라는 것 등이 정확히 인지되지 않았던 것이다.

최인규는 한국전쟁에서 북한군에 납치되었다. 남자배우 세 명(주인규, 강홍식, 심영)은 해방 후의 북한 영화계에서 활약했지만 머지않아 당내 항쟁 속에서 숙청당했다.

김신재는 남편 최인규가 '납북'된 후에도 한국 영화에 출연했지만 자녀가 있는 미국으로 이민을 떠났고 거기서 세상을 떠났다. 이마이 다다시와 후지모토 사네즈미도 세상을 떠났고 하라 세쓰코는 종전 70년째인 2015년 초가을 95세의 일기로 생애를 마쳤다. 〈망루의 결사대〉의 제작에 참여한 사람들과 전쟁의 현대사에 숨겨진 개인의 역사는 이만큼 무시무시한 것이었던가 하는 생각을 하지 않을 수 없다.

이제 최인규와 주인규를 중심으로 조선 영화인의 '해방 전후'를 기술하고자 한다.

납치된 최인규

한국영상자료원 연구원 등 네 명의 노작인 『식민지 시대의 대중예술인 사전』(2006)에 따르면 최인규는 1911년 평안북도 영변(현재는 북한 핵시설의 집적지) 태생이다.

최인규.

　평양상업학교를 2학년 때 중퇴하고 고향으로 돌아가 자동차 운전을 배웠다. 그 후 일본으로 건너가 운전 조수를 하며 교토의 영화촬영소에 입사하려고 했지만 잘 되지 않았다. 1929년경 고향으로 돌아가 신의주의 철공회사에서 일했다고 한다. 그 후 신의주의 신극장에서 영사 기사로서 일했다. 1935년 전후의 일이다. 이 영화관은 주로 서양 영화를 상영했다. 최인규는 영사 기사를 하며 영화에 관한 기본적인 공부를 한 것으로 보인다.

　'한국전쟁납북사건자료원'의 기록에 따르면 한국전쟁 발발 후 북한에 의해 서울이 점령되자 최인규는 북한군에 의해 납치되었다. 그 후의 소식은 알려져 있지 않다.

　후지모토 사네즈미의 회상에 따르면 후지모토는 전후 아시아영화제에 참석하러 서울에 갔을 때 최인규의 부인 김신재를 다시 만났다. "1950년 6월 북한군이 남하하여 서울을 점령했을 때 그는 미군에 협력했다는 이유로 체포되었다고 한다. 생사는 불명이다. 생사가 불명이어서 아직 묘는 없다. 김신재는 아직 배우를 계속하고 있고, 아들은 미국의 대학에서 일하고 있다는 것이었다."

박남옥(1923~2017)은 한국 최초의 여성 감독이다.

그녀가 생전에 쓴 자서전 『박남옥, 한국 첫 여성 영화감독』(2017)이 중요하다. 그것에 따르면 그녀는 소녀 시절부터 김신재의 열렬한 팬이었다. 매일 팬레터를 썼다. 그녀 자신도 영화인이 될 꿈을 버리지 못하고 1943년 경성의 촬영소에 입사했다. 해방, 그리고 한국전쟁. 한미연합군이 서울을 탈환한 후인 1950년 10월 2일 종군촬영반에 있던 박남옥은 김신재의 자택을 방문했다. 야윈 얼굴의 김신재가 나타났다. 김신재는 깜짝 놀란 표정으로 "누군가 했더니, 서울에는 어떻게 왔어?" 하고 말했다. 전쟁에서 살아남은 두 사람은 오랫동안 서로의 얼굴을 마주 보았다.

"최인규 감독이 납치되신 거죠?"

박남옥의 질문에 김신재는 한숨을 내쉬며 말했다. "어쩔 수 없지, 뭐." 당시 김신재에게는 더욱 비통한 일이 있었다. 딸과 연년생인 아들이 영양실조와 폐병으로 한꺼번에 죽은 것이다. 전쟁 중에 그녀의 집에는 시어머니(최인규의 어머니)의 친구들 몇 명이 굴러들어왔다. 그녀들은 심한 천식을 앓고 있었다. 그 기침이 아이들에게 전염되었다고 한다.

"화려하게 보이는 스타 김신재는 인생을 포기한 사람처럼 멍하니 앉아 있었다."

박남옥은 김신재를 이렇게 묘사했다. 그녀가 〈망루의 결사대〉에 출연한 지 7년 후인 스물아홉 살 무렵의 모습이다.

박남옥이 남긴 유일한 영화가 〈미망인〉(1955, 16밀리미터 작품)이다. 공터에 자택 겸 영화 세트를 세우고 태어난 지 얼마 안 된 갓난아기를 업은 채 영화를 찍었다.

이 영화는 2015년 12월 교바시의 도쿄국립근대미술관 필름센터(현재의 국립영화아카이브)에서 상영되었다. "사회적 억압 속에서 어린 딸을 가진 한국전쟁의 과부를 주인공으로 여성의 성적 욕망과 모성의 갈등을 리얼하게 포착했다(해설 팸플릿)"고 평가되었다. 현존하는 프린트는 75분간의 불완전판이다. 나도 봤다. 최종 권이 없어져 마지막 10분은 음성이 없었다. 박남옥은 2017년 4월 로스앤젤레스에서 94세의 생애를 마쳤다. 김신재도 박남옥도 미국으로 이민을 갔고 거기서 세상을 떠났다.

『식민지 시대 대중예술인 사전』(이순진이 집필한 부분)에 따르면 1911년생인 김신재는 신의주의 압록강 건너편 강가에 있는 만주의 안둥安東 출신이다(신의주 출신이라는 기록도 있다). 안둥고녀를 중퇴하고 신의주의 신극장에서 사무원으로 일하고 있던 열일곱 살 때 영사 기사였던 최인규와 결혼했다. 위의 사전에서 이순진은 이렇게 말한다.

"김신재가 영화배우가 된 것은 1937년, 최인규가 서울로 상경하여 영화계에 입문한 것이 계기가 되었다. 〈심청〉(안석영 감독)으로 데뷔한 후 사랑스러운 얼굴이어서 '영원의 소녀'라는 애칭으로 불리며 각광을 받았다. 그녀는 문예봉이나 김소영과 어깨를 나란히 하는 위치에 올랐다. 식민지 시대 김신재의 모습은 〈집 없는 천사〉에서 확인할 수 있다. 남동생을 데리고 꽃을 팔며 걷는 소녀 역은 '영원의 소녀'라는 그녀의 이미지를 추측하게 한다. 그녀는 강한 성인 남성이 보호해주지 않으면 안 되는 연약한 고아 소녀다. 그녀가 표상하는 것은 순결하고 연약한 식민지 조선의 서민이다."

"해방 후에는 남편 최인규 감독의 영화인 〈독립전야〉(1948), 〈희망의 마을〉(1948)에 출연했다. 한국전쟁이 발발하여 최인규가 북한으로 납치되자 부산으로 피란을 가 '수선화'라는 다방을 열었다. 휴전 회담이 시작되자 서울로 상경하여 영화 활동을 재개하여 〈종군수첩〉(1981)에 이르기까지 많은 영화에 출연했다. 그 영화를 마지막으로 미국으로 이민을 떠났고 거기서 세상을 떠났다."

"1960년대 이후의 그녀는 '아주 자애롭고 아름다운' 어머니였고 '육체를 연상시키지 않는 정신적인 아름다움'이 여전하여 '그녀의 이미지 골격'을 형성했다. 말기의 역작으로 평가되는 〈장마〉(1979, 유현목 감독)의 끈적끈적한 연기는 그녀의 생애를 구성하는 이미지와 이율배반적인 것이라는 이야기가 된다."

잡지 『신영화』 등에서 김신재의 사진이나 기사를 볼 때마다 스크랩했던 박남옥은 1960년에 잡지 『시네마팬』을 창간했다. 영화인으로서 그녀의 공적은 한국의 여성 영화인에게 수여하는 '박남옥상'으로 기억되고 있다. 박남옥은 자전에서 "최인규 감독은 천재적인 영화인이고 그 활약은 김신재의 내조 없이는 있을 수 없었다"고 썼다.

'나의 벗 주인규'

이소가야 스에지는 1907년 시즈오카시의 가난한 가정에서 태어났다.

아버지는 아베카와安倍川의 통행료 징수원이었다. 1928년 소집되어 조선 함경북도 나남에 있는 육군 보병 76연대에서 종군했다. 2년 후 제대하여 함경남도 흥남에 있던 조선질소비료공장에 노동자로 입사했다. 직장은 자극적인 가스 냄새가 자욱한 제3 황산 담당이었다. 일급은 1엔 40전이었다. 월세가 15엔인 독신 기숙사를 나와 월세가 10엔인 조선인 하숙집으로 옮겼다.

어느 날 밤 젊은 집주인이 "재미있는 사람들이 오니까 나와 보라"고 했다.

'배우가 온다'는 말에 호기심이 일었다. 다다미 넉 장 반 크기의 좁은 방에 일고여덟 명의 청년이 앉아 있었다. 새까만 양복을 입은 남자가 배우 주인규였다. "공장에서 중국인과 함께 인부로 일하고 있다"고 집주인이 그를 소개했다. "몸집이 크고 피부가 거무스름하며 입을 옆으로 다물고 있고 콧방울이 좌우로 살짝 비뚤어진 것처럼 보였지만, 그래도 여전히 '단정'한 인상이고 이상한 매력을 느끼게 하는 청년이었다."

이상은 이소가야의 저작 『조선 종전기』에서 인용한 것이다.

"전체적인 외모, 말하는 태도·동작·음성 등 모든 것에서 발랄한 생기를 내뿜고 있는 것 같아 그는 처음부터 내 주의를 강하게 끌었다." 이 책을 집필할 당시 이소가야는 주인규가 1950년대에 북한에서 숙청된 사실을 모르고 있었다. 김일성에 대한 찬사도 군데군데 흩어져 있다.

이소가야의 『우리 청춘의 조선』(1984)은 『조선 종전기』의 개정증보판이다.

주인규에 관한 기술은 더욱 치밀하다. "야아, 잘 왔네, 기곡(磯谷, 이소가야의 조선어 읽기). 나야, 주인규"라고 그는 인사했다. 서른 살 정도. (오른손) 엄지손가락의 첫 번째 관절부터 끝이 잘려나간 듯 없었다. "구릿빛 얼굴은 문화인이라기보다 땅에 뿌리박은 사람 같은 느낌이었다. 그러나 그는 어딘가 익살맞은 점이 있고 구애됨이 없으며 종잡을 수 없는 사람처럼도 보였다. 자유분방함과 익살맞음과 호방함이 기묘하게 동거하고 있다"고 이소가야는 적었다. 주인규의 동생 주선규는 바이올린을 잘 켜는 음악 청년이었다고 한다.

영화배우 주인규에 대한 연구가 시작된 것은 한국에서도 아주 최근의 일이다. 공산주의자 영화인이었기 때문이다. 『식민지 시대 대중예술인 사전』에 주인규의 항목은 없다. 주인규에 대해서는 한상언(한양대학교 겸임교수, 한국영화사) 등의 연구가 선구적인 업적이다.

그것에 따르면 주인규는 1902년 함경남도 함흥군에서 태어났다. 아버지는 부유한 지방 지주였다. 1923년 함경남도에서 일본에 유학을 갔다가 돌아온 청년들이 설립한 극단 예림회에 들어가 문예부장인 안종화와 알게 되었다. 안종화는 전전·전후의 조선 영화계에서 중진이 된 인물이다. 나중에 전설적인 영화 〈아리랑〉을 감독하는 나운규도 예림회에 가입했다. 예림회가 경영난으로 해산하자 서울 출신의 안종화는 함흥을 떠나 부산으로 갔다. 안종화는 부산에서 연극 활동을 하는 한편 일본인 상공 관계자들이 설립한 조선키네마주식회사에 입사했다.

조선키네마주식회사는 1924년 7월 부산부 혼마치 5초메釜山府本町五丁目(현재의 중구 동광동 5가)에 설립되었다. 니시초 2초메西町二丁目(현재의 중구 신창동 2가)에 있던 니치렌슈日蓮宗 묘각사妙覺寺의 데릴사위 다카사 간조高佐貫長(1896~1967)가 중심이 되어 부산 재계의 협조를 얻어 설립한 것이다. 그 무렵의 경위는 안종화의 『한국 영화를 만든 사람들 1905~1945』(『한국영화측면비사』의 일본어판)[16]에 상세하다.

안종화가 부산으로 불러들인 주인규는 1924년 조선키네마주식회사에 월급 11엔을 받는 연구생으로 입사했다. 나운규도 부산으로 왔다.

---

16) 安鍾和, 長沢雅春訳, 『韓国映画を作った男たち: 一九〇五-四五年』, 青弓社, 2013(안종화의 『한국영화측면비사』[춘추각, 1962: 현대미학사, 1998]를 일본어로 번역한 것).

주인규는 왕필렬王必烈(다카사 간조의 별명) 감독의 〈해海의 비곡秘曲〉(1924)과 왕조 로맨스 영화 〈운영전〉(윤백남 감독, 1925)에서 단역으로 출연했다. 〈운영전〉은 완성도가 낮아 흥행에도 실패했다.

윤백남은 자신의 집에 하숙하고 있던 주인규와 나운규 등 연구생들을 데리고 상경하여 백남프로덕션을 만들었다. 주인규는 어머니에게 돈을 마련해달라고 하여 1천 엔을 출자했다. 윤백남은 맹인인 아버지와 효녀인 딸의 전통극인 〈심청전〉(1925)을 영화화했지만 이것도 실패했다.

조선 영화의 초창기는 이런 좌절의 연속이었다. 윤백남은 다음 작품으로 이광수 원작의 〈개척자〉(1925, 이경손 감독)를 선택했다. 이광수는 한국 근대소설의 선구자로 평가되는 작가다. 이 영화에서 주인규는 젊은 과학자를 연기했다. 흥행은 또 크게 부진했다. 1년간의 공백기를 거쳐 주인규가 출연한 작품이 나운규 감독의 신화적인 영화 〈아리랑〉이다. 이 영화에서 주인규는 여주인공을 강간하려는 악역을 연기했다. 영화는 크게 히트를 쳤다. 주인규는 나운규 감독의 〈풍운아〉(1927)에도 출연하여 좋은 연기를 보여주었다(이 영화들의 필름은 현존하지 않는다).

계림영화협회가 제작한 〈먼동이 틀 때〉(1927, 심훈 감독)는 심영, 주인규, 강홍식(진훈)이 모두 출연한 영화다. 세 사람은 해방 후 모두 월북하여 격동의 시대를 함께 걸었다. 1927년 주인규는 황운(유봉렬) 감독의 〈낙원을 찾는 무리들〉(주연 전옥)에 출연하고, 김태진 감독의 〈뿔빠진 황소〉에서는 주연을 맡았다.

"영화배우 주인규, 이혼 소송 제기."

『매일신보』(1927년 11월 17일자)에 이런 기사가 실렸다. 이름이 팔리기 시작한 주인규에게 이는 타격이었다. 주인규는 열여덟 살이었던

1919년 한 살 연상의 여성과 결혼했다. 당시 조선 사회에서 흔히 보이던 조혼이었는데 아내는 시가로 돌아가지 않고 자살을 기도하는 등 부부 사이가 좋지 못했다. 이 추문 보도를 계기로 주인규는 영화계를 떠났다.

블라디보스토크로의 밀사

이소가야 스에지는 주인규의 이런 영화 인생이나 개인 사정을 알지 못했던 듯하다.

"나중에 알게 된 것인데, 그는 조선에서 유명한 배우이고 영화나 연극 지도자이기도 했다"고 썼다. 이소가야가 일했던 조선질소비료공장이 창업한 것은 1927년이다. 주인규가 영화계를 떠난 것과 같은 1927년인 것이다. 이소가야는 1930년 6월에 제대하여 조선질소비료공장의 노동자가 되었다. 두 사람이 만나기까지 주인규는 대체 무슨 일을 하고 있었을까.

조선공산당이 결성된 것은 1925년 4월 17일이다. 경성의 중화요릿집에 18인이 모여 책임비서로 김재봉을 선출했다. 이듬해 4월에는 박헌영, 조봉암 등에 의해 청년 조직인 고려공산청년회가 생겼다. 모스크바의 코민테른(공산주의 인터내셔널)으로부터 승인을 받아 정식 공산당(코민테른 지부)이 되었다. 그런데 1925년 11월, 상하이를 경유하여 모스크바로 보내려고 한 고려공산청년회의 사업 보고서가 신의주에서 압수되어 김재봉 등 주요 당원들이 일제히 적발되었다. 그 후 세 번에 걸친 재건과 탄압이 되풀이되다 1927년 7월 당은 괴멸했다.

조선공산당 일본부가 생긴 것은 1927년 5월이다. 1년 후 '일본총국'
으로 개칭하고 책임비서에 김천해가 취임했다. 조선공산당 만주총국
(책임비서 조봉암)이 설립된 것은 1926년 5월이다. 조선인이 다수 살고
있는 간도(두만강 만주 쪽 지역)의 일본 영사관은 공산당원의 움직임을
단속했다. 1930년에는 간도 공산당 폭동(중국공산당 리리싼李立三 지도부
의 지원을 받은 조선인 독립운동)이 일어났다.

한상언에 따르면 주인규는 1930년 대동영화사(대구)가 제작한 〈도적
놈〉(윤봉춘 감독)의 각본을 들고 영화계로 돌아왔다. 계급 문제가 주제
이고 주인규는 노동자 역이었다. 당시 주인규의 문제의식이 엿보인다.
그 후 주인규는 고향을 떠나 모스크바로 향했다. 그러나 국경을 넘지
못하고 흥남으로 돌아왔고 조선질소비료주식회사에 위장 취업하여 노
조 활동을 본격화했다고 한다(한상언, 「영화로 혁명을 꿈꾼 사나이 [한국영화
스타6-①] 영화배우 주인규」, 『오마이뉴스』 2007년 1월 19일).

이소가야 자신은 "제대 후에는 조선에 남아 농사라도 지으려고 생각
했다"고 한다. 과수원을 구입하기도 했지만 조선질소비료공장에 입사
하여 주인규나 그의 동생 주선규 등과 교제하는 중에 "새로운 인식을
갖게 되었다".

1930년 당시 상하이에는 태평양노동조합(적색노동조합 인터내셔널 태
평양 지부) 비서부가 있고 블라디보스토크에 그 서기국장이 있었다. 흥
남은 조선에서 공산주의 노동운동의 아성이었다.

"흥남 사건 수뇌자 주인규 등 피검."

1932년 6월 22일자 『동아일보』는 '흥남 적색노동조합 제2차 사건'
의 일제 검거 사실을 알렸다. 당시의 지면을 보면 2면의 3단 기사다. 주
인규·주선규 형제가 자택의 마당에 지하실을 축조하고 있었던 사실 등

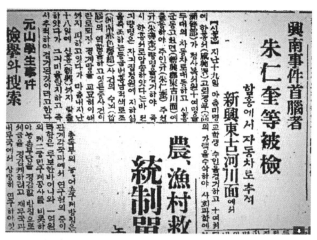

주인규 등의 검거를 보도하는 『동아일보』 1932년 6월 22일자.

이 쓰여 있다. 흥남 제2차 사건이라는 것은 1930년 12월에 제1차 사건
의 검거가 있었기 때문이다. 이 사건은 4차 검거까지 있었다. 다른 사건
의 검거자가 15명, 30명, 20명이었던 것에 비하면 제2차 검거자 수는
500명 남짓으로 최대 규모. 일반적으로 '태평양노조 사건'으로 불린
다. 적색노동조합 인터내셔널(프로핀테른)의 직접 지시가 있었던 것이
특징이다.[17]

『동아일보』에는 이어진 보도가 있다. "함남 일대 적화 계획. 60여 명
조사. 비밀 서적과 기관지도 발행(12월 18일)", "각지에서 500명 검거.
함흥에 근거지를 두고 평양에 별동단. 공청을 연결(1933년 7월 8일)" 등
총 다섯 번이다. 그중 세 번의 지면에 주인규의 얼굴 사진이 실렸다. 왠
지 양복 차림으로 열없이 웃고 있어 독자에게 호감을 줄 것 같은 사진
이다. 노동운동을 할 때 주인규는 '고기수高基洙'나 '주광해朱光海' 등
의 가명을 썼다.

---

17) 한국사사전편찬회, 『한국 근현대사 사전』, 가람기획, 2005.

이소가야도 그때 검거되었다.

그의 『조선 종전기』(1980) 제2장은 1930년대 초기 북선 지역의 좌익 운동을 극명하게 묘사하고 있다. 흥남의 '태평양노동조합' 재건에 착수한 주인규와 이소가야 앞에 나타난 사람은 서울에서 온 조선인 지도원 김원묵(모스크바의 동방노동조합 공산대학 졸업)이다. 복면 차림인 채 비밀 회합에 나타나 지시를 내렸다. 김원묵은 함흥의 변두리에 자리잡고 엿장수로 위장하여 활동하는 중에 체포되었다. 경찰의 고문으로 빈사 상태가 되어 병원으로 옮겨졌을 때 구출되었지만 도망치는 도중에 사망했다. 당시 조선의 좌익 노동운동은 화요파 공산당, ML 공산당, 조선 공산당 공작위원회로 분열되어 있었다고 한다.

이소가야가 검거된 것은 1932년 4월 27일이다. 메이데이(5월 1일)를 앞둔 일제 검거였다. 36명이 치안유지법 위반으로 기소되었고 전원 유죄 판결(1934년 10월 2일)을 받았다. 최고형이 10년이고 이소가야(28세)는 징역 4년, 주인규(32세)가 징역 3년, 동생 주선규(26세)가 징역 5년이었다. 이소가야의 형량은 재조在朝 일본인의 공안 사건에서는 최장이었다.

이소가야에 따르면 1930년의 '태평양노동조합 10월 테제'는 블라디보스토크로 향한 주인규가 "농부로 변장하여 짊어진 땔나무 다발에 숨겨 가져온" 것이다. 이 사실은 1934년 9월 7일자 『조선중앙일보』에 "노동조합 조직하고자 해삼위(海參崴, 블라디보스토크)에 밀사 파견, 영화배우 주인규의 잠행 사실 진술, 제2차 태노太勞사건 방청기"라고 보도되기도 했다. 당시 사람들에게 '주인규=영화배우=좌익 활동가'라는 구도가 인식되어 있었던 것은 분명하다.

이소가야 스에지의 『조선 종전기』

이소가야 스에지의 『조선 종전기』는 조선과 일본 관계사의 귀중한 사료다.

제3장에서는 삼노끈과 고무신을 써서 주전자에 담긴 물을 콧구멍으로 흘려 넣는 고문을 리얼하게 묘사한다. 제6장부터는 경성 서대문 형무소에서의 옥중 생활을 기록하고 있다. 간도 공산당 폭동(1930)의 조선인 사형수나 박헌영(해방 후 남조선노동당 지도자, 나중에 김일성에 의해 숙청), 미야케 시카노스케三宅鹿之助(조선공산당 재건을 위해 지하 활동을 하는 중에 경찰로부터 도망친 활동가를 자택 지하에 숨겨준 경성제국대학 교수)에 더해 소매치기범이나 절도범 등 일반 형법 위반자에 대한 묘사도 있어 무척 흥미롭다.

징역 3년을 받은 주인규는 1937년 말에 출소한 것으로 보인다.

그 2년 후인 1939년 3월, 주인규는 서울에서 설립된 연극집단 '고협'의 창립 멤버로서 심영 등과 이름을 나란히 했다. 이 극단은 식민지 말기의 조선 연극계에서 활약한 4대 극단 중 하나다. 서울 북부의 고양군에서 목장을 경영하며 우유를 팔아 운영 자금을 마련했다.

사상범으로서 투옥된 적이 있는 주인규가 어떻게 해서 조선 영화계에 컴백할 수 있었던 걸까.

그는 1942년에 설립된 국책회사인 조선영화제작주식회사(사장 다나카 사부로)에는 입사할 수 없었다. 그러나 〈망루의 결사대〉, 〈거경전〉, 〈태양의 아이들〉이라는 영화 세 편에 출연했다.

1940년 8월에 공포된 조선영화령에 의해 조선 영화계에 종사하는 영화인은 의무적으로 사전에 등록하게 되었다. 6개월간의 유예 기간을 거쳐 공개된 58명의 명부에 '주인규(39세)'라는 이름이 있다. 그들은 관민 열두 명으로 구성된 기능심사위원회의 심사를 받고 경찰이 신원조사를 한 후에 등록되었던 것이다. 58명의 명부는 잡지 『삼천리』(1941년 6월호)에서 확인할 수 있다.

주인규의 전력은 신문에 보도된 적도 있어서 경찰 당국이 파악하고 있던 사항이지만, 무슨 이유에선지 배우 등록이 승인된 것이다. 주인규의 멋진 '위장 전향'이 경찰을 속였다고 할 수밖에 없다. 아니면 다른 이유라도 있었던 것일까.

사상범으로 검거되어 옥중에서 3년을 보낸 후 주인규는 영화 무대에 복귀하여 국책영화에 출연했다. 주인규의 식민지 말기 10년은 줄타기 인생이다. 아니, 한 번은 담장 안으로 떨어졌다가 복귀하고, 내선일체 영화에 연속으로 출연했으며 급기야 도쿄 대공습까지 경험한 격변의 인생이다. 공산주의자, 위장 전향자, 또는 교묘한 스파이였던 것일까. 옆에서 보면 '주인규의 진실'이 무엇이었는지 분간할 수가 없다.

흥남과 미나마타병의 기원

함경남도 흥남은 근현대사의 모순이 집적되어 폭발한 장소다.

바다에 면한 오래된 농촌 지대였지만 1920년대 이후 압록강과 개마고원의 전원電源 개발이 진행되자 함흥에서 남쪽으로 10킬로미터 떨어진 화학공업지대 흥남(현재는 함흥시의 일부)이 조성되어 급속하게 팽창했다.

그 추진자가 노구치 시타가우의 일본질소비료 콘체른이다. 종업원

4만 5000명, 가족을 포함한 총인구는 최고일 때 약 18만 명에 달했다.

패전에 의해 공장은 소련군에게 약탈당했다. 함흥에는 조선에서 가장 오지인 함경남북도에서 일본인 피란민이 밀려들었다. 38도선을 넘는 남하가 소련군에 의해 저지되었다. 한국전쟁에서는 '흥남 철수(중국 인민군의 남하에 따른 미군과 민중의 합동 철수)'의 현장이 되었다. 구마모토현 미나마타로 철수한 일본질소비료주식회사(현 짓소)는 수은 공해의 발생원이 되었다.

뛰어난 르포르타주 작가인 고다마 다카야兒玉隆也의 「짓소만이 왜」(『문예춘추』 1973년 10월호)는 흥남-미나마타의 궤적을 추적한 잘 알려지지 않은 작품이다.

"짓소가 예전에 번영을 구가하던 조선에 공해는 없었을까."

고다마는 관계자에게 이런 의문을 제기했다. 흥남의 공해에 관한 그의 기술은 짧지만 내용은 충격적이다.

"전 공장장 오이시大石는 괴로운 빛을 띠고 있었다. '말하면 안 되겠지만 조선 사람에게 공해 피해가 상당히 나왔어요. 하지만 시대가 달랐지요.' 간호사 미타니三谷는 '사실 별로 말하고 싶지 않지만 흥남에 영문을 알 수 없는 기묘한 병이 있었습니다. 그 때문에 사원 중에는 가족을 흥남에서 떨어진 녹지에 살게 한 사람도 있었습니다.' 미타니는 다시 더듬거리며 말했다. '그 기묘한 병은 〈흥남병〉이라는 이름으로 정리되었습니다.' 〈흥남병〉은 장소를 바꿔 〈미나마타병〉이 되었다."

이상이다. 이는 '흥남병'이라는 이름이 미디어에 처음으로 등장한 글이다.

고다마의 유명한 작품 「쓸쓸한 에쓰잔카이의 여왕淋しき越山会の女王」(『문예춘추』 1974년 11월호) 등과 함께 신초문고新潮文庫로 나온 『지난

조선질소비료 흥남공장.

30년의 일본인』[18)에 실려 있다. 흥남병이란 무엇이었을까.

"폐결핵의 원인은 공장 매연 관계?/흥남 지방에 다수(『매일신보』 1939년 4월 13일자)"라는 기사가 발견되었다. 1939년 1월부터 3월 말까지 흥남의 사망자 117명 중 호흡기 질환에 의한 사망자가 38명이나 되었고 사망 연령은 스물두세 살부터 서른 살 미만이라는 기사다.

해양 오염 기사도 몇 개 보인다. 그동안 이 기사들은 주목을 받지 못했다.

"어류의 변색 사멸로 어민 생활 위협/조선질소비료공장의 극약 방사 관계? 갈색 독 물결의 서호진 바다(『동아일보』 1933년 9월 13일자)." 이 기사에는 다음 날짜의 『북선시사신보』에 "플랑크톤유가 조선질소비료공장에서 유출/당국 만전을 기함"이라는 속보가 있다. 『동아일보』 1939년 2월 4일자는 "공장 배수에 독소가 함유"라고 보도하고 있어 흥남 바다에 이상한 사태가 벌어지고 있었다는 것은 분명해 보인다.

"'흥남병'은 장소를 바꿔 '미나마타병'이 되었다"고 고다마 다카야는 단정적으로 썼지만, 그 역사적 해명은 더이상 나아가지 못하고 지금

---

18) 児玉隆也, 『この三十年の日本人』, 新潮社, 1983.

껏 그 실태는 분명히 밝혀지지 않았다.

오카모토 다쓰아키·마쓰자키 쓰기오의『증언 미나마타 민중사 제5권』[19]은 미나마타와 흥남에 초점을 맞춘 방대한 기록이다. 78명으로부터 청취한 식민지 조선과 제국 일본의 기억이다. 다의성이 있는 증언집이고, 혼신의 보고서를 낸 고다마를 능가할 만큼 두툼하다. 일본인에게 식민지 조선이란 무엇이었을까. 마지막 절은 '일본으로의 도망'에 기재된 증언만으로도 종래의 귀환 체험담에서 찾아볼 수 없을 만큼 다양한 중층성이 있다. 여기서는 78명의 증언을 자의적으로 인용하는 우는 피하고자 한다.

흥남의 일본인 난민

이소가야 스에지는 1945년 8월 15일의 '옥음방송'을 함흥에서 서쪽으로 80킬로미터 떨어진 고원에서 들었다.

"그때 상상도 할 수 없었던 민족의 비극이 북선 지역에 있는 모든 일본인 앞에 그 모습을 드러내기 시작했다." "광야에 버려진 수많은 양떼 같은 피란민이 우왕좌왕하다가 머지않아 밀물처럼 함흥으로 밀려들었다."

"서둘러 하산하라." 함경남도 검찰부장이 되어 있던 주인규로부터 이소가야에게 긴급한 연락이 왔다. 함흥으로 와서 일본인 난민을 구하라는 지시였다.

"함흥으로 간 그날 나는 곧 이상한 거적으로 싸인 짐이 짐차에 산더

---

19) 岡本達明·松崎次夫,『聞書水俣民衆史 第五卷』, 草風館, 1990.

미같이 실려 시외 쪽으로 옮겨지는 것을 봤다. 아사하고 병사한 일본인의 시체였다. 함흥은 일본인에게 기아와 궁핍과 죽음의 항구로 변한 것이다."

함흥 일본인 돌봄회가 조직되었지만 아사하고 병사한 사람의 수는 계속 늘어났다. 8월 328명, 9월 777명, 10월 1109명, 11월 1170명, 12월 1149명.

11월 하순, 일본인 돌봄회에서 이소가야에게 SOS가 들어왔다. "일본인 난민 3300명을 근교인 부평으로 서둘러 이동시키라"고 함흥시 인민위원회에서 지령이 내려왔다고 한다. 상황이 더욱 악화하는 것을 당국자도 걱정하고 있었다. 일본인 돌봄회는 피란민을 이동시키면 더욱 많은 사망자가 나올 거라고 판단하고 "어떻게든 중지하도록 교섭해주었으면 좋겠다"고 이소가야에게 의뢰했다.

이소가야는 주인규에게 교섭했다. 주인규는 이소가야와 함께 시 인민위원회 위원장을 만났다. 주인규와 위원장은 30분 이상이나 격론을 벌였다. 결말이 나지 않았다. 주인규는 함경남도 인민위원장을 만났다. 위원장은 주인규의 매형이었다. 그래도 안 되었다.

12월 2일, 강제 이주가 단행되었다. 이소가야 등이 걱정한 대로 이듬해 1월 10일 부평에서 사망자 575명이 확인되었다. 주인규의 부하인 정보과장 이상북이 현지 조사를 통해 알아냈다.

함흥으로 쇄도한 일본인 피란민은 9월 하순에 옛 거주자 8000명의 세 배에 가까운 2만 5214명에 이르렀다. 최종적으로는 약 8만 명의 피란민이 밀려들었다고 한다. 북선 재류 일본인 사망자는 결국 후생성 귀환 원호국의 '북선 일반 일본인 자료 현황'에 따르면 1946년 봄까지 약 2만 5000명에 달했다.

이러한 경위에서 분명한 것은 주인규나 이소가야 스에지 등 말단 공산당원의 노력으로는 어떻게 할 도리가 없는 상황이 발생했다는 사실이다. 소련군은 모스크바의 지령에 따라 8월 25일 이후 38도선을 봉쇄하고 일본인 난민이 남하하는 것을 금지하고 있었다. 그러나 오로지 구원을 위해 힘을 다한 주인규와 이소가야 같은 사람들도 있었던 것이다.

주인규의 헌신

당시 함흥의 상황을 일본 측에서 가장 객관적으로 기록한 역사적 문서는 함흥 일본인 위원회·북선 전재자戰災者 위원회에 의한 「북선 전재 현지 보고」다.

모리타 요시오가 편집한 『조선 종전의 기록—미소 양군의 진주와 일본인의 귀환』[20]과 모리타 요시오와 나가타 가나코가 편집한 그 기초 자료편 『조선 종전의 기록 〈자료편 제3권〉 북조선 지역 일본인의 귀환』[21]에 기재되어 있다. 이 보고는 "도 검찰부의 실권을 장악한 주인규와 이상북 등의 행동은 재류 동포에 대한 따뜻한 구원의 손길이 되어 갑자기 눈앞이 펼쳐지는 것 같은 마음을 갖게 했다"고 주인규 등의 실명을 들어 감사하고 있다.

패전 때 북선 지역에 살고 있던 일본인은 27~28만 명쯤이었다. 그중 5만 명쯤이 38도선이 봉쇄되기 이전에 남선 측으로 남하한 것으로 보

---

20) 森田芳夫, 『朝鮮終戦の記録—米ソ両軍の進駐と日本人の引揚』, 巌南堂書店, 1964.

21) 森田芳夫·長田かな子編, 『朝鮮終戦の記録 〈資料篇 第3巻〉 北朝鮮地域日本人の引揚』, 巌南堂書店, 1980.

인다. 나머지 22~23만 명 중 대부분은 북선 지역에 갇혀 있었다. 일본인 가옥은 접수되었고, 함흥의 경우 패전 전에 2260호였던 일본인 주택은 1945년 말에 절반 이하인 1028호로 줄었다. 조선의 오지나 만주에서 들어온 피란민은 학교나 헛간, 창고, 전 유곽, 신사 등 열악한 거주환경에서 보냈고 남하를 금지당한 채 함흥에 체류했다.

"전쟁의 시작은 전혀 준비하지 못한 가운데 갑자기 눈앞에 펼쳐졌다. 머리에 크게 철퇴를 맞고 깜짝 놀라고 있던 재주在住 동포가 당황하여 허둥지둥하며 극단의 혼란에 빠진 것은 무리가 아니었다(「북선 전재 현지 보고」)." "사랑하는 병약한 자식을 모진 마음으로 산 채 길가에 버린 어머니도 있었고, 어느 틈에 숨을 거둔 사랑하는 자식의 시체를 업은 채 백 리, 천 리 길을 멀다 하지 않았던 젊은 어머니도 있었다(「북선 전재 현지 보고」)."

보안대(조선인 자경단)를 중심으로 하는 세력이 점차 강대해졌다. 함경남도 북청군의 주재소장은 가족이 동반자살을 시도하여 부부는 목적을 달성했지만 자녀 다섯 명은 살아남아 고아가 되었다. 11월 13일 새벽, 관공리나 학교 교직원 등 480명이 대량 검거되었다.

피란민 사이에는 병자가 속출했고 발진 티푸스 등의 악성 전염병이 만연했다. 옛 도립병원에는 '일본인 출입금지'라는 종이를 붙이고 일본인 환자를 거절했다.

소련의 불량 군인에 의한 불법 침입, 약탈, 성폭행은 진주군 부대의 교대를 앞둔 9월 중하순이 절정이었다. 강제적인 근로동원의 보수는 한 사람 평균 60전이었고, 물가는 패전 전의 15배에서 20배로 급등했다. 돌봄회의 활동이 점점 혼란해지는 가운데 이소가야 스에지와 동료 마쓰무라 기시오松村義士男의 분투는 함경남도 함흥시의 조선공산당을 움직였다. 주인규(검찰부장)나 그의 부하 이상북(검찰부 정보과장)의 행동으로 난민 구원이 구체화되었던 것이다.

이소가야 스에지의 「미공개 수기」[22]에 따르면 주인규 등의 헌신은 눈부신 것이었다.

"함경남도 검찰부는 일본인 문제의 중대성을 지적하고 우선 소련군을 움직여 종래는 조선인만 이용했던, 캐나다인 머레이Florence J. Murray 부인이 경영했던 제혜병원을 일본인을 위해 개방하여 소련군 군의의 전면적인 원조 아래 일본인 환자의 적극적인 지원에 나섰다."

그리고 "도립병원의 절반 및 회춘병원回春病院이 일본인 환자를 위해 개방되어 제1차 전염병 환자 494명이 입원했다"고 한다.

전재 현지 보고에 따르면 주인규 등의 검찰부는 관계 당국을 움직여 구제용 의료 알선, 범위를 제한한 재주 일본인의 기업 허가, 피란민에 대한 양곡 배급, 노임 인상 등을 실현했다. 검찰부가 이런 일을 할 수 있었던 것은 주인규 등의 검찰부가 인민보호국에 속해 있어 일본인 난민에게도 구원의 손길을 뻗어야 한다는 해석을 강행했기 때문이다. 이소가야에 따르면 주인규나 이상북 등은 "도시 내부에 둥지를 틀고 있는 파쇼 분자에 의해 친일파로도 불리고 또 친소파로도 불렸다"고 한다. 그러나 그들은 함흥 재주 일본인과 일본인 피란민을 위한 구제를 마지막까지 지속했다. 이소가야는 "나 한 사람이라도 자신의 생애 기억 안에 일본인에 대한 그들의 우정과 헌신을 남겨두고 싶다"고 적었다.

영화 〈망루의 결사대〉의 출연자 주인규의 '그 후'를 더듬어가는 중

---

22) 森田芳夫·長田かな子編, 『朝鮮終戦の記録〈資料篇 第3巻〉北朝鮮地域日本人の引揚』, 巖南堂書店, 1980.

에 나는 이소가야의 글에 다다랐다. 이소가야가 남긴 패전 후 흥남의 기록은 나름대로 알려져 있었다. 그러나 거기에 등장하는 주인규라는 인물의 전체상은 밝혀지지 않았던 것이다.

역사의 진실은 파묻혀 있지만 지금도 발굴할 수 있다고 나는 실감한다.

흥남 콤비나트의 최후는 가마타 쇼지의 『북선의 일본인 고난기―일본질소 흥남공장의 최후』[23]에 상세하다. 하지만 이 책은 도립중앙도서관 등 일부에만 있다. 과거 기록은 더욱 소중하게 여겨지고 좀 더 많은 국민에게 널리 공유되어야 한다.

이 항목의 첫머리에서 말한 것처럼 "함흥(흥남)은 근현대사의 모순이 집적된 장소"다.

한국전쟁에서 미군의 '흥남 철수'는 한국에서 같은 이름의 소설(김동리 작)이 되었고, 한국 영화 〈국제시장〉(2014)의 첫 장면으로 영상화되었다. 한국 대통령 문재인의 아버지(1920년생)는 흥남의 농업과장이었다. 흥남 부두에서 미군함 메러디스 빅토리호를 타고 한국으로 피란했다. 흥남에서는 당시 미군의 원자폭탄이 투하된다는 소문이 널리 퍼져 있었다. 문재인은 3년 후 피란지인 거제도에서 태어났다. 일본인에게 흥남은 이소가야 스에지의 『조선 종전기』로 기억되어야 한다.

주인규의 자살

주인규의 죽음은 소련에 망명한 인물의 저작에 기록되어 있다.

---

23) 鎌田正二, 『北鮮の日本人苦難記―日窒興南工場の最後』, 時事通信社, 1970.

북한의 전 문화선전부 제1부장 정상진(북한에서 활동할 때의 이름은 정률)이 서울에서 출판한 『아무르만에서 부르는 백조의 노래』(지식산업사, 2005)다. 북한에 있던 시절의 문화예술인을 회상한 서적인데 그중에 주인규에 관한 기술이 있다. 주인규는 1956년 8월의 조선노동당 '종파(분파) 사건'의 탄압을 견디지 못하고 자살했다고 짤막하게 기술되어 있다.

정상진은 함흥에서 처음 만난 주인규에 대해 "나운규 감독의 영화 〈아리랑〉의 악한 역, 북한의 영화 발전에 큰 공헌을 한 초대 촬영소장"이라고 설명하고 있다. 주인규에 대해 심취한 모습을 잘 알 수 있는 기술이다. 정상진은 소련군과 함께 북한에 진주해온 '소련의 고려인'이다. 1918년에 블라디보스토크에서 태어났지만 가족과 함께 카자흐스탄으로 강제 이주를 당했다. 현지 사범대학을 졸업한 후 소련군과 함께 북한에 진주했다.

정상진은 김일성이 1945년 9월 19일에 소련 군함을 타고 원산항에 상륙했을 때 비밀리에 부두로 마중 나온 사람 중 한 명이다. 그는 이 회상기에서 북한에 의한 역사의 날조(조선인민혁명군이 참전했다는 거짓말)를 고발했는데, 김일성이 악수하며 "김성주(金成柱=김일성의 본명)입니다"라고 인사했다고 기술하고 있다. 정상진은 1940년대 이후 북한의 문화선전부를 떠맡고 그 제1부장 등을 역임했지만 1950년대에 소련파와 중국파의 숙청이 이어지자 소련으로 귀환했다.

이소가야 스에지의 『우리 청춘의 조선』에는 주인규가 쓴 논문을 담은 책자가 부록으로 동봉되어 있다. 북한의 문학예술총동맹 기관지 『문화전선』(1947년 4월)에 게재된 「북조선에서 조선 영화의 사명과 전망」이다.

주인규의 자살을 증언한 전 북한 문화선전부 차관 정상진.

주인규는 1947년 북한의 국립영화촬영소 소장에 임명되었다. 이 논문은 그 결의를 표명하는 내용이다. "조선에서는 과거 일제의 악독한 영화가 얼마나 우리의 영화 사업을 저해했는가"라고 규탄하고 "남조선에서 (중략) 영화 사업은 정치적으로 보장되지 않고 경제적으로 토대를 세울 수 없으며 오히려 일제 이상의 탄압 아래 고생하고 있다"고 비판했다. 이 논문과 전후하여 『조선신문』(1947년 3월 23일자)에는 소련 영화를 찬미하는 주인규의 논평이 게재되었다. "우리는 소련 영화에서 새로운 것을 많이 배움으로써 빛나는 성과를 달성할 수 있을 거라고 확신한다"라고 썼다.

이 무렵이 북한 영화인으로 전신轉身한 주인규의 절정기다. 영화인으로서의 경력과 함흥의 혼란기에 보인 실무 능력은 정상진 등 소련에서 온 문화 관료에게도 좋은 평가를 받았음이 틀림없다. 주인규는 1946년 10월 북조선문화예술총동맹(문예총) 산하의 영화동맹위원장으로 발탁되었다. 국립영화촬영소는 총면적 5만 평(예산 2억 5000만 원)으로 거대한 것이었다. 부소장에는 〈망루의 결사대〉에서 조선 민요를 부른 강홍식(진훈)이 취임했다.

강홍식 감독의 〈내 고향〉(1949)은 북한의 첫 극영화다.

유원준과 문예봉이 주연을 맡았다. 문예봉은 해방 후 남편인 극작가 임선규와 함께 월북했다. 주인규도 1950년 〈초소를 지키는 사람들〉(각본 강홍식)을 감독했는데, 이 영화는 한국전쟁으로 공개할 기회를 놓치고 말았다.

냉전 붕괴 후 소련의 비밀문서가 밝혀준 것처럼 한국전쟁은 김일성이 스탈린과 마오쩌둥을 설득하여 개전한 남침 전쟁이다. 정상진은 이 전쟁을 '불의한 전쟁'이라고 기술한다.

개전 3일째에 북한군은 서울을 점령했다. 주인규와 강홍식도 서울에 진주하여 전투 상황을 영화로 기록했다. 그들에게는 최인규 감독 등을 북한으로 '납치'한 혐의가 걸려 있다. 한국에서 주인규 연구가 금기시되어온 까닭이다.

한국전쟁 개전 후인 1951년에 이루어진 영화동맹의 개편에서 주인규에게는 아무런 직책도 주어지지 않았다. 그 이유는 알 수 없다.

조선노동당 내부에는 다섯 개의 파벌이 있었다. 중국(연안)파, 소련파, 박헌영의 남로당계, 김일성 등의 만주 빨치산파, 박금철의 국내 빨치산파다. 이 중 국제적인 지원이 없었던 박헌영(1900~56) 등의 남로당계가 가장 빨리 숙청당했다. 1952년 12월의 중앙위원회 5회 전원회의에서 그들은 '종파(분파)주의자'로서 단죄되었다. 주인규는 흥남의 적색노동조합 출신의 공산주의자다. 그가 영화동맹에서 추방당한 것은 남로당계 숙청의 영향으로 보인다. 문화선전부 제1부부장인 조일명(남로당계)은 1953년에 사형당했다.

주인규의 자살은 1956년 9월의 일이다.

이 시기는 이른바 '8월 종파 사건'과 겹친다. 1956년 2월 제20회 소련공산당대회에서 흐루쇼프에 의한 스탈린 비판은 김일성의 국가에도 큰 영향을 주었다. 1956년 4월의 제3회 조선노동당대회를 돌파한 김일성은 그해 6~7월 모스크바 등을 방문했다. 이렇게 나라를 비운 틈에 중국파와 소련파가 김일성의 개인숭배 체제를 수정하려고 했지만 김일성 측으로부터 '쿠데타 계획' 혐의로 단죄되었다. 이것이 8월 종파 사건이다. 김일성에게 압력을 가한 평양 주재 소련 대사 이상조는 망명했다.

주인규는 함흥에 진주해온 정상진 등 소련 출신자와 친교가 깊었던 것도 빌미가 되었던 것으로 보인다. 정상진은 소련에 망명한 후에는 고향 카자흐스탄에서 살며 2013년에 세상을 떠났다.

월북 영화인의 그 후

강홍식(배우명 진훈)의 생애도 기복이 아주 많았다. 그는 1971년 10월 9일, 북한의 요덕강제수용소(함경남도)에서 사망했다고 일부에서 전해진다.

강홍식은 1930년대 조선 가요계의 톱스타였다. 아내인 전옥(〈망루의 결사대〉에서 주인규의 아내 역)도 '눈물의 여왕'이라 불린 인기 가수였다. 듀엣곡도 있다. 강홍식의 히트곡 〈처녀 총각〉(1934)은 지금도 인터넷에서 들을 수 있다. "봄은 왔네♪"로 시작되는 경쾌한 곡이다. 1934년의 〈조선타령〉에 이어 1935년에는 〈먼동이 터온다〉가 대히트를 했다. "에

~~ 먼동이 터온다네, 닻 감아라 사공들 ♪ " 하며 어촌의 광경을 민요풍으로 불렀다.[24)

강홍식은 1902년 평양에서 태어났다. 고등보통학교 재학 중에 가출하여 도일했다. 닛카쓰日活의 남자배우 야마모토 가이치山本嘉一의 제자로서 '이시이 데루오石井輝男'라는 예명으로 배우 활동을 했다고 한다. 1926년쯤에 귀국하여 이경손 감독의 〈장한몽〉(1926) 등에 출연했다. 그 후에는 주로 연극 활동을 전개하며 가수로서의 활동도 병행했다. 1940년대에 영화로 복귀하여 최인규 감독의 〈집 없는 천사〉, 전창근 감독의 〈복지만리〉(1941), 이마이 다다시 감독의 〈망루의 결사대〉, 방한준 감독의 〈거경전〉, 최인규 감독의 〈태양의 아이들〉이라는 국책영화에 연속 출연했다.

해방 후 북조선연극동맹 중앙위원(1946), 국립영화촬영소 부소장(1947), 조선영화동맹 위원(1951)을 역임했다. 앞에서 말한 대로 북한의 첫 극영화 〈내 고향〉을 연출한 사람이 강홍식이다. 그 후에도 그는 배우와 감독으로서 활약했다.

강홍식이 사망했다는 요덕수용소는 북한의 강제수용소 중에서 가장 규모가 크다. 조부모와 아버지가 재일 조선인이었던 강철환(『조선일보』 기자)의 『북조선 탈출』(1997)[25)] 등 탈북자에 의한 수용소 증언이 많다.

〈망루의 결사대〉에서 서당 선생(유동순) 역을 한 심영도 일부 숙청당했다는 설이 있다.

심영은 경성제2고등보통학교(현재의 경복고등학교) 재학 중에 연극 활동을 하다 퇴학 처분을 받았다. 연극 단체 토월회의 연구생이 되

---

24) 朴燦鎬, 『韓国歌謡史 1895-1945』, 晶文社, 1987.; 박찬호, 『한국가요사』, 현암사, 1992.

25) 姜哲煥·安赫, 池田菊敏訳, 『北朝鮮脱出』, 文藝春秋, 1997.

어 심훈 감독의 유작 〈상록수〉(1936), 이명우 감독의 〈사랑에 속고 돈에 울고〉(1939) 등에 출연했다. 1939년에 주인규 등과 결성한 극단 고협의 대표로서 활동했다. 전창근 감독의 〈복지만리〉, 히나쓰 에이타로(허영) 감독의 〈너와 나〉 등의 국책영화에도 출연했다. 전후에는 좌익 연극단체인 혁명극장에서 활동하고 우익 김두한(임권택 감독의 〈장군의 아들〉 모델)의 부하로부터 습격을 받았다. 비밀리에 월북하여 조선연극인동맹 중앙위원(1952), 그 부위원장(1959), 조선영화동맹 위원장(1961)이 되었다. 1964년에는 '인민배우'라는 칭호를 얻었다.

월북 영화인 주인규 등과는 대조적으로 해방 후에도 한국에서 영화인으로서 활동을 계속한 사람이 〈망루의 결사대〉에서 임 순사를 연기한 전택이다.

안종화의 『한국영화측면비사』에 따르면 경성 교외의 왕십리의 크리스천 가정에서 태어난 전택이는 어렸을 때부터 정의감이 강한 골목대장이었다. 가출하여 오사카의 극단에 있었는데 끌려서 돌아온 후에도 연극에 관심을 가지고 활동했다. 여자관계가 복잡하고 방탕한 생활을 한 끝에 만주로까지 도망쳤지만 그곳에서 일본인 댄서와 깊은 사이가 되었다고 한다.

『식민지 시대 대중예술인 사전』에 따르면 전택이는 1912년생이다. 나운규 감독의 〈강 건너 마을〉(1935)로 영화에 데뷔하고 최인규 감독의 〈국경〉, 〈수업료〉 등 다수의 영화에 출연했다. 해방 후에도 최인규 감독의 〈자유만세〉(1946), 〈국민투표〉(1948) 등에 출연하며 배우 활동을 계속했다.

한국전쟁 때는 공군촬영대에 소속하여 〈출격 명령〉(1954)에 출연하고, 〈애정무한〉(1958)을 처음으로 감독했다. 초대 대한영화배우협회 회장(1955)이 되어 사회적인 명성도 얻었다. 1995년에는 청룡영화제 특별공로상을 수상했다. 1998년 85세를 일기로 세상을 떠났다. '여자를 좋아하는 한량'이었던 전택이는 불운이 적은 인생이었다고 해야 할까.

『좋은 날이여, 오라』

몬마 다카시의 『조선민주주의인민공화국 영화사』[26]는 북한 영화사를 망라한 노작이다.

이 책에 따르면 김일성은 한국전쟁 이전부터 한국인을 50만 명이나 납치할 계획을 세웠고(북조선 군사위원회 제18호 결정), 개전 후 3개월에 인민군 정찰국은 약 9만 명을 납치했다고 한다. 스스로 월북하거나 뜻에 반해 납치되었다고 여겨지는 대표적인 한국 영화인은 다음과 같다.

▷ 납치=최인규, 방한준, 박기채, 김영화(이상 감독), 양세웅, 이명우(이상 촬영), 김정혁(평론).
▷ 월북=주인규, 강홍식, 심영, 문예봉, 독은기, 최운봉, 김한, 박학, 황철, 나웅, 김연실(이상 배우), 서광제, 김태진, 강호(이상 감독).

이 장에서 상술한 주인규, 강홍식, 심영 외에 독은기(〈수업료〉, 〈조선해협〉), 최운봉(〈너와 나〉, 〈가토 하야부사 전투대〉)도 존재감 있는 배우였다. 〈미몽〉(1936), 〈군용열차〉(1938), 〈반도의 봄〉(1941)에 출연한 개성파 배우 김한도 한국전쟁 전에 월북했지만 그 후의 경력은 알려져 있

---

26) 門間貴志, 『朝鮮民主主義人民共和国映画史―建国から現在までの全記録』, 現代書館, 2012.

지 않다.

　도요다 시로 감독의 〈젊은 모습〉(1943)에서 마루야마 사다오丸山定夫, 문예봉 등과 공연한 황철은, 1948년 평양에서 열린 남북연석회의에 남측 문화인 대표로 참가했을 때 김일성에게 평양에서 배우 활동을 하고 싶다는 뜻을 전하고 월북했다. 1958년부터 교육문화부 차관을 역임했다.

　1967년 김일성과 제휴하고 있던 국내 빨치산파(갑산파)가 숙청되자 김정일은 북한 영화계의 '반당분자' 청산에 나섰다. 재일조선총련의 자금과 중국·서구의 설비를 도입하여 〈피바다〉(1969)와 〈꽃 파는 처녀〉(1972) 등을 만들었다. 김정일은 한국의 여배우 최은희와 신상옥 감독을 홍콩에서 납치(1978)하여 북한 영화의 '근대화'를 꾀했다.

　주인규 등 수많은 월북 영화인의 뼈가 말라붙어 있는 거친 들판에 김씨 왕조의 3대 정권이 존속하고 있다고 말할 수밖에 없다. 이소가야 스에지의 『좋은 날이여, 오라―북조선 민주화에 대한 나의 유서』[27]는 김씨 왕조의 압정 아래서 행해지는 인권 침해에 대한 고발서다. 그것은 김일성을 믿었던 휴머니스트의 회한을 담은 책이기도 하다.

　이소가야는 제2장 '나의 벗 주인규'에서 "그 후 주인규가 어떻게 되었는지 우려되지만 그 소식은 전혀 알려져 있지 않다"고 썼다. 그는 주인규가 〈현해탄〉이라는 영화를 만들었다는 이야기를 들은 적이 있다고 한다. 이것이 어떤 작품을 의미하는지 분명하지 않다. 주인규에게 현해탄이란 무엇이었을까.

　주인규의 외아들(주종순)은 1946년 6월 6일 밤, 함흥 시내의 극장에서 열린 일본인 피란민을 위로하는 음악회에서 〈춘향전〉의 주인공 이

---

27)　磯谷季次, 『良き日よ, 来たれ―北朝鮮民主化への私の遺書』, 花伝社, 1991.

몽룡을 연기하여 청중을 기쁘게 했다. 주종순은 당시 모스크바의 음악 대학에 입학하게 되어 있었다. "당당한 청년으로 성장하여 숙부인 주 선규의 음악적 재능과 아버지의 연극적 소질을 물려받았다"고 이소가 야는 기록한다. 그 후 주종순은 어떻게 되었을까. 그 음악회로부터도 이미 70년 이상이나 지났다.

이소가야 스에지는 1998년 91세를 일기로 세상을 떠났다. 그는 잡지 『세카이世界』의 1990년 8월호에서 「한일 병합 80년과 일본」이라는 제목으로 다음과 같은 글을 썼다.

"견해에 따라서는 분단 후의 남북 양 조선 민족은 일본 통치하에 있던 조선과 그다지 다르지 않은 불행한 국가가 되었던 것이 아닐까 하는 생각도 한다. 물론 나는 일제 치하에 있던 조선 민족이 행복했다고 말할 생각은 없다. 그럼에도 불구하고 분단 후 오늘에 이르기까지 남북 조선 민족의 운명은 너무나도 비참하지 않았나 하는 생각을 하지 않을 수 없다."

너무나 통절한 비탄이다.

제2부

조선 시네마의 빛

제1장

베스트 시네마 〈수업료〉

이 영화는 소학교에 다니는 수영[1]의 가난한 생활과 아름다운 마음을 그렸다. 수영 소년에게 가장 괴로운 날은 학교에서 수업료를 걷는 날이다. 담임선생이 "수업료를 가져오지 않은 사람 일어서"라고 말하면 매번 어깨를 움츠리고 일어서지 않으면 안 되었다. 그의 집은 먹는 것조차 어려울 만큼 빈곤에 허덕이고 있다. 아버지와 어머니는 놋수저를 만들어 파는 장사를 하고 있지만 늘 먼 지방으로 행상을 떠나 몇 달씩이나 집에 돌아오지 않는다. 소년은 일흔이 넘은 할머니와 살고 있다. 수업료를 내지 못하고 먹을 것도 구할 수 없을 때는 크게 소리치고 싶을 만큼 부모가 그립다. 몸이 편찮은 할머니를 생각하며 외로움을 견디는 소년의 모습이 실로 가련하다(한국의 영화평론가 이영일).

75년 만의 상영

조선에서 제작된 첫 아동영화가 75년이 지나 도쿄에서 상영되었다.

최인규 감독의 〈수업료〉다. 상영이 금지되었던 것은 아니다. 필름이 분실되었던 것이다. 그런데 베이징의 창고에서 발견되어 서울에서의 상영을 거쳐 도쿄에서도 처음으로 상영되었다.

---

[1]   영화에서의 이름은 영달이다. 수영은 소년 수기에서 당선된 학생의 이름이다.

〈수업료〉의 소년 주인공.

2015년 11월 29일. 도쿄도 주오구 교바시의 도쿄국립근대미술관 필름센터(현재의 국립영화 아카이브)가 주최한 '전후 70년 기획'에서 특히 관심을 끄는 상영이었다. 75년 만에 개봉된 영상은 긴 공백 기간을 거쳤어도 관객의 눈과 귀에 많은 것을 호소해왔다.

2014년 9월 한국영상자료원은 "필름이 6월 베이징의 중국전영자료관의 창고에서 발견되었다"고 발표했다. 해방 전에 조선에서 제작된 극영화 157편 중 필름이 발견된 것은 15편밖에 안 된다. 〈수업료〉는 그중 다섯 번째로 오래된 영화다. 베이징의 창고에서는 2005년 이후 일제 강점기의 조선 영화 필름이 차례로 발견되고 있다.

〈수업료〉는 1940년 4월 30일 경성(현재의 서울)의 명치좌와 대륙극장에서 공개되었다. 당시 도쿄에서의 상영 계획이 추진되었지만 일반 극장에서의 공개는 실현되지 못했다.

75년 만의 상영 회장에는 영화평론가 사토 다다오도 왔다. 관객석 뒤쪽에 눈에 띄지 않게 앉아 있었다. 사토에게는 한국의 영화평론가 이영일(고인)과의 공저 『한국영화사 입문』(1990)이 있다. 한국 영화를 통사적으로 소개한 선구적인 책이다. 이 책에서 이영일은 중국 톈진天津

에서 본 〈수업료〉에 대한 감상을 말한다.

　　나는 소학교 3학년 때 중국 톈진에서 이 영화를 봤다. 어렸던 나는 〈수업료〉
를 보고 주인공 소년이 비참할 만큼 가난한 생활을 하는 모습에 눈물을 흘렸
다. 그리고 눈물을 흘리는 한편 분노가 치밀어 오르는 것을 억누를 수 없었
다. 이 무렵부터 나는 영화를 아주 좋아했다. 톈진에 있는 여러 극장에 가서
중국 영화, 일본 영화, 서양 영화를 자주 보았다. 소년 시절에 내가 즐겨 본
것이 활극풍의 오락영화였던 탓인지 〈수업료〉를 보고 내가 품은 분노는 조
선 영화는 왜 이렇게 비참할까, 왜 이렇게 눈물을 흘리게 할까 하는 생각에
서 기인한 것이었다. 그러나 반세기가 지난 지금 〈수업료〉가 선명하게 남겨
준 영상에 대한 기억은 한없이 아름다운 것이다.

　　이영일은 1932년 조선의 북부인 평안북도의 구성에서 태어났다. 일
곱 살 때 톈진으로 이주하여 소학교를 졸업했고 해방 후에 귀국했다.
그의 증언은 〈수업료〉의 주인공과 동세대 조선인 소년의 눈에 영화가
어떻게 비쳤는지를 아는 데 아주 중요하다.

　　"생활은 비참한데도 영상은 한없이 아름답다."

　　이영일의 기억은 〈수업료〉라는 영화가 시대를 넘어 호소해오는 본
질을 단적으로 표현하고 있다. 그것은 영화 제작 이후 75년 만에 처음
으로 영상을 본 현대인의 감상과 아주 비슷하기 때문이다. 〈수업료〉는
조선 영화에서 처음으로 소년을 주인공으로 한 영화다. 소년의 생활을
통해 그 시대의 사회상을 그려낸 작품인 것이다.

조선인 소학생의 충격적인 작품

〈수업료〉는 1940년대 조선 문단인에 의한 영화 랭킹에서 〈아리랑〉(나운규 감독, 1926)과 〈무정〉(박기채 감독, 1939)에 이어 3위를 차지했다. 상위 두 작품의 필름이 발견되지 않아 현 시점에서는 〈수업료〉가 1위라고 해도 좋다. 태평양전쟁에 돌입하기 전의 영화이고, 앞에서 말한 〈망루의 결사대〉와 달리 시국 영화의 색채는 상당히 희박하다.

원작이 조선인 소학생의 작문인 것은 무엇보다 임팩트가 있다. 『경일소학생신문』이 모집한 제1회 작문 공모(1938)의 응모 작품 가운데 하나다. 전라남도 광주 북정공립심상소학교 4학년 우수영의 작품이다. 수업료를 낼 수 없는 조선인 소학생의 이야기는 조선총독부 학무국장상을 수상했다. 『경일소학생신문』은 조선총독부의 어용지인 『경성일보』의 소학생판이다.

주목해야 할 것은 영화화된 것은 2등상에 해당하는 학무국장상이었다는 사실이다. 1등상에 해당하는 총독상을 수상한 일본인 소학생의 작품이 아닌 것이다. 총독상은 경성사범부속제1소학교 3학년생의 「나팔의 군인 아저씨」다. 이 작품에는 자기가 아는 군인 아저씨가 전장에서 사망했다는 통지를 받은 소학생의 비통한 심정이 그려졌다. 그러나 영화의 원작으로 채택되지는 못했다.

영화로 만들 때 중심 역할을 한 것은 제작회사인 고려영화협회의 이창용과 최인규 감독, 그리고 기획자인 니시키 모토사다(『경성일보』 학예부 기자) 등 젊은 영화인이다. 당시 이창용은 33세, 최인규는 28세, 니시키는 29세였다. 그들의 의도는 무엇이었을까.

이 영화가 2015년 도쿄에서 처음으로 상영되었을 때 많은 관객은

"식민지 시대의 조선에서는 소학교도 수업료를 징수했구나" 하고 깜짝 놀랐다. 이 점을 알게 되는 것만으로도 이 영화를 보는 현대적인 의의가 있다. 원작의 작문에는 '식민지의 어두운 부분'이 그려져 있는데도 총독부 간부나 경성제대 교수 등을 포함한 심사위원들은 그 작문을 총독부 학무국장상으로 표창했다. 왜일까.

한국영상자료원에서 〈발굴된 과거(5) 수업료〉(2015)로 DVD가 만들어졌다.

주인공 우수영 역의 정찬조는 연극배우 김복진의 아들이다. 당시 경성의 청계천심상소학교 5학년이었다. 키는 작지만 온순하고 오기가 있는 소년 역을 잘 해냈다. 동급생인 소녀 안정희 역은 경성여자사범부속소학교 6학년생인 김종일이 맡았다. 수백 명 중에서 오디션으로 뽑았다. 유일한 일본인 배우로서 신쓰키지新築地극단의 스스키다 겐지薄田研二(1898~1972)가 다시로田代 선생 역으로 출연했다.

할머니 복혜숙, 아버지 김한, 어머니 문예봉, 귀란(친구의 누나)이 김신재.

복혜숙은 경성 모던걸의 대표 같은 여배우였지만 이 영화에 출연할 무렵부터 늙은이 역이 늘어났다. 문예봉은 식민지 조선의 대표적인 미인 배우다. 김신재는 최인규 감독의 부인으로서 사랑스러운 여성 역으로 인기가 있었다. 김한은 좌익 지향이 강했으며 아주 뛰어난 재능을 가진 배우였다.

집주인 독은기, 우편배달부 김일해, 금붕어 장수 전택이, 우마차 노인 최운봉.

모두 최인규 감독의 영화에 단골로 나오는 배우들이다. 전택이는 이마이 다다시 감독의 〈망루의 결사대〉에도 출연했다. 독은기와 최운봉은 해방 후 월북한다. 독은기는 최인규 감독의 특공대 모집 영화 〈사랑과 맹서〉에, 최운봉은 야마모토 가지로 감독의 〈가토 하야부사 전투대〉(1944)에도 출연했다. 김일해는 〈집 없는 천사〉, 〈반도의 봄〉, 〈병정님〉, 〈거경전〉, 〈사랑과 맹서〉에도 출연했다. 전택이가 금붕어 장수를 연기하는 장면은 한가로운 지방의 광경을 묘사한 것인데, 나루세 미키오 감독의 영화에 자주 나오는 행상 장면을 떠올리게 한다.

연출 최인규, 방한준.

방한준의 이름이 있는 것은 최인규가 촬영 종반에 병으로 쓰러졌기 때문이다. 마지막으로 고려영화협회의 동그란 마크. 제작회사는 고려영화협회다.

조선 첫 아동영화

이창용 등 경성의 젊은 영화인들은 왜 소학생의 작문에 주목했던 것일까. 이 의문에 답하는 것은 간단하다. 당시의 일본 영화계에서 아동영화가 붐이었기 때문이다. 이창용 등은 '조선의 첫 아동영화'을 제작한 것이다.

당시 아동영화의 대표적인 예는 야마모토 가지로 감독의 〈작문 교실綴方教室〉(1938)이다. 도쿄 시타마치의 소학교 5학년이었던 도요다 마사코豊田正子가 쓴 작문은 『작문 교실』(1937)로 출판되었고, 영화로도 만들어져 크게 히트했다. 영화는 조선에서도 상영되어 신문의 영화평에서 격찬을 받았다. 시미즈 히로시清水宏 감독의 〈바람 속의 아이風の中の子供〉(1937)나 다사카 도모타카田坂具隆 감독의 〈길가의 돌路

傍の石〉(1938) 등 그 밖에도 아동영화의 수작이 연달아 만들어졌다.

니시키 모토사다(1910~78)의 존재가 중요하다. 그는『경성일보』학예부의 영화 담당 기자였다. 작문을 모집한『경일소학생신문』의 모체지『경성일보』의 사원이었던 것이다. 도쿄제국대학 법학부를 중퇴하고 부모가 사는 경성으로 돌아온 영화 청년이다. 니시키는 일본 영화계의 아동영화 유행과『경일소학생신문』의 작문 모집을 동시에 알 수 있는 위치에 있었다.

1939년, 1940년 당시 그는 총독부 도서과 촉탁이었다. 총독부 직원록에서 그의 재적을 확인할 수 있다. 니시키는 영화 〈수업료〉를 제작하기에 아주 좋은 위치에 있었다. 우수영의 작문「수업료」가 1939년 3월 총독부 학무국장상에 선정되자 니시키의 지인인 고려영화협회의 이창용이 영화화 작업에 착수한다.

고려영화협회에는 1939년 5월쯤 감독 데뷔작 〈국경〉을 공개한 직후의 최인규가 입사했다. 그리고 양주남(녹음)이 남대문촬영소의 기술 책임자로서, 이명우도 촬영기사로서 입사했다. 영화는 1939년 6월 말에 크랭크인했다.

'기획 니시키 모토사다'가 한 역할은 그런 연계 작업의 솜씨를 의미한다. 총독상을 받은「나팔의 군인 아저씨」의 영화화를 선택하지 않았던 것은 이창용 등이 지향하는 영화에 적합하지 않다고 생각했기 때문일 것이다. 이 작문은 전사한 군인에 대한 추억을 적은 것인데 영화의 원작으로서는 드라마성이나 의외성이 부족하다.

조선 첫 아동영화를 구상한 세 사람은 도쿄의 야기 야스타로八木保太郎(1903~87)에게 각본을 의뢰했다. 라이벌인 '조선영화주식회사'(최남주 사장)가 신극계의 무라야마 도모요시村山知義를 감독·각본에 기용

하여 〈춘향전〉을 제작한 일에 자극을 받은 것으로 보인다. 야기는 우치다 도무內田吐夢 감독의 〈인생극장 청춘 편〉(1936), 〈벌거벗은 도시裸の町〉(1937), 〈끝없는 전진限りなき前進〉(1937) 등에서 실력파 각본가로서 조선에서도 유명했다. 통상의 서너 배 정도의 보수를 지불했다고 한다.

야기는 조선 영화계와의 교류를 심화시켰다. 나중에 만주영화협회의 제작부장, 전후에는 산별 조직·일본영화연극노동조합 위원장, 일본 시나리오작가협회 회장이라는 거물 각본가가 되었다.

스스키다 겐지의 연출은 야기의 추천으로 보인다. 신쓰키지극단은 당시 도요다 마사코의 「작문 교실」을 무대에 올리기로 했다. 음악은 오즈 야스지로나 시미즈 히로시의 작품을 통해 알려진 이토 센지伊藤宣二다. 이토는 방한준 감독의 〈성황당〉(1939)에 이어 조선 영화에 두 번째 참여하는 것이었다.

최인규는 잡지 『조광』에서 당시 "원작인 작문을 처음 읽었을 때 내게 정열을 주기에 충분한 것이었다"고 술회했다. 조선 영화로서 처음으로 동시녹음을 도입했다는 신문기사도 여기저기 보인다. 1940년 봄 영화가 완성되자 시사회를 거쳐 4월 30일부터 일본인 거리의 극장 명치좌(현재의 명동예술극장)와 조선인 거리 종로의 대륙극장(단성사를 개칭)에서 공개되었다. 그 일주일 전에 로드쇼(일반 영화관에서 상영하기 전에 특정 극장에서 독점 개봉하는 일)를 했다는 기사도 있다. 조선 영화의 로드쇼는 처음이었다. 영화 〈수업료〉는 이창용이 이끄는 고려영화협회가 도전한 의욕적인 작품이었던 것이다.

그 결말은 어땠을까.

먼저 이야기하자면 조선에서는 좋은 평가를 받았지만 내지에서는 비일반용 영화(14세 미만은 관람 금지)로 지정되었기 때문에 극장에 공개되지 않았다. 외지(조선)와 내지(일본) 사이에 수용 방식의 낙차가 있었던 것이다. 왜일까. 그 배경에는 의외의 역사적 사건이 숨어 있었다. 이는 나중에 서술한다.

'수업료를 낼 수 없다'

우선 영화 〈수업료〉의 스토리를 소개하자.

조선 서부에 있는 전원 지대 수원에서의 이야기다. 소학교 4학년 남자 영달(정찬조)의 부모는 6개월 전에 행상을 떠난 상태다. 아무런 소식도, 돈도 보내지 않아 수업료를 낼 수가 없다. 할머니(복혜숙)가 넝마주이를 해서 생활하고 있지만 그녀마저 몸져눕게 되자 식량도 다 떨어진다. 그러나 집주인(독은기)은 밀린 집세를 독촉한다.

영달은 할머니의 걱정을 덜어드리려고 생각하지만 수업료 납부일이 다가오자 학교에 갈 수가 없다. 영달의 동급생 여자애의 언니(김신재)가 사정을 알고 남동생의 공부를 봐주는 대신 쌀을 주기로 한다.

담임인 다시로 선생(스스키다 겐지)도 할머니를 찾아와 영달이 학교에 올 수 있도록 돈을 건넨다. 이튿날 수업료를 갖고 등교하는 영달은 운 나쁘게 집주인과 맞닥뜨린다. 수업료를 집세로 내고 만다. 할머니는 평택의 친척 아주머니로부터 수업료를 받아오라고 영달에게 이야기한다.

수원에서 평택까지는 24킬로미터나 된다. 영달은 먼 길을 끝까지 혼자 걸어간다. 아주머니로부터 수업료와 쌀을 받아 버스를 타고 돌아온다. 영달은 집에 도착하자마자 수업료를 내러 학교로 달려간다. 다시로 선생은 동급생들이 돈을 모은 '우정함'을 보여주며 수업료 걱정은 하지 말고 열심히 공부하라고 말한다.

영달은 아버지의 편지와 함께 돈과 옷과 신발이 든 소포를 받는다. 마을의 농악대가 춤을 추는 추석 무렵 영달은 우편배달부(김일해)로부터 부모가 근처까지 돌아왔다는 말을 듣는다. 영달은 동구까지 달려가 아버지(김한)와 어머니(문예봉)를 맞이한다. 이런 가난한 조선 소년의 이야기다.

다 쓰러져가는 성문이 있는 지방 도시 수원을 무대로 한 영화이고 로드무비이기도 하다. 원작은 전라남도 광주에서 쓰였지만 영화의 무대는 경성 남쪽인 수원이다. 수원 화성이 있는 매향리심상소학교를 중심으로 촬영되었다. 세계문화유산으로 지정된 화성 홍화문의 당시 모습이 귀중한 영상 기록으로서 영화의 배경으로 등장한다.

일제 강점하의 조선에서는 일본인 학생은 심상소학교, 조선인 학생은 보통학교에 다니고 있었지만 1938년의 제3차 조선교육령에 의해 '심상소학교'로 통일되었다. 1941년부터는 내지와 마찬가지로 '국민학교'로 개칭되었다.

첫 장면. 영화는 키 큰 나무가 하늘로 뻗어 있는 전원 풍경에서 시작한다. 잔잔한 바람이 불고 있다. 소학교의 교사校舍. 수업 시작을 알리는 종이 울린다. 배경에 '경애敬愛'라는 글자. 화면은 교정에서 공놀이를 하는 우영달 등 남자아이들이 비친다. 하늘 높이 올라가는 공. 여자아이들이 있는 방향으로 공이 굴러간다. 동급생인 안정희가 공을 차준다. "왜 차는 거야?" 하고 힐문하는 영달. "발이 있으니까." 대꾸하는 정희. 말다툼을 벌이는 두 사람을 급우들이 둘러싼다. 대사는 모두 일본어다.

의외로 생각될지도 모르겠지만 〈수업료〉는 일본어가 처음으로 본격적으로 등장한 조선 영화다. 역으로 말하면 조선 최초의 유성영화인 문예봉 주연의 〈춘향전〉(1935, 이명우 감독)이 등장한 이후 일제 강점기이기는 했어도 조선 영화의 대사는 조선어였다는 것이다.

교실 풍경. 다시로 선생(스스키다 겐지)이 '우리나라'라고 쓰인 칠판에 일본과 조선 지도를 그린다. 조선반도의 중심에 작은 동그라미를 그리고 "여기는 도시 이름이 뭘까요?" 하고 학생들에게 묻는다. 지명된 교복을 입은 영달이 일어나 "경성입니다"라고 대답한다. 다시로 선생은 "우리가 사는 수원은 경성을 중심으로 어디쯤일까?"라고 다시 묻는다. 영달은 "경성의 남쪽입니다"라고 대답한다.

여름의 세일러복을 입은 단발머리 안정희가 손을 든다. 지명되어 칠판에 수원의 위치를 그려 넣는다.

"여기 쏙 들어간 곳이 인천이에요. 어릴 때 아빠와 기차 타고 갔어요."

다시로 선생이 "아, 그래요, 잘했어요"라고 말한다. 웅성거리는 남자 아이들이 "계집애 주제에 기차를 타본 적도 없으면서 엄청 잘난 척이야" 하고 말한다. 이 험담을 포함하여 교실 안의 대사는 모두 일본어다. 화면은 템포 있게 전개된다. 남녀 학생들 사이의 원만하지 않은 관계도 잘 알 수 있다. 다시 선생은 "우 군", "안테이키 상" 하고 공손하게 부른다.

방과 후 냇가의 길로 하교하는 아이들. 일변하여 조선어 대사가 된다. 안정희에게 "너 정말 기차 타봤어?" 하고 집적거리는 우영달. "너 선생님한테 거짓말 했지 뭐야." 무시하고 돌아가는 안정희. 일본어 자막이 화면 오른쪽에 세로로 표시된다. 조선어를 모르는 당시의 관객도

대화 내용을 이해할 수 있다. 조선 영화에서는 흔한 언어 처리였다. 정종화(한국영상자료원 선임연구원)에 따르면 조선어 대사에 일본어 자막이 달려 있는 것은 제작자인 이창용이 '내지'의 일본인을 영화의 관객으로 의식하고 있었기 때문이라고 한다.

학교에서는 교실, 운동장, 농원을 포함하여 대사는 모두 일본어다. 그러나 조선어 자막은 전혀 없다. 젊은 한국인이 보면 충격을 받을 만한 장면이다(한국영상자료원이 제작한 DVD 〈수업료〉에는 자료원에서 제작한 한국어 자막이 달려 있다).

가정방문한 다시로 선생(스스키다 겐지)은 할머니(복혜숙)의 조선어를 알아듣지 못해 고생한다. 우연히 들른 급우의 언니(김신재)가 유창한 일본어로 통역하는 장면이 연출된다. 남녀 학생의 복장이 교복인 것은 지방 소학교로서는 부자연스러운 느낌이지만 경성사범부속소학교, 경성여자사범부속소학교의 학생이 '찬조 출연'했다는 신문기사를 보면 그 이유를 유추할 수 있다.

교정에서의 집단체조 장면이나 다 쓰러져가는 성문 앞에 있는 농지에서의 수확 풍경은 당시 학교 교육에서 강조되었던 과목을 상징하고 있다.

칠판 왼쪽에는 조선반도의 큰 지도가 있다. 〈대일본제국전도〉가 아니다. 다시로 선생이 칠판에 분필로 그린 '우리나라(일본)' 지도에 쿠릴열도千島와 남사할린南樺太은 있는데 타이완과 오키나와가 없다. 이는 최인규 감독의 실수로 보인다.

로드무비의 수작

영화의 하이라이트는 주인공 소년이 혼자 길을 떠나는 장면이다.

수원의 집에서 평택의 친척 아주머니 집까지 혼자 하루 종일 걸어간다. 걸어서 약 24킬로미터는 시나가와역에서 요코하마역 부근까지의 거리다. 로드무비의 묘미(영화적 여정)가 가득한 장면이다.

아침 안개가 자욱한 집을 출발한다. 손수 싼 도시락이 든 가방을 비스듬히 메고 평택으로 향한다. 소학교 교정에서 동급생이 체조하는 모습을 바라본다. 소년의 뒷모습이 슬프게 보인다. 정신을 가다듬고 성큼성큼 걷는다. 도중에 우마차를 만난다.

"얘, 너 어디까지 가니?"

"평택까지 가요."

"저기까지 타고 가렴."

우마차를 얻어 탄다. 평택은 지금 미군기지가 있는 도시로 유명하지만 옛날부터 전원 지대다. 갈림길. 우마차에서 내린다. 다리를 건넌다. 작은 동네. 두 여성이 쉬고 있다.

"어디로 가니?"

"평택으로 가요."

물을 마신다. "그 녀석 똑똑하게도 생겼다" 하며 뒷모습을 바라보는 두 사람. 다시 걷기 시작한다. 길가에 앉아 도시락을 먹는다. 해가 중천에 떠 있다. 걷는다. 먼지투성이의 길. 합승버스가 다가온다. 건방져 보이는 아이가 창으로 캐러멜 상자를 던진다. 소년이 줍는다. 안은 텅 비어 있었다. 버스 뒤에 '조趙고약'이라는 광고판. 소년은 어이없어하며 버스를 바라본다.

전원 지대, 작은 다리. 키 큰 나무들. 소년이 노래를 부르기 시작한다. 〈애마진군가愛馬進軍歌〉(작사 구보이 노부오久保井信夫)다.

"고향을 떠난 지 몇 달인가, 같이 죽을 각오로 이 말과."

노래가 나무에 빨려든다.

"진격했던 산과 들."

목소리가 작아진다.

"쥔 고삐에 피가 통한다."

소년의 우는 얼굴을 클로즈업한다. 이 장면이 백미다. 불안함을 떨치고 용기를 낸 소년은 계속 걷는다. 노랫소리에 눈물이 스민다. 일본어 군가를 부르는 조선인 소년. 촬영 전해에 히트한 경쾌한 군가가 역으로 소년의 외로움을 두드러지게 한다.

다시 계속 걷는다. 터벅터벅 걷는다. 염소를 끌고 오는 마을사람을 만난다.

"평택은 아직 멀었습니까?"

"저 아래 저 동네가 평택이다."

이미 날도 저물었다. 평택이 보인다. 아주머니 집에 도착했을 때는 완전히 어두워져 있었다.

"어서 들어오너라."

많은 반찬에 고봉밥.

"그 먼데서 걸어오느라 얼마나 애를 썼겠니."

"내일 갈 때 자동차를 태워줄 테니 오늘은 푹 자거라."

이튿날 아침. 아주머니에게서 수업료와 쌀을 받아든 소년은 버스를 타고 돌아간다. 차 안에서 과자 상자를 연다. 모리나가 밀크캐러멜의 노란 상자다. "모리나가." 소년이 중얼거린다. 곧 버스는 수원에 도착한

〈수업료〉의 한 장면. 〈애마진군가〉를 부르며 걷는다.

다. 식민지 조선의 가난한 소년에게 이 도보 여행은 소비사회와 군국
일본을 동반하는 괴로운 여행이기도 하다. 그는 일본의 군가로 외로움
을 달래고 밀크캐러멜로 위로를 받는다.

일련의 도보 장면은 어느 시대에나 보편적인 '소년의 여행길'을 상
징하는 것이지만 최인규가 연출한 서정적인 영상은 식민지 조선에 수
없이 많았을 '젊은 나날'을 표상하여 특히 깊은 감명을 준다.

〈수업료〉에는 시미즈 히로시 감독의 영상과 비슷한 인상도 있다.

'아동영화 감독', '로드무비의 명수'라 불린 시미즈는 명작 〈아리가
토 상有りがたうさん〉(1936)에서 이즈반도의 산길을 걷는 조선인 노동자
무리를 카메라에 담았다. 시미즈는 1940년 1월에 조선총독부 철도국
의 초빙으로 경성을 방문하여 문화영화 〈경성〉(1940)을 찍었다. 경성의
아침부터 밤까지의 표정을 풍물의 연쇄로서 기록한 영화다. 당시 신문
에는 시미즈와 고려영화협회의 제휴 이야기도 실렸다. 시미즈는 그해
3월 다시 경성을 방문하여 단편 극영화 〈친구ともだち〉(1940)를 찍었다.

조선인과 일본인 소년이 서로의 옷을 교환하는 장면이 저절로 미소 짓게 한다.

조선을 향한 시미즈의 시선은 부드럽고 자연스럽다. 한국에서 최인규는 '리얼리즘에 입각한 감독'으로 평가되지만 그의 영상은 시미즈 같은 시적 서사성도 겸비하고 있다.

〈수업료〉를 둘러싼 수수께끼

영화 〈수업료〉를 보며 몇 가지 의문이 떠올랐다.

① 원작과 영화의 각본, 실제 영화에는 어느 정도의 차이가 있을까?

② 소학교인데도 왜 수업료를 받았을까?

③ 총독부는 왜 이렇게 불쌍한 조선인 소년을 다룬 영화를 검열에서 통과시킨 것일까? 애초에 이 원작은 어떻게 총독부 학무국장상에 선정된 것일까?

답을 찾아가기 위해 원작과 각본, 영화라는 세 가지 텍스트를 비교하고 당시의 교육 환경을 살펴보고자 한다. 원작은 잡지 『문예』(1939년 6월호)에, 각본은 전일본영화인연맹의 기관지 『영화인』(1940년 4월호)에 실렸다.

『경일소학생신문』에 의한 작문 모집은 조선교육령 제3차 개정 (1938년 4월 1일 시행)과 관계가 있다.

이 개정에서는 황민화를 위한 '국어(일본어)' 교육의 강화를 지향했다. '황민화'란 일본인 이외의 여러 민족에게 일본인으로의 동화나 황실에 대한 충성을 지도하는 정책이다. 국어 교육의 침투를 꾀하는 『경일소학생신문』의 작문 모집을 조선총독부는 총독상이나 학무국장상을 두어 뒷받침했다. 모집은 1938년, 1939년에 이루어져 각각 5만 편, 7만 편의 작문이 응모되었다.

『전 조선 선발 소학교 작문 총독상 모범 문집全鮮選拔小学級方總督賞模範文集』(『경일소학생신문』 발행) 전 2권은 조선총독부 도서관에서 한국국립중앙도서관으로 인계되어 지금도 장서로 있다는 것을 알 수 있었다. 디지털 문서로 공개되어 일본에서도 볼 수 있다. 이 문집(1938년도판)의 첫머리에 『경성일보』측의 '서문'이 실려 있다. 거기서는 조선교육령 제3차 개정은 황민화를 위한 국어 교육 강화에 목적이 있고, 『경일소학생신문』의 창간이나 작문 모집도 그 취지에 따른 것이라고 분명히 적혀 있다.

교실에서의 수업료 징수 장면은 현대 일본인의 눈으로 보면 가장 기이하게 비치는 부분이다. 식민지 조선에서 초등교육은 의무교육이 아니었던 것이다. 한국에서는 한국전쟁 후인 1953년이 되어서야 비로소 국민학교가 의무교육이 되었다. 일본의 경우 1900년에 심상소학교(4년간)의 수업료가 무상이 되었다.

식민지기의 수업료 문제에 대해서는 강명숙(배재대학 교수)의 논문「영화 〈수업료〉를 통해 보는 전시체제기의 교육」(『한국교육사학』 37권 2호, 2015) 등이 참고할 만하다.

당시의 보통학교(조선인 아동용의 초등교육 기관)는 부府나 군郡이 설치 주체이고 그 재원은 행정에서의 보조금, 재산가로부터의 부가금, 수업료, 사용료, 기부금 등이며 수업료는 제2차 조선교육령(1922) 이래 '월 1엔 이내'로 규정되어 있었다. 이는 학교 비용의 약 20퍼센트를 차지한다.

수업료는 분필이나 지필, 연료에 충당되는 경비로, 아이들의 수업에 직접 필요한 비용으로서 징수되었다. 영화에서 영달의 할머니가 쓰는 '월사금'이라는 말은 수업료의 용도를 반영한 것이다. 1934년 당시 경성부나 경기도 지역의 수업료는 80전 정도였다. 가정마다의 경제 사정이나 학생 수에 따라 제한적으로 면제, 감면 조치는 있었지만 우수영 소년의 경우 행상을 하는 부모의 수입이 불안정하기 때문에 감면 대상도 되지 않았던 것으로 보인다.

당시의 『동아일보』에는 결석이나 수업료 체납에 의해 보통학교를 중퇴하는 학생의 문제가 빈번하게 보도되었다. 조선총독부 통계 연보에 따르면 영화 〈수업료〉가 제작된 1939년도 전 조선의 공립소학교에서 중퇴한 학생은 약 8만 명이었다. 이는 전체 학생의 약 7퍼센트에 해당한다. 그 대부분은 빈곤이 원인이었던 것으로 보인다. 보통학교 취학률은 1939년이 35.2퍼센트, 1943년에는 49퍼센트였다.

조선총독부 학무국장인 시오바라 도키사부로는 1936년 6월 장래의 의무교육 구상을 다음과 같이 밝혔다. "의무교육의 전제인 모든 사람이 학교에 들어가는 것은 언제쯤인가 하면, 이는 너무 그쪽 이야기가 되어 이상할지도 모르지만 이 상태로 가면 1949년이나 1950년 무렵에는 대체로 그렇게 될 거라는 것을 저는 직업상 말할 수 있습니다." 이 얼마나 한가한 전망이란 말인가. 시오바라가 설치한 의무교육제도심의위원회가 1946년부터의 의무교육 실시를 결정한 것은 일본이 진주만 공격에 돌입한 1941년 12월의 일이었다.

'조선어' 시간의 할애

실은 소개를 뒤로 미룬 영상이 있다.

쉬는 시간의 교정에서 교실로 화면이 바뀔 때 어떤 영상이 등장한다. 교실 벽에 붙은 수업시간표가 3초쯤 비친 것이다. 거기에 '선어鮮語'라는 글자가 보인다. 화요일 셋째 시간. 조선어 공부가 정규 수업 시간표에 들어 있었던 것이다. 목요일 이후의 시간표는 화면이 어두워 정확히 확인할 수 없다.

소학교 차원의 조선어 수업은 언제까지 이루어졌을까.

영화 〈수업료〉의 촬영이 이루어진 것은 1939년 6월 26일부터 그해 12월 5일까지였다. 이는 당시의 신문기사 등으로 추정해볼 수 있다. 따라서 영화의 학교 시간표는 1939년 여름에서 가을의 상황을 반영하고 있다고 할 수 있다. 조선인 아동용의 초급학교(보통학교)에서의 조선어, 국어(일본어) 교육 시간 수가 전 교과에서 차지하는 비율은 다음과 같다 (정재철, 『일제시대의 한국교육사』, 2014).[2]

▷ 제1차 조선교육령 시기(1911~22): 조선어 20.75%, 일본어 37.7%

▷ 제2차 조선교육령 시기(1922~38): 조선어 12.24%, 일본어 39.15%

▷ 제3차 조선교육령 시기(1938~41): 조선어 8.75%, 일본어 34.97%

▷ 제4차 조선교육령 시기(1941~45): 조선어 0%, 일본어 28.57%

1939년에 촬영한 영화 〈수업료〉는 조선어 8.75퍼센트인 시기다. 따

---

[2]   鄭在哲, 佐野通夫訳, 『日帝時代の韓国教育史―日帝の対韓国植民地教育政策史―』, 皓星社, 2014.

〈수업료〉에 나오는 시간표.

라서 학교 시간표에 '조선어' 수업이 있는 것이다. 당시의 소학교 규정
(4학년)에서는 조선어 수업이 '2시간'이었다. 학교 내에서는 완전히 일
본어 수업에 가깝지만 학교 밖에서 아이들은 조선어를 사용했다. 일본
어와 조선어의 그런 이중 언어 상황이 영화에 담겨져 총독부의 검열도
통과했다.

1938년에 '수의隨意 과목'이 된 조선어 수업은 1940년에는 교과서
지정도 없어졌다. 수의 과목의 설치는 학교장의 판단에 맡기고 있었다.
일본인 교장보다는 조선인 교장이 있는 학교가 조선어 폐지로 기울어
져 있었다는 증언도 있다. 그런 미묘한 마지막 시기의 상황이 영화 〈수
업료〉에 반영되어 있는 것이다.

조선인의 일본어 이해 비율은 1943년 시점에서 지역 차나 남녀 차,
나이 차가 컸지만 평균하면 22.16퍼센트였다. 따라서 전시가 되어도
조선 사회에서는 일본어와 조선어의 이중 언어 상태였다는 말이 정확
하다.

아울러 명치좌의 개봉일(1940)에 함께 상영한 것은 다카다 고키치高

田浩吉의 〈야지키타 64주 우타쿠리게弥次喜多·六十四州唄栗毛〉다. 경성에서는 시정 30주년 기념 조선대박람회(9~10월)가 열렸다. 『조선일보』·『동아일보』가 강제 폐간(8월)되고, 창씨개명이 단행(2~8월)되었다. 일본의 식민 통치가 절정에 이르러 패전을 향해 달리기 시작한 시기였던 것이다.

유소년기의 기억

유종호의 『나의 해방 전후』(2004)는 연세대학교 특임교수(한국시론)의 회상기다. 그는 1935년 충청북도 충주에서 태어났다. 영화 〈수업료〉와 비슷한 전원 지대에서 보낸 유소년기가 기록되어 있다. 유종호의 글에는 참조할 만한 관점이 적지 않다.

이 책의 첫머리에서 유종호는 다음과 같이 쓴다. "(창씨개명을 둘러싸고) 원래 성씨의 흔적을 남기기 위해 고심한 일을 두고 애국심의 발로라고 하는 것은 반듯한 지적은 아닐 것이다. 본래의 성씨에 대한 각별한 집착은 어디까지나 가문에의 집착이겠기 때문이다."[3] 그 시대를 살았던 사람다운 솔직한 감상이 놀랍다.

그의 회상기에는 영화 〈수업료〉에서 버스 뒷면에 광고가 있었던 '조고약'도 나온다. "영양 부족으로 누구나 부스럼을 앓아 조고약과 이명래 고약이 방방곡곡에서 매상을 올리던 시절"[4]이라고 쓰여 있는 것이다. 조사해보니 천일약방의 조고약은 조선만이 아니라 해외에도 널리

---

3)   유종호, 『나의 해방 전후』, 민음사, 2004, 14쪽.

4)   유종호, 위의 책, 28~29쪽.

약효가 알려져 있었다. 조선에서만 매달 수만 포가 판매된 인기 상품이었다고 한다.

영화 〈수업료〉에 등장하는 모리나가 밀크캐러멜은 영화 제휴 광고다. JR 다마치田町역에 있는 모리나가제과 본사의 사료실에 문의하자 그 회사 경성 지점의 영업 기록에 "영화 〈수업료〉에 밀크캐러멜의 화상 삽입"이라는 기록이 남아 있었다. 모리나가제과는 1940년에 경성 교외의 영등포에 새로운 공장을 세워 증산 체제에 들어갔다. 라이벌인 메이지제과는 여배우 문예봉을 캠페인 걸로 기용하여 종로 화신백화점에서 특별 할인 판매를 했다.

영화 〈수업료〉에는 영달 소년이나 유종호 등이 체험한 근대 소비사회의 기억이 깔려 있다. 타이틀백에 '의상: 경성 미쓰코시'라는 표시가 있는데 구체적으로 어떤 의상인지 잘 알 수 없다. 김신재가 입었던 치마저고리일지도 모른다.

유종호가 소학교에 입학한 것은 1941년이다. "당시는 초등교육도 의무교육이 아니었다."[5] "그 전해까지는 국민학교에서도 이른바 '조선어' 시간이 주당 2시간 정도는 배당되어 있었으나 1941년부터 전폐되고 말았다."[6] 이처럼 그는 영화 〈수업료〉가 그려낸 학교생활을 뒷받침하는 증언을 하고 있다. "당시에는 창씨개명이 완료 단계에 있었기 때문에 학교에서는 모두 일본식 이름을 불렀고 예외는 한 사람도 없었다."[7]

"학교 복도에는 '국어 상용'이라는 표어가 붙어 있었고 우리말 사용

---

5)   유종호, 위의 책, 38쪽.

6)   유종호, 위의 책, 39쪽.

7)   유종호, 위의 책, 39쪽.

은 금지되어 있었다."⁸⁾ 2학년이 되자 일본인 여교사가 부임해왔다. 그녀는 학생들에게 항상 '상さん'을 붙여 불렀다. 학교에서 일본의 군가도 배웠다. "그녀는 모친의 일본 말 솜씨를 극구 칭찬하였다."⁹⁾

소학교 4학년이었던 1944년 초여름 유종호는 전학을 갔다. 이번에는 조선인 교장이었다. 일본인 교감으로부터는 아쿠타가와 류노스케의 「두자춘」을 배웠다. "그때껏 내가 들어본 얘기 중에서 가장 진진하고 감동적인 것이었다"¹⁰⁾고 한다. 유종호의 저작은 식민지 시대를 실제로 체험하지 못한 현대인이 신뢰할 수 있는 역사 참고서다.

미야모토 와키치의 혜안

작문 심사위원회 멤버(13인)에게 주목하고자 한다.

황민화를 추진한 조선총독부 학무국장 시오바라 도키사부로가 가장 높은 심사원이지만 그 외에도 훌륭한 인재가 많았다. 학무국장이었던 야기 노부오는 그후 황해도 지사와 전라남도 지사를 하고 전후에는 한일문화협회 이사장 등을 역임했다. 편집과장 이와시타 유조岩下雄三(도쿄고등사범 졸업)는 재직 중에 『국어 독본』을 편집했다. 1940년 경성사범학교 교장이 되자 '국어 전해全解 운동'에 매진했다. 시학관視學官 야스오카 겐타로安岡源太郎(히로시마고등사범 졸업)는 나중에 경성여자사범학교 교장이 된다.

---

8) 유종호, 위의 책, 49쪽.

9) 유종호, 위의 책, 50쪽.

10) 유종호, 위의 책, 61쪽.

경성제대의 초대 국문과 교수인 다카기 이치노스케高木市之助 (1888~1974)는 상고 문학의 고명한 연구자다. 경성제대에 부임하기 전의 문부성 도서 감수관 시절에 경성의 광경을 묘사한 글을 교재용으로 썼다. 총독부가 발행한 자료나 사진을 보고 썼던 탁상 위의 작문이었다. 그러므로 실제 경성에 부임하여 "상상과는 다른 경치여서 놀랐다"고 말한다. 나중에는 "식민지 정책의 일부분으로서 책임을 면할 수 없다(『심상소학 국어 독본』)"고 썼다. 솔직한 학자다.

다카기는 다른 회상록 『국문학 50년』에서 경성제대 영문과를 졸업하고 동대학 강사가 되어 있던 문학자인 최재서(『국민문학』 주간, 1908~64)가 설날 취한 채 다카기의 집으로 찾아와 "선생님들은 아무리 으스대도 우리 조선인의 혼을 빼앗을 수 없습니다"라고 무시무시한 태도로 위협하고 돌아갔다고 썼다. 최재서의 나쁜 술버릇은 1935년부터 5년간쯤 경성에 살고 있던 소설가 다나카 히데미쓰의 소설 『취한 배』 (1949)에서도 묘사되어 있다. '친일파'로 규탄당하는 최재서의 울분은 일본 자체에 향해졌다는 것을 이해할 수 있다.

『경성일보』 편집국장인 니즈마 간新妻莞은 『오사카마이니치신문』 학예부장 등을 했던 저널리스트이고, 아내는 직업여성운동職業婦人運動의 니즈마 이토코新妻伊都子다. 니시키 모토사다의 상사인 데라다 아키라(『경성일보』 학예부장)는 조선문인협회 간사이기도 하고 『거리의 불연속선』[11] 등의 저작이 있다. 데라다는 도쿄에서 열린 제1회 대동아문학자대회(1942년 11월)에 가야마 미쓰로香山光郎(이광수의 창씨명) 등 네 명과 함께 조선 대표로 참가했다. 다나카 히데미쓰가 소설 『취한 배』에서 "술을 좋아하고 세상물정에 밝은 사람", "고풍스럽고 인정이 두터운 사

---

11) 寺田瑛, 『街の不連續線』, 京城雜筆社, 1939.

람"이라고 묘사한 남자다. 데라다는 나중에 '반도의 무희'가 되는 최승희(당시 16세)에게 소개장을 써주어 무용가인 이시이 바쿠石井漠에게 소개한 인물이기도 하다.

이런 멤버 중에서 실질적인 심사위원장은 경성제대 법문학부장인 미야모토 와키치宮本和吉였던 것으로 보인다. 미야모토가 모범 문집에 심사평을 썼기 때문이다. 미야모토는 칸트 철학의 소개자로서 알려져 있다. 전후에는 무사시武蔵대학 학장, 세이조成城대학 학장을 역임했다. 그의 심사평은 꽤 풍부한 함축을 담고 있다. 그는 심사의 안목이 '감명'에 있다는 것을 명확히 하고 있다.

"심사원의 한 사람으로서 반드시 생각하지 않으면 안 되었던 것은 (중략) 큰 감명을 준 것이 좋지 않을까 하는 점이었다. 꾸미지 않은 어린이다운 글을 기준으로 두었다."

선정을 할 때의 기준은 '감명', '꾸미지 않음', '어린이다움', 이 세 가지였다는 것이다.

미야모토는 총독상을 받은 「나팔의 군인 아저씨」는 "제재도 시국에 맞고 문장도 간결하고 나무랄 데 없으며 어린이답게 구김 없이 써나간 점 등 아주 감복할 만하다"고 평가했다. 한편 우수영의 「수업료」(학무국장상 1등)에 대해서는 "나는 굉장히 감명을 받았다. 문장도 훌륭하다. 문학적인 감각, 소질을 갖고 있다"고 칭찬했다. 그가 '감명'이라는 키워드를 쓴 것은 「수업료」 쪽이다. 총독상을 받은 「나팔의 군인 아저씨」보다 높이 평가했다는 것을 엿볼 수 있다.

그러나 수석인 '총독상'은 심사회에서 회의한 결과 일본인 학생의 작품으로 낙착되었다. 일본인이 수석이 되고 더 뛰어난 결과를 낸 이민족이 차석이 되는 것은 식민지 교육에서 흔히 보인 현상이다. 지배·피

지배의 구조(제국의 위계)는 쉽게 역전되지 않는 것이다.

이러한 구조는 또 하나의 식민지 타이완에서도 마찬가지였다. 타이완의 독립운동가 옹록텍王育德의 『'쇼와'를 살았던 타이완 청년—일본에 망명한 타이완 독립운동가의 회상 1924~1949』[12] 등 많은 타이완인의 회상기에는 졸업식 대표를 선출할 때 일본인 학생이 우선시된 사실에 대한 고발이 적지 않다. 식민지 지배의 본질은 제국 국가에 의한 이민족 지배다.

미야모토 와키치의 '눈'은 정확했다. 그가 심사평에서 언급한 다른 작문을 읽으면 그것을 잘 알 수 있다. 경성사범부속소학교 1학년생 구보 레이코가 쓴 「이발소」(학무국장상)는 경성 미쓰코시 백화점에서 간식을 먹은 후 처음으로 이발소에 갔을 때의 설렘을 쓴 작문이다. 미야모토가 지적한 것처럼 "1학년생에게는 드물게 묘사가 뛰어난" 작품이다. 그녀의 응모 작문은 세 편이나 입선했다.

심사위원회는 왜 조선인 소학생의 「수업료」를 추천했을까.

그 이유는 이미 분명할 것이다. 심사원들의 가슴에 '감명'을 준 작품이었기 때문이다. 「수업료」를 원작으로 영화화를 목표로 한 이창용 등 세 사람에게도 마찬가지였을 것이다. 총독부 학무국장 시오바라 도키사부로가 참석한(실제로 심사회에 출석했는지는 밝혀지지 않았지만) 심사회에서 학무국장상에 선정된 조선인 소학생의 작문에 트집을 잡는 논의는 조선 내에서는 전무에 가까웠을 것이다. 수업료의 미납 문제는 총독부 자체가 골머리를 앓고 있던 문제이기도 했기 때문이다.

우수영은 친척 아주머니 집까지 걸으며 이것도 '인고단련忍苦鍛錬'

12) 王育德, 『昭和を生きた台湾青年—日本に亡命した台湾独立運動者の回想 1924-1949』, 草思社, 2011.

이라고 생각했다고 작문에 썼다. '인고단련'은 총독 미나미 지로가 제정한 슬로건이다. 괴로움을 참고 견디며 자신을 단련하고 연마한다. '황국신민서사'에 있는 말이다. 이 말을 총독 자신이 휘호를 해 작문 모집에서 총독상을 수상한 일본인 소학생에게 기념품으로 수여했다.

'인고단련'을 실천했다고 평가받은 조선인 소학생의 마음속은 어떤 것이었을까.

수업료를 둘러싸고 우수영이 쓴 조선 소년의 이야기는 식민지 공간에 빠끔히 열린 기적적인 소우주다. 거기서 최인규 등 조선 영화인이 생각을 짜낼 여지가 생겼다.

야기 야스타로의 각본

우수영의 작문을 이 장의 말미에 게재해두었다. 읽어주었으면 한다.

길을 떠나는 날 아침. "하늘은 맑게 개었고 가을바람이 살랑살랑 불었습니다." 담임교사에게 불려간 교실. "서향 유리창에 석양이 가득 비쳤습니다." 소년의 심경이 자연의 광경에 투영된다.

영화의 백미가 '소년의 고독한 여행'인 것에 비해 원작의 절정은 일찌감치 '소년과 할머니의 대화' 부분에서 찾아온다. 할머니의 자상한 말에 울음을 터뜨린 소년의 심상 풍경은 영상시가 되어 혼자 길을 떠나는 장면에서 재현된다. 원문에서는 몇 줄로 묘사되어 있는 장면이 야기 야스타로의 각색으로 증폭되고 최인규 감독의 연출로 강렬하고 선명한 장면이 되어 필름에 새겨진다.

〈수업료〉의 원문, 야기의 각본, 최인규의 영화를 비교하면 다음과 같

경성의 야기 야스타로(가운데, 연월일 불명, 니시키 모토사다의 유족 제공).

은 것을 알 수 있다.

① 원작에서는 담임교사가 "너만 (수업료를) 내면 우리 반은 완납인데"라고 하는 장면이 있다. 각본이나 영화에서는 이런 장면이 없다. 교사가 친절하게 이유를 물을 뿐이다.

② 각본에서 '노래'라고 지시된 부분이 영화에서는 〈애마진군가〉로 구체화되었다. 자동차와 캐러멜 에피소드는 원작 단계부터 존재한다.

③ 부모의 행상이 어려워진 배경을 원작은 '전쟁 때문에'라고 분명히 적고 있지만 각본이나 영화에는 그런 대목이 없다.

④ 부모가 마을로 돌아오는 장면이 영화의 엔딩에서 감동적으로 그려진다. 그러나 원작이나 각본에 이 장면은 없다.

①, ③의 부분은 각본가나 감독이 원작대로 그리면 '시국 정책적인 난처함'이 있다고 생각했기 때문일 것이다. ②, ④는 감독의 솜씨를 보여주는 곳이고, 그 의도는 성공했다. ④는 영화가 더 극적인 것은 말할

것도 없다. 이런 연구는 정종화(한국영상자료원 선임연구원)의 논문에 의해서도 꼼꼼하게 이루어져 있다(「조선 영화 〈수업료〉의 영화화 과정과 텍스트 비교 연구」).

야기 야스타로의 각본은 전문이 일본어로 쓰였다. 이 일부를 극작가 유치진이 조선어로 고쳐 촬영 대본을 만들었다. 야기의 각본에 있는 일본어는 조선 사회의 현실에 맞춰 일부 조선어로 변환되었던 것이다.

유치진(1905~74)은 1921년에 도일하여 릿쿄대학을 졸업할 때까지 10여 년을 일본에서 보냈다. 귀국 후 극예술연구회를 만들어 희곡가로서 활약했다. 1934년에는 다시 도일하여 좌익계 조선인 극단과도 교류했다. 1938년에 극예술연구회는 해산하고 유치진은 제2회 대동아문학자대회(1943년 8월, 도쿄)에 조선 대표로 참가했다. 박기채 감독의 〈무정〉과 최인규 감독의 〈국경〉의 각본도 썼다. 해방 후에는 서울 남산에 현대적 극장 '드라마센터'를 건립하여 한국 현대연극의 기초를 다졌다. 유치진처럼 해방 후에 활약한 문화인이 〈수업료〉에 관여한 사실에 주목해야 한다. 다른 스태프도 마찬가지다.

영화에서 영달 소년이나 다시로 선생은 '수업료'라는 일본어를 사용하지만 할머니는 조선어로 '월사금'이라고 말한다. 영달이 친척 아주머니 집까지 걸어가는 장면의 대화는 모두 조선어다. 그러나 산길을 걸으며 외로움이 밀려오자 학교에서 배운 일본어 노래 〈애마진군가〉가 무심코 입에서 흘러나온다. 영화가 촬영된 1939년의 1월경 조선의 초급학교(소학교, 보통학교)에서는 교육에 의해 〈애마진군가〉가 보급되었다.

또 한 가지, 원작과 영화에는 중요한 차이가 있다.

원작을 읽는 것만으로는 우수영 소년의 담임교사가 조선인인지 일본인인지 확실하지 않다. 그러나 당시의 문헌을 살펴보고 담임은 '김동수'라는 이름의 조선인 교사였다는 것을 알 수 있었다. 이를 각본과 영화에서는 '일본인 교사 야시로 선생'으로 해버렸다. 이 날조가 이창용 등의 영화 제작자의 의사에 따른 것은 분명하다. 그들에게 〈수업료〉는 일본 진출을 목표로 한 영화였기 때문이다.

우수영 소년의 담임교사였던 김동수가 남긴 글(『매일신보』 게재)에 따르면 우수영이 입학하기 전에 가정방문을 했더니 "학비를 낼 수 있는 상황이 아니었다"는 것이다. 우수영은 입학 전부터 일본어를 잘해서 급장이 될 수 있는 학생이라고 판단했다고 한다. 그리고 실제로 입학한 후에는 내내 1등이었다.

영화의 마지막 장면.

농로 맞은편에서 등장하는 사람은 영달이 손꼽아 기다리던 아버지(김한)와 어머니(문예봉)다. 야기의 각본에 묘사된 다시로 선생(스스키다 겐지)이 아니다. 추석을 맞이하는 마을. 농악대의 공연을 보러 가려고 한 영달에게 우체부(김일해)가 부모의 귀향 소식을 전해준다. 성문을 향해 달려가는 영달. 부모의 모습이 점차 커진다. 부모 자식의 재회. 어머니와 아버지의 클로즈업. 문예봉의 아름다운 모습이 비친다(하지만 따뜻함을 느끼게 할 만큼 웃는 얼굴은 아니다).

야트막한 언덕에서 세 사람을 지켜보는 다시로 선생과 병준의 누나(김신재), 할머니의 모습. 화면이 손을 잡은 영달과 부모를 비추며 영화는 엔딩을 맞이한다. 원작에도 각본에도 없었던 장면이다. 최인규(또는 방한준)의 연출 의도는 분명하다. 이 영화가 실질적으로 '조선 영화의 베스트 원'으로 평가받는 이유도 이 부분에 있다.

우수영의 작문 〈수업료〉는 1938년 가을에 쓰였다. 일본은 그해 국가

총동원법을 공포하고 본격적인 전시체제를 확립했다. 히노 아시헤이火野葦平는 그해 8월 종군 기록「보리와 병정麥と兵隊」을 잡지에 발표했다. 다카미네 히데코高峰秀子 주연의 〈작문 교실〉이 공개된 것은 그해 8월 21일이다.

『전 조선 선발 소학교 작문 총독상 모범 문집』의 작문에도 시대를 통감하게 하는 것이 여기저기에 보인다. 소련·만주·조선의 국경에서는 7월 일·소 양군의 무력 충돌(장고봉 사건)이 일어났다. 전장에 가까운 국경 지역인 함경북도 웅기에 사는 소학생들 몇 명은 동네와 가족의 모습을 불안한 마음으로 적었다.

이 장의 첫머리에서 인용한 영화평론가 이영일은 "반세기가 지난 지금 〈수업료〉가 선명하게 남겨준 영상에 대한 기억은 한없이 아름다운 것이다"라고 회고했다.

"최인규 감독은 소년의 순수한 마음을 통해 가혹한 현실을 절절하게 그리고 있다. 그렇지만 아동물이면서도 센티멘털리즘에 빠지지는 않았다. 최인규 감독은 소년의 현실 생활을 극명하게 리얼리즘 기법으로 묘사함으로써 센티멘털리즘에 매몰시키지 않고 소년의 마음을 부각시켰다. 이 영화가 1930~40년대의 시대상황을 날카롭게 책망하고 있다는 것을 알 수 있다."

〈수업료〉의 좌절

'내지'에서의 영화 공개는 어떻게 되었을까.

도쿄도 주오구 이치반초一番町의 고급주택지에 가와키타기념영화

문화재단이 들어 있는 건물이 있다. 영화 〈수업료〉의 일본 진출 결말을 기록한 스크랩북이 이 재단의 서고에 보존되어 있다.

이 재단은 〈수업료〉를 구입한 도와東和상사합자회사(현재의 도호도와東宝東和)의 창업자 가와키타 나가마사川喜多長政(1903~81)의 업적을 밝히고 알리는 단체다. 도와상사는 전전의 일본 영화계에서 유럽 영화의 수입과 배급의 최대 업체였다. 〈파리제Quatorze juillet〉(1933), 〈회의는 춤춘다〉(1931), 〈망향Pepe Le Moke〉(1937), 〈민족의 제전(올림피아)〉(1938) 등의 명화를 수입하여 배급했다. 가와키타는 하라 세쓰코 주연의 독일·일본의 합작영화 〈새로운 대지新しき土〉(1937)도 제작했다. 가와키타와 중국 영화계의 교류는 사토 다다오의『키네마와 포성—일중영화 전사』[13]에 상세하게 기록되어 있는데, 도호상사는 조선 영화의 소개에도 강한 의욕을 보이고 있었다.

"반도 동포 소년의 진심과 우정에 울어라." 스크랩북에 붙은 선전기사는 도와상사의 기세를 엿보게 한다. 소설가 니와 후미오丹羽文雄는 "순수한 감동을 준다. 이 감동을 잃지 않고 대작과 맞닥뜨리기 바란다"라는 메시지를 보냈다.

그러나 〈수업료〉의 일본 진출 계획은 무참한 결과로 끝났다.

스크랩북의 말미에 몇 장의 메모지가 붙어 있었다. 1940년 11월 5일의 좌담회 기록이다. 장소는 오사카 나카노시마中之島 공회당의 지하 식당이다. 도와상사 영화부의 지바 준이치가 그 진상을 아주 짧게 말했다. 지바는 가와키타 나가마사의 오른팔 중 한 사람이다. 그의 짧은 코멘트에서는 영업을 하는 사람으로서의 분함이 엿보인다. 그것은 다음과 같다.

---

13) 佐藤忠男, 『キネマと砲聲—日中映画前史』, 岩波現代文庫, 2004.

"(영화 〈수업료〉는) 그 묘사가 다소 리얼하기 때문에 아동에게는 보여 줄 수 없게 되었습니다."

이것이 일반 극장에서 〈수업료〉가 공개되지 못했던 이유라는 것이 다. 도와상사 측은 문부성에 추천을 신청했지만 심사 결과 '비일반용 영화(14세 미만 관람 금지)'로 지정되었다고 한다. 아동영화인데 이렇게 되면 채산을 맞출 전망이 보이지 않는다. 일반 극장에서 〈수업료〉를 상 영할 길이 막힌 것이다. 정말 그랬는가 하는 의문은 잠시 보류해둔다.

도와상사의 『사사社史』(1928~42)는 "(조선 영화의 배급에서) 햇빛을 본 것은 〈집 없는 천사〉 단 한 편이었다"라고 기록했다. 이창용 등이 추진 한 〈수업료〉의 일본 진출 계획은 좌절한 것이다(만주에서는 1940년 6월 28일부터 일주일간 창춘좌長春座에서 상영되었다는 기록이 있다).

이창용(李創用, 1906~61)은 조선 영화계에서 처음으로 등장한 본격적 인 영화 프로듀서였다. 『식민지 시대 대중예술인 사전』(이순진 집필)에 따르면 본명은 이창용李滄龍, 함경북도 회령 출신이다. 경성에서 조선 키네마프로덕션(사장은 요도 도라조淀虎蔵)의 기술부에 들어갔다. 나운규 프로덕션에서도 촬영기사로서 경험을 쌓았고, 1931년 일본으로 건너 가 신코키네마 우즈마사新興きねま太秦촬영소의 기술부에 들어갔다. 그 곳에서는 조선 출신의 김성춘(1903~77)이 조명부장을 하고 있었다. 이 창용은 경향 영화 〈그녀는 왜 그랬을까?何が彼女をそうさせたか〉(1930)로 알려진 스즈키 시게요시 감독 밑에서 영화 전반을 배웠다.

1932년에 귀국하자 영화 배급의 실무 경험을 쌓아 문예봉 주연의 히트작 〈춘향전〉(1935)의 배급권을 획득하고, 1937년에 고려영화협회 를 설립하여 본격적으로 영화 제작과 배급을 시작했다. 궤도에 오른 고 려영화협회의 신작이 〈수업료〉였다. 당시 조선의 영화계는 이병일 감독의 〈반도의 봄〉에 그려진 것처럼 "돈이 없고 제작 기구도 없으며, 있는 것은 그저 만들고 싶다는 열의뿐(이창용)"이었던 시대였다.

일본 진출의 꿈이 좌절된 충격은 아주 컸을 것이다. 이창용 등의 재도전은 경성의 부랑아를 그린 〈집 없는 천사〉로 넘어간다. 이번에는 니시키 모토사다가 각본을 쓰고 최인규가 감독한 의욕적인 작품이었다. 다음 장에서 자세히 서술한다.

〈메아리 학교〉로의 계보

아동 작문의 계보가 이것으로 끝난 것은 아니다.

도요다 마사코의 「작문 교실」, 우수영의 「수업료」의 흐름은 전후가 되어 무차쿠 세이쿄無着成恭 원작인 『메아리 학교山びこ学校』(1951)가 되어 다시 떠올랐다. 전전의 작문교육운동의 인맥과 무관한 것은 무차쿠 등이 증언한 대로다. 영화화된 〈메아리 학교〉(1952)의 각본을 쓴 사람은 뜻밖에도 〈수업료〉의 각본을 썼던 야기 야스타로다. 그리고 감독은 〈망루의 결사대〉를 감독했던 이마이 다다시였다.

야기에게는 〈쌀米〉(1957), 〈에치고 이야기越後つついし親不知〉(1964), 〈다리 없는 강橋のない川〉(1969) 등 이마이 다다시와 콤비를 이룬 작품이 적지 않다. '거물 각본가'로 일컬어져온 야기 야스타로의 경력에는 불투명한 인상이 따라다닌다. 야기가 1942년부터 1945년 3월까지 만주영화협회(아마카스 마사히코 이사장)의 제작부장이었다는 사실은 잘 알려져 있다. 그러나 만주 시절과 같은 시기에 국책회사 '조선영화제작주식회사(다나카 사부로 사장, 1942년 9월 29일 설립)'의 촉탁이기도 했다는

사실도 주목하고자 한다. 다카시마 긴지의 『조선영화통제사』(1943) 등에 그해 10월 현재의 기록으로서 명확한 기술이 있다.

1942년에 나온 『조선은행 회사조합 요록朝鮮銀行會社組合要錄』에 따르면 야기는 당시 '조선영화주식회사(장선영 사장)'의 이사였다. 『삼천리』 1940년 10월호에 따르면 야기는 영화회사 '도쿄핫세이東京発声'의 시나리오 작가로서 경성을 찾았다. 같은 시기에 만주영화협회의 이사장 아마카스 마사히코도, 제작부장 마키노 미쓰오牧野滿男와 함께 경성에 와 있었다. 신징新京-경성-도쿄를 잇는 영화인의 왕래는 활발했던 것이다. 만주영화협회의 스타 리샹란의 조선 영화 출연도 만주-조선 인맥에 편승한 것이다. 그 밀접한 관계는 앞으로도 다방면으로 고찰하고자 한다. 야기는 "시나리오는 발로 쓴다"는 것을 지론으로 삼았다(각본가 스즈키 나오유키鈴木尚之)는 것이다.

영화 〈메아리 학교〉는 일본 영화계의 첫 산별 조직인 일본영화연극노동조합의 위원장으로서 도호 쟁의東宝爭議[14]를 주도한 야기 자신이 설립한 야기프로덕션의 제1회 작품이다. 그 제작 경위는 사노 신이치의 『먼 '메아리'—무차쿠 세이쿄와 제자들의 40년』[15]에 상세하게 나와 있다. 도호 쟁의의 투사 노다 신키치野田真吉가 1950년 10월 고쿠분 이치타로国分一太郎(공산당 문화부원인 교육 실천가)로부터 건네받은, 무차쿠가 편집한 작문집 『기관차きかんしゃ』를 야기에게 가져갔고, 한 번 읽어

---

14) 태평양전쟁 패전 직후 미군 점령하에서 도호영화회사와 그 기누타砧 촬영소를 거점으로 하는 일본영화연극노동조합 사이에 벌어진 네 번에 걸친 노동쟁의를 말하지만 일반적으로 그중 1948년 4월에서 10월에 걸쳐 일어났던 제3차 쟁의를 가리킨다. 쟁점은 인사에 관한 단체협약의 개정 및 적자 극복을 위한 인원 정리를 둘러싼 것이었지만 사실 회사 측의 목적은 촬영소에 강한 영향을 갖고 있던 공산당 세포의 제거에 있었다.

15) 佐野眞一, 『遠い「山びこ」—無着成恭と教え子たちの四十年』, 文藝春秋, 1992.

본 야기가 영화로 만들기로 결심했다. 이듬해 4월 야기 등은 작문의 무대인 야마가타현 야마모토무라山元村를 찾았다.

야기는 약 10년 전에 영화 각본을 쓴 조선인 소학생의 작문을 떠올렸을 텐데, 이마이 다다시와 마찬가지로 그도 '조선'에 대한 확실한 기록을 남기지 않았다.

만주영화협회 시절의 야기 야스타로에 대해서는 적지 않은 영화인이 언급했다. "만주국을 등에 업고 호언장담을 늘어놓으며 전쟁을 찬미했으면서 전후에는 일본영화연극노동조합의 위원장을 한 변신에 기가 막혔다.""중국인 스태프를 소중하게 키울 생각을 하고 있었다. 일본적인 두목 기질의 자질과 포용력으로 사람을 모았다."

영화평론가 야마구치 다케시는『환상의 키네마 만주영화협회—아마카스 마사히코와 활동가 군상』[16]에서 이런 이율배반적인 견해를 소개하고 있지만, 조선 시절의 야기에 대해서는 다른 영화사 연구자들도 이렇다 할 언급을 하지 않았다. 그런 증언의 공백이 무엇을 의미하는지는 큰 수수께끼로 남는다.

가와무라 미나토의『작문 안의 대일본제국』[17]에 따르면 영화〈메아리 학교〉를 제작하게 된 계기를 만든 고쿠분 이치타로国分一太郎(1911~85)는 전전戰前의 '북방성교육운동北方性教育運動'의 대표적인 논객이었지만,『전장의 아이』[18]에서는 남중국南支 파견군 보도반원으로서의 견문을 기초로 "이쪽 대륙에서도 천황 폐하의 군대는 두 번 다시 이 동양을 전장으로 삼고 싶지 않기 때문에 최후의 전쟁을 하고 있습

---

16) 山口猛,『幻のキネマ滿映 甘粕正彦と活動屋群像』, 平凡社, 1989.

17) 川村湊,『作文のなかの大日本帝国』, 岩波書店, 2000.

18) 国分一太郎,『戦地の子供たち』, 中央公論社, 1940.

니다"라고 썼다. 전전과 전후의 역사에서 "전시와 전쟁이 쑥 빠져 있다(가와무라 미나토)"는 것은 이 시기의 영화인에게도 널리 보이는 사항이다.

'생활 작문 사건'

조선 영화 〈수업료〉는 왜 내지에서 공개되지 않았을까.

다시 이 문제를 생각해보고자 한다. 고려영화협회 이창용 등이 모르는 곳에서 이상한 사태가 진행되었고, 그것이 문부성 등의 검열에 강력한 영향을 주었을 가능성이 있기 때문이다. 일본 교육사에서 '북방성 교육운동 사건', 일반적으로 '생활 작문 사건'으로 불리는 탄압 사건이 있었던 것이다.

'일본 작문 모임'이 편찬한 『생활 작문 사전』[19]에 따르면 북방성교육운동이란 1929년 무렵부터 도호쿠東北 지방에서 시작된 생활 작문을 중심으로 하는 교육운동을 말한다. 1934년 도호쿠의 흉작을 계기로 도호쿠의 청년 교사들이 '북일본 국어교육 연맹'을 결성했다. 1935년에는 기관지 『교육·북일본』을 냈다. 야마가타현 활동의 중심이 되었던 사람이 야마가타사범학교를 졸업한 무라야마 도시타로村山俊太郎(1905~48)와 고쿠분 이치타로다.

1940년 2월, 무라야마를 시작으로 전국에 퍼져 있던 운동 참가자가 일제히 검거되었다. 그 수는 도호쿠와 홋카이도를 중심으로 약 300명에 이르렀다.

---

19) 日本作文の会編, 『生活綴方事典』, 明治図書出版, 1958.

문부성 교학국의 극비문서 『생활주의 교육운동의 개관』(1943)이 복각되었다. 그것에 따르면 북방성교육운동은 "국민학교 교육을 부르주아에 봉사하는 관념 교육이라고 배격하고, 아동 및 일반 교원의 계급의식 조성과 앙양에 힘쓰는"것으로 간주되어 철저하게 탄압당했다. 이 문서가 '결전하 사상 국방의 중요성', '국체·일본정신에 기초한 황국교육관의 확립'을 강조하고 있는 것처럼 이 탄압이 전쟁 동원에 대한 포석이었다는 것은 틀림없는 사실이다.

검거된 사람은 대부분 현직 소학교 교사였다. 투옥 중에 한 사람이 자살하고, 옥중에서 병을 얻어 출옥 후에 죽은 사람도 10여 명에 달했다. 전국적으로 갑자기 교단에서 모습을 감춘 교원이 속출했다. 하지만 사건이 극비로 취급되었기 때문에 전모가 밝혀지게 된 것은 전후가 좀 지났을 때다.

중요한 것은 이창용·도와상사에 의한 조선 영화 〈수업료〉를 내지에 공개하겠다는 움직임이, 극비리에 진행되고 있던 '생활 작문 탄압 사건'의 확대와 거의 같은 시기였다는 점이다. 조선에서의 작문은 국어 보급의 관점에 기초한 관제 교육이지만, 영화 〈수업료〉의 리얼한 조선 묘사는 문부성이나 내무성을 긴장시키는 것이었음이 틀림없다.

이번에 도쿄에서 〈수업료〉를 상영하는 데 진력한 국립영화 아카이브의 도미타 미카冨田美香(주임연구원)의 조사에 따르면 〈수업료〉의 원작 작문은 1939년 6월 잡지 『문예』에 게재되고 이듬해인 1940년이 되자 영화화된 그 작품은 조선판 『작문 교실』로서 나오는 것이 기대되었다. 그런데 그해 7월 '비일반 영화(14세 미만의 관람 금지)' 인정을 받아 결국 일반 극장에서의 상영이 보류되었다.

도미타는 다른 견해도 제시한다. 일본의 배급회사 '도와'가 베를린

올림픽의 기록영화 〈올림피아(민족의 제전)〉(레니 리펜슈탈 감독, 1938)[20]를 수입했고 그것이 대성황을 이룬 여파로 〈수업료〉를 상영할 영화관을 확보할 수 없었던 것이 아닐까 하고 추측한 것이다. 일본 영화계의 사정에 정통한 연구자다운 견해라고 생각한다.

이것은 우수영의 작문 「수업료」가 조선총독부 학무국장상을 수상하고 영화화된 시점(1939)에는 상정할 수 없었던 사태다. 외지(조선)와 내지(일본)의 시국적인 어긋남이 발생한 사태라고 하기에는 너무나도 불운하다고 할 수밖에 없다.

시대의 살아 있는 기록

아이들의 작문은 시대를 뛰어넘어 희로애락을 이야기한다.

무차쿠 세이쿄의 『메아리 학교』는 전후 도호쿠의 한촌에서 살았던 중학생들이 고투한 기록이다. 『전 조선 선발 소학교 작문 총독상 모범 문집』은 전후의 일본인·한국인에게 잊혔지만, 식민지 조선에서 자란 조선인과 일본인 아동의 살아 있는 기록이다. 조선총독부와 『경성일보』가 기대한 듯한 '황국신민으로서의 결의'를 피력한 작문은 사실 의외로 적다. 현대의 독자도 읽을 만한 작문집이다.

모리스에 데루요森末照代(경성사범학교부속제1소학교 1학년)의 작문 「죽은 여동생에 대한 추억」은 이제 막 네 살이 된 여동생이 이질을 앓아 눈 깜짝할 사이에 죽어버린 슬픔을 적었다.

"하늘의 별을 볼 때마다 히로코짱을 떠올립니다. 귀여운 히로코짱,

---

20) 일본에서는 1940년 6월에 〈민족의 제전〉이라는 제목으로 극장에서 개봉했다.

지금쯤 어디에 있을까. 착하고 귀여운 히로코짱, 지금쯤 누구와 놀고 있을까. 히로코짱이라고 부를 뿐 이제 아무 말도 할 수 없습니다."

충청북도 청주 수정공립심상소학교 4학년 김정희의 「슬픈 밤」에서는 저녁을 먹고 난 방에서 오빠가 병으로 돌아가신 아버지 이야기를 꺼낸다. "(아버지는) 제 손을 쥐었어요." 그러자 어머니가 슬픈 얼굴로 "그건 죽을 때 힘이 빠져 의지할 게 없어서야" 하고 말했다. 아버지의 죽음을 슬퍼하는 오빠와 소녀, 어머니, 여동생의 마음이 적혀 있다.

1940년대의 조선에서는 일본인에게도, 조선인에게도 슬픈 가정이 있고 슬픈 밤이 있었다. 조선의 「수업료」와 야마가타현의 『작문 학교』에 공통되는 것은 압도적인 빈곤 속에서 열심히 살았던 아이들의 모습이다.

『경일소학생신문』의 작문 모집은 1939년에도 이루어졌다. 우수영 소년은 응모하지 않았다. 심사원인 미야모토 와키치(경성제국대학 교수)는 제2회 『모범 문집』의 심사평에서 그가 응모하지 않은 것을 섭섭하게 생각했다. 담임교사의 전근이라는 사정도 있었던 것 같은데 작문의 영화화 등에 의해 자신의 처지가 클로즈업되어 진절머리가 난 게 아닐까 하고 생각된다.

미야모토는 심사평에서 제2회 모집에 모인 작품을 "자연을 대하는 관찰력이나 아이다운 아름다움이 충분히 표현되지 않았다"고 비판했다. 아이들의 생활에 시국이 반영된 것일 거라는 취지의 지적도 하고 있다. 그러나 제1회 모집의 최우수작인 '총독상'이 시국물이었기 때문에 응모하는 학교 측에 미루어 헤아리게 한 주최자 측의 책임도 크다. 『경일소학생신문』의 작문 모집이 왜 2회만으로 끝난 것인지 진상은 불명확하지만 내지에서의 동향도 영향이 있었음이 틀림없다.

영화 〈수업료〉가 남긴 최대 의의는 1940년대의 조선에 우수영 같은 조선인 소년이 있었다는 것을 기록한 점 외에 아무것도 없다. 그 영화를 통해 우리는 『전 조선 소학생 작문 총독상 모범 문집』이라는 방대한 기록의 존재를 알고 식민지 조선의 일상 일부분을 언급할 수 있는 것이다.

우수영 소년의 「영화 감상기」가 남아 있다.

영화 공개 때 『매일신보』 지면에 게재되었다. 그가 관계자에게 다양한 배려를 하면서도 "고생은 더 심했다"고 쓴 것이 통절하다. 영화는 작문을 미화했다. 우수영 소년은 그렇게 말했을 뿐이지만 냉정하다. 그는 해방 전후 두 개의 전쟁(태평양전쟁과 한국전쟁)을 경험했을 것이다. 그리고 어떤 생애를 보냈을까. 영화에 대한 우수영 소년의 감상은 다음과 같다. 「수업료」 원문과 아울러 읽어주었으면 싶다.

대륙극장 앞으로 가자 정말 많은 사람들이 있었습니다. 게다가 모두 높은 사람들뿐이었습니다. 모두 제가 쓴 〈수업료〉를 보러 오신 거라고 생각하면 어쩐지 죄송한 듯한, 기쁜 듯한 이상한 기분에 가슴이 벅찼습니다. 그리고 이 영화가 반드시 잘 만들어져 애써 오신 분들을 기쁘게 해주었으면 좋겠다고 진심으로 빌었습니다. 그러나 영화를 보고 있는 중에 저는 어느새 완전히 그 걱정을 잊고 자신에 대해서는 조금도 생각하지 않고 남의 일처럼 우영달의 불쌍한 모습에 눈물을 흘렸습니다. 제가 정말 그런 일을 했을 때는 그저 힘들다고만 생각했지만, 이런 영화를 만들고 보니 정말 자신이 슬펐던 일이 떠올랐습니다. 하지만 저는 영화에 나오는 우영달만큼 기특한 소년이 아니었다고 생각하자 조금은 부끄러운 기분도 듭니다. 그렇지만 고생은 그보다 더 심했었다고 생각합니다. 끝나고 나서 저는 우선 사람들의 얼굴을 봤지만 다들 좋았다는 듯한 모습이어서 무척 안심했습니다. 제가 칭찬하는 것은 이상하지만 정찬조 군(주연한 어린이)이 잘 해주었기 때문에 이 영화는 정말 훌륭하다고 생각합니다.

「수업료」 원문

전라남도 광주 북정공립심상소학교 4학년 우수영

요즘은 그렇지도 않습니다만, 바로 얼마 전까지만 해도 저는 수업료 납부일이 다가오면 어쩐지 마음이 가라앉지 않아 즐겁게 노는 것도, 공부를 하는 것도 제대로 할 수 없었습니다. 드디어 납부일이 되어 선생님이 수업료를 거둔 후에 "수업료를 가져오지 않은 사람 일어서"라고 말하면 저는 갑자기 머리가 멍해져 겸연쩍은 듯이 간신히 일어납니다. 일어선 학생들이 차례로 그 이유를 말하는 동안 저는 늘 애써 선생님으로부터 매일 칭찬받았던 일이 수업료 때문에 완전히 헛일이 된 것 같아 선생님의 얼굴을 올려다보는 것조차 두려웠습니다. 이런 생각을 하는 중에 어느새 제 차례가 되어 대답하는 목소리가 작아져 꾸중을 들은 일도 있었습니다.

때로는 "너만 내면 우리 반은 완납인데" 하는 말도 들은 적이 있습니다만, 그럴 때는 선생님이나 친구들에게 정말 미안한 나머지 교실에서 뛰쳐나가고 싶어질 정도였습니다.

대체로 우리 반은 매월 수업료를 낼 수 없어 일어선 학생이 대여섯 명은 되었습니다만, 저는 올봄부터 다섯 달이나 계속 일어났습니다. 저와 사이가 좋은 김영덕도 지난 두세 달은 계속 일어났습니다. 확실히는 모르나 김영덕은 3학년 때는 늦는 편이 아니었지만 형이 얼마 전에 직장을 그만두었기 때문에 늦게 되었다고 합니다. 할머니는 늘 월초부터 입버릇처럼 "이번 달은 어떻게 할까?", "애비가 보내주면 좋을 텐데" 하고 걱정해주지만, 때로는 하루에 한 번인 밥도 제대로 지을 수 없을 정도여서 좀처럼 목돈도 생기지 않고 아버지도 결국 한 번도 보내오지 않았습니다. 그래서 저는 납부일이 되면 거북해서 학교를 빼먹은 적도 한두 번 있었습니다.

어느 날의 일입니다. 아버지와 어머니는 놋수저 등을 만들어 시골을 돌며 행상을 하고 있습니다만, 올봄에 집을 나가 다섯 달 가까이 되어도 돌아오지 않고 있고, 게다가 돈도 편지 한 장도 보내오지 않았습니다. 집에는 올해 일흔다섯 살인 할머니와 제가 있을 뿐입니다. 할머니는 나이가 드신 데다 매일 넝마주이를 해서 그걸 팔아 쌀을 사고, 제가 매일 학교에서 돌아와 땔나무를 해오거나 하며 간신히 살아왔지만 이렇게 되면 이제 어쩔 수가 없었습니다. 그래서 저는 부끄러운 것도 잊고 때때로 남의 집으로 밥을 얻으러 가게 되었습니다.

그것을 안 이웃에 사는 류 씨라는 부잣집에서 자신의 아이에게 공부를 가르쳐주라며 이따금 밥과 반찬 등을 보내주었습니다. 그러던 중에 걱정하던 수업료 납부일이 찾아왔습니다. 이번 달로 세 달이나 밀렸지만 이번에도 수업료를 마련하지 못했기 때문에 저는 어쩐지 거북해서 학교에 가고 싶지 않았습니다.

그것을 알고 병든 할머니는 저를 머리맡으로 불러 "장성의 아주머니 집에 가서 수업료를 달라고 해서 받아오너라" 하고 말했습니다. 저는 그 이야기를 듣고 할머니는 자신의 병도, 밥도, 성가신 집세도 잊고 수업료만 걱정해주는구나 싶어 갑자기 두 눈에 눈물이 차올랐습니다. 이럴 때 아버지와 어머니가 있었다면, 하고 생각하니 더욱 슬퍼져 결국 큰 소리로 울고 말았습니다. 할머니의 눈에서도 굵은 눈물이 두세 방울 떨어졌습니다. 그런데 장성까지는 24킬로미터나 됩니다. 저는 여러 가지로 생각한 끝에 장성에 가기로 결심했습니다. 그리고 곧 마음을 다잡고 친구에게 들키지 않도록 슬쩍 집을 나가 장성으로 향했습니다. 언젠가 할머니와 함께 간 적이 있어서 길은 잘 알고 있었습니다.

하늘은 맑게 개었고 가을바람이 살랑살랑 불었습니다. 오가는 사람들이 많아서 외롭지는 않았지만 그저 자동차가 지나갈 때 심한 흙먼지를 일으킨 것과 제 또래의 아이가 자동차 안에서 캐러멜 빈 상자를 던져준 것이 조금 화가 났습니다. 처음에는 아주 힘차게 걸었지만 중간쯤가자 점점 다리가 아파와 좀처럼 걸을 수 없었습니다. 그러나 저는 이것이 선생님께 늘 들었던 인고단련忍苦鍛鍊이라고 생각하고 성큼성큼 계속 걸었습니다.

장성의 친척 아주머니 집에 도착한 것은 오후 다섯 시쯤이었습니다. 아주머니는 먼 친척에 해당하는 사람이지만 저희에게 정말 친절하게 대해줍니다. 저희 입 이야기를 다 이야기하자 아주머니는 당장이라도 울 것 같았습니다. 그날 밤은 그 집에 묵고 그 이튿날 아침 2엔 50전과 쌀 석 되쯤을 받았고, 게다가 자동차까지 태워줘 광주로 돌아왔습니다. 집에 도착하자 할머니는 저를 많이 걱정하신 듯 무척 기뻐해주었습니다. 할머니의 병도 조금 나아져 거동도 자유로워졌습니다. 그러고 나서 사흘째에 석 달치 수업료를 들고 학교에 갔을 때는 어쩐지 마음이 상쾌해져 선생님과 친구들도 한층 반갑게 보였습니다.

그날 방과 후 청소가 끝나고 선생님은 저를 교실로 불렀습니다. 교실은 쥐 죽은 듯 조용하고 서향 유리창에 석양이 가득 비쳤습니다. 무슨 일일까 하고 의아해하며 조용히 선생님 앞으로 가자 선생님은 자상한 목소리로 다음과 같이 말씀하셨습니다.

"우 군, 네 집에 대해서는 선생님도 잘 알고 있단다. 너는 학교에서 공부도 잘하고 반을 위해서도 열심히 해주는데, 집에 돌아가서도 꽤 착한 일을 한다더구나. 친구들한테 들으니 할머니가 편찮으셔서 남의 집에 밥을 얻으러 간 적도 있었다고, 그거 정말이니?"

선생님은 이렇게 말하고 잠시 제 얼굴을 들여다보며 잠자코 있었습니다. 저는 특별히 슬프지도, 부끄럽지도 않았지만 무심코 눈에서 눈물이 주르륵 흘러내렸습니다. 잠시 후 선생님은 저금통 같은 것을 교탁 안에서 꺼내더니 다시 말을 이었습니다.

"울지 마. 너는 정말 훌륭한 학생이니까. 그런 것은 하나도 부끄러운 일이 아니야. 반 친구들은 어제 너를 위해 학급회의를 열어 이 '우정함'을 만들어주었단다. 친구들은 앞으로 1전이라도 2전이라도 남은 돈을 여기에 넣어 네 수업료로 쓸 거란다."

이 이야기를 듣고 저는 정말 어떻게 해야 좋을지 몰랐습니다. 다만 제 눈앞에는 친구들의 얼굴이 신처럼 고귀하게 보였습니다. 그래도 친구들이 오늘 아침 저에게 이런 말을 전혀 해주지 않았던 것을 생각하니 더욱 고귀하고 아름답게 생각되었습니다.

'우정함'은 유약을 바르지 않고 구운 검은색 도기로, 커다란 배 정도의 크기였습니다. 그 위에는 '우정함'이라고 또렷이 쓰여 있었습니다. 집에 돌아가 할머니에게 이 이야기를 했더니 할머니는 무척 감복하며 친구들과 선생님을 몇 번이고 몇 번이고 칭찬했습니다. 이런 일이 있고 이삼일 지나 아버지로부터 기쁜 편지가 왔습니다. 돈도 5엔이나 보내주었습니다. 그리고 음력 8월 15일 추석까지는 돌아와 옷도 한 벌 사준다는 것이었습니다. 지금 있는 곳은 전라북도의 어느 시골이라고 합니다. 어머니가 오랫동안 병으로 앓은 데다 물건이 잘 팔리지 않았기 때문에 돈이 생기면 편지를 쓴다고 생각하다보니 늦어졌다는 내용도 쓰여 있었습니다.

이튿날 선생님에게 이 이야기를 하니 선생님도 무척 기뻐해주었습니다. 그리고 아버지와 어머니가 돌아온 것은 추석 사흘 전이었습니다. 요즘은 전쟁으로 쇠붙이를 만들 수 없기 때문에 아버지는 놋수저를 만들 수 없다고 합니다. 그래서 행상도 나갈 수 없지만 무슨 일이든 열심히 해서 수업료를 마련해준다고 합니다. 그래서 요즘은 수업료 걱정은 하지 않고 2학기에도 1등을 하려고 열심히 공부하고 있습니다.

제2장

〈집 없는 천사〉의 추락

영화의 첫 부분은 경성의 조선인 거리 종로의 밤풍경이다. 경성에는 '북촌'이라 불린 종로 부근의 조선인 거리와 혼마치 등 '남촌'의 일본인 거리(현재의 명동 주변)가 있었다.

'도와상사 영화부 배급', '고려영화 남대문 촬영소 작품', 〈집 없는 천사〉.

타이틀백은 어둑해진 종로 거리의 가로등이 빛나는 광경이다. 이창용의 고려영화협회가 일본 진출을 노린 제2탄이다. 전작인 최인규 감독의 〈수업료〉는 내지의 일반 극장에서 상영되지 않았다. 이번에는 경성 부랑아의 갱생 이야기다. 최인규 감독을 다시 기용한 아동영화의 야심작이다.

경성의 부랑아

첫 화면. 거리의 큰 시계가 저녁 7시 20분을 가리킨다.

"이 한 편을 부랑아 교화의 실천자 방수원 씨와 '향린원'의 소년들에게 보낸다." 저물녘의 종로를 달리는 노면전차의 궤도를 배경으로 영화의 취지가 고지된다. 원작·각색은 니시키 모토사다(조선총독부 도서과 촉탁)다. 『경성일보』의 영화 담당 기자였던 니시키는 〈수업료〉 기획자의 입장에서 더욱 파고들었다. 촬영은 일본에서 돌아온 가나이 세이이

치金井成一(본명은 김학성)다. 나중에 다큐멘터리 영화 〈두 개의 이름을 가진 남자2つの名前を持つ男〉(2005, 다나카 후미히토田中文人 감독)에서 묘사되는 카메라맨(당시는 카메라맨이라고 불렀다)이다. 일본과 조선 영화인의 합작은 더욱 농후해졌다.

'화신 뉴스.' 화신백화점 옥상의 눈부시게 화려한 전광 뉴스 판이 클로즈업된다. 가타카나 글자가 오른쪽에서 왼쪽으로 흘러간다. "アラワシジュウケイヲバクゲキス(아라와시, 주케이를 폭격)."[1] 영화 촬영 시기로 보아 1940년 5월부터 9월까지 이루어진 해군 주도의 중국 충칭에 대한 대규모의 융단 폭격 '101호 작전'에 대한 뉴스인 것으로 보인다.

민족계 백화점 '화신'은 종로 2가의 교차로에 있었다. 지상 6층 지하 1층. 옥상 중앙에는 왕관 마크의 네온사인. 도시의 밤하늘에 빛나는 일루미네이션은 긴자에서도 경성에서도 소비 문명의 상징이었다. 1931년 민족자본가 박흥식이 설립했다. 1935년에 전소했지만 2년 후에 경성에서 가장 높은 근대 빌딩으로 재건되었다. 조선 최초의 엘리베이터와 에스컬레이터가 있었다. 현재는 삼성의 '종로타워(지상 33층, 지하 6층)'가 위용을 자랑하며 옛날이나 지금이나 서울의 랜드마크다.

종로의 뒷골목. 바와 카페의 네온사인 간판. 비틀거리는 취객. 어수선한 재즈 소리가 들려온다. 화면은 바 파라다이스로 바뀐다. 박스로 칸막이된 넓은 실내. 칵테일 용기를 흔드는 바텐더. 맥주를 마시는 손님과 여급. 음악은 재즈에서 라틴 음악으로 바뀌었다.

풍채 좋은 중년의 남성이 혼자 박래품 위스키 병을 기울인다. 의사 안인규(진훈)다. 상당히 취했다. 먼눈으로 그에 대한 험담을 하는 여급

---

1) 荒鷲重慶を爆撃す. 아라와시荒鷲는 사나운 독수리라는 뜻으로, 용감한 비행사를 의미한다. 주케이重慶는 충칭의 일본식 독음이다.

〈집 없는 천사〉의 김신재(오른쪽).

들. 꽃다발을 든 소녀 명자(김신재)와 동생 용길(이상하)이 다가간다. "꽃 좀 사주세요." "아아, 너희들이구나." 꽃을 사주는 안 의사.

가게를 나온 남매는 골목에서 헤어진다. 동생은 공복을 참지 못하고 엿장수에게 엿을 사먹는다. 전봇대 뒤에서 보고 있던 남자가 그를 엄하게 꾸짖는다. 고아인 남매를 거두어준 '두목' 권 서방(윤봉춘)이다. 누나는 권 서방 부부로부터 술집에서 허드렛일을 하라는 강요를 받는다. 도망치는 남매. 방성빈 목사(김일해)가 부랑아 동료들에게 괴롭힘을 당하고 있는 용길을 도와주고 집으로 데려간다. 아내 마리아(문예봉)는 노골적으로 불쾌한 표정을 짓는다. 이미 네다섯 명의 고아를 양육하고 있기 때문이다.

안 의사는 마리아의 오라버니다. 방 목사는 안 의사를 찾아가 고아원 향린원의 부지 조달을 의뢰하고 본격적인 고아원 사업을 시작한다. 안 의사는 우연히 명자를 만나 그녀를 간호사로 쓴다.

향린원의 아이들 둘이 고아원 생활에 불만을 품고 탈출을 시도한다.

만류하려고 한 용길은 범람하는 한강으로 떨어져 빈사 상태에 빠진다. 안 의사와 간호사 명자가 달려간다. 남매는 감격의 재회를 하고 용길은 살아난다. 그러나 두 사람을 쫓아온 권 서방 일당이 향린원에 나타난다. 아이들은 힘을 합쳐 그들을 쫓아내고 일장기 아래에 모여 황국신민으로서 충성을 다할 것을 맹세한다.

이런 줄거리는 다소 정형적이다. 처음에 각본을 쓴 니시키 모토사다의 역량이 부족한 점도 있고 최인규의 엉성한 연출도 눈에 띈다. 그러나 전작 〈수업료〉에 이어 조선 사회의 어두운 부분을 그린 작품이다. 이창용－최인규－니시키 모토사다, 이 삼총사의 의욕을 느끼지 않을 수 없다.

방수원과 '향린원'

이 작품도 실화를 바탕으로 한 것이다. 1939년 6월 20일부터 사흘간 『경성일보』에 향린원에 대한 르포 기사가 연속해서 실렸다.

향린원으로 가는 좁을 길을 걸어가자 산자락의 집에서 아이들 몇 명이 뛰어나왔다. "어서 오세요." 집에 도착했다. 방수원 씨가 맞이했다. 활기찬 나팔소리가 울린다. 집 앞에 열세 명의 아이들이 정렬했다. 점호. 힘차게 '황국신민서사'를 암송한다. "정말 훌륭한 국어(일본어) 발음이다" 하고 특집기사는 칭찬했다. 이 기사가 좋은 평가를 받아 고려영화협회가 영화화에 착수했다.

향린원의 방수원 목사는 어떤 인물이었을까?

니시긴자西銀座에 있던 나카쇼보那珂書房에서 1943년 방수원 목사의 회상기『집 없는 천사』가 출판되었다. 새로 쓴 자서전 외에도 잡지에 발표한 일기 등이 수록되어 있다. 편자는 아동문학가 무라오카 하나코 村岡花子(1893~1968)다. 그 유명한『빨강머리 앤』을 번역한 사람이다. 그녀와 '경성의 성자'의 조합은 다소 의외다. 어떤 인연이 있었던 것일까.

무라오카 하나코와의 인연

무라오카 하나코의 남편 무라오카 게이조村岡儆三의 부친은 성서 인쇄로 유명하여 '바이블의 무라오카'라고 불린 무라오카 헤이키치村岡平吉(1852~1922)다. 요코하마에서 태어난 헤이키치는 젊었을 때 '등에 용왕 문신을 한 사람'[2]이었지만 훗날 경건한 크리스천으로 변신했다. 로마자 신문의 인쇄공으로서 수행을 쌓고 상하이에서 귀국한 후에는 성서 인쇄를 시작했다. 1898년에 독립하여 복음인쇄합자회사를 창업했다. 한글 활자를 갖추고 있었기 때문에 재일 조선인 단체의 기관지『학지광』,『대중시보』,『청년 조선』의 인쇄도 맡았다.[3]

　방수원은 1904년 평안북도 정주에서 태어났다. 한방의인 할아버지로부터 엄격한 '충군애국'을 철저히 배웠지만, 그 자신은 타고난 골목대장으로서 약을 훔쳐내 근처 아이들에게 나눠주는 아이였다. 두 살 때 어머니가 세상을 떠났다. 할아버지에게 반발하여 경성으로 가출했고, 다시 일본으로 건너가 와세다고슈학교早稲田工手学校(와세다대학 예술학교의 전신)에 입학했다.

---

2) 야쿠자를 의미한다.

3) 村岡恵理,『アンのゆりかご―村岡花子の生涯』, マガジンハウス, 2008.

재학 중에 간토대지진(1923)을 겪었다. 학교를 중퇴하고 만주, 하얼빈까지 갔지만 원래의 목적이었던 러시아행은 좌절되었다. 다시 일본으로 간 그는 오사카에서 좌익운동에 투신하지만, 그것도 중단하고 다시 도쿄로 간다. 조선에서 개나 염소의 가죽을 들여와 여우 가죽처럼 가공하여 떼돈을 벌었다고 한다. 방수원의 회상기 『집 없는 천사』에 그렇게 쓰여 있다.

그 무렵 방수원이 우연히 손에 넣은 것이 그리스도교 사회운동가 가가와 도요히코의 자전적인 소설 『사선을 넘어』[4]였다. 그 책이 출판되고 5, 6년 지난 후에 읽었던 듯하다. 가가와의 아내 하루(1888~1982)는 무라오카 하나코의 남편 무라오카 게이조의 사촌누이에 해당한다. 무라오카 하나코와 방수원의 '인연'에서 매개 역할을 한 사람이 가가와 도요히코였다는 것이다.

가나쇼보에서 나온 『집 없는 천사』의 '서문을 대신하여'에서 무라오카 하나코는 다음과 같이 말한다.

"대동아전쟁은 도의道義의 일본이 미·영의 유물주의를 타도하기 위해 일으킨 전쟁이다. 도의 앞에는 적이 없어 우리 용사가 나아가는 길에서 항상 혁혁한 전과를 올리고 있다."

정말 위세 좋은 미·영 격퇴론이다. 그녀를 모델로 한 NHK 연속 텔레비전 소설 〈하나코와 앤〉(2014)의 시청자는 아마 깜짝 놀랄 것이다. 하나코는 이런 글을 쓰는 한편 『빨강머리 앤』을 꾸준히 번역했던 것이다.

『동아일보』에 방수원의 이름이 처음 등장한 것은 1930년 2월 5일의 기사다. "경성에 조선인 야학을 설립. 50명의 아동을 수용하고 무보

---

4)   賀川豊彦, 『死線を越えて』, 改造社, 1920.

수로 봉사"라고 쓰여 있다. 1936년 7월 14일에는 도쿄 후카가와深川에 조선인 교육을 위해 설립한 '순복음학교'가 성황을 이루고 있다는 기사가 보인다. 경성 북쪽 근교의 홍제외리에 고아 시설 향린원을 설립한 것은 1937년경이다. 원아는 이미 열 몇 명이 있었다.

영화에서 그려지지 않았던 비극도 있었다.

셋째 아들이 폐렴으로 죽은 것이다. 아내는 고아들과의 동거를 찬성하지 않았다. 사랑하는 자식의 죽음을 몹시 슬퍼한 아내는 남은 아이를 데리고 친구 집으로 떠나서 일시 별거를 하기도 했다.

방수원 목사의 회상기에 따르면 향린원은 경성의 교외 평창리로 이전했다. 과수원에서는 사과와 살구, 자두 꽃이 피었다. 향린원으로 향하는 도중에 있는 계곡 옆에는 '세검정'이라는 정자가 있었다. 조선시대에 그리스도교도가 비밀리에 집회를 열었던 순교 장소라고 한다. "구하라, 그리하면 너희에게 주실 것이오." 길가에는 아이들이 쓴 팻말이 도표를 겸하고 있었다. 계곡물을 막으면 여름에는 풀장이 되었다고 한다.

여름에는 아침 5시, 겨울에는 6시, 스물일곱 명의 아이들은 기상 나팔소리에 일어났다.

"집합 점호, 국기 게양, 황국신민서사, 라디오 체조, 식사, 이 순서로 규칙적으로 하루가 지나간다."

방수원의 회상기에는 군대식 규율과 '황국신민서사'가 일상생활의 일부로서 담담하게 기술되어 있다. 아이들의 역할 분담은 운반부, 목공부, 식사부, 피복부, 농사부, 목축부, 매입부로 나뉘어 있었다.

향린원에서 탈주하는 아이들도 있었다. 방수원은 큰 타격을 받은 듯한 실망감에 시달렸다. 아이들이 찾으러 나갔다. 어느 날 원아 세 명이

한꺼번에 없어졌다. 그들은 남대문 시장의 '왕'이라는 두목 밑에 있었다. "가까이서 두목의 정을 느꼈던 아이들이 갑자기 단체 생활에 들어가 무시당하는 듯해서 외로웠다"고 한다.

1938년 4월에 '육군특별지원병령'이 시행되자 소년들 중에서도 지원자가 나왔다. 17세부터 19세까지 여덟 명이나 되었다. 방수원 목사는 "그들은 아침마다 황국신민서사를 하고 있다. 제국의 군인으로 나서려는 장한 기개로 타오르고 있다"고 썼다. 그들의 바람은 실현되지 않았다. 신장 155센티미터 이상이라는 응모 자격에 합치하지 않았기 때문이다.

육군특별지원병에 관해서는 방한준 감독의 국책영화 〈병정님兵隊さん〉이 참고가 된다. 조선군 보도부 제작, 니시키 모토사다의 각본이다. 영화 첫 부분에 "이 한 편은 군대 생활의 느긋한 여유, 성실한 인간성을 통해 엄격한 훈련과 가정적인 내무 생활을 아울러 소개하려는 것이다"라는 글이 나타나는 선전영화의 극치다.

조선인 지원병 전원이 일본인풍의 창씨명으로 등장한다. 영화 자체는 진부한 줄거리지만 볼만한 곳은 위문 공연이다. 마금희(소프라노), 히라마 후미히사平間文寿(테너), 계정식(바이올리니스트), 조택원(무용가)에 더해 만주영화협회의 스타 리샹란도 출연한다. 이 영화의 필름도 베이징의 중국전영자료원의 창고에서 발견되어 한국영상자료원에서 DVD 〈발굴된 과거 제3집〉(2008)으로 나왔다.

빈궁민과 부랑아

경성의 부랑아는 어떤 실태에 있었을까.

『경성일보』의 향린원 르포는 경성역과 혼마치(현재의 명동) 입구에 모이는 그들을 '봉두구면蓬頭垢面'이라고 묘사했다. '흐트러진 머리에 때 낀 얼굴'이라는 뜻이다. "여섯 살부터 열 살 전후가 많고" "번화가를 근거지로 삼고 떠돌아다니며 때로는 빈집털이 등도 할지 모르고" "그들의 돈벌이를 착취하고 그 수확을 독점하는 두목이 있는 듯하다"라고 쓰여 있다. 영화 〈집 없는 천사〉의 묘사는 이 글과 유사하다. 영화에서 윤봉춘이 맡은 권 서방은 문장에서 말하는 '착취하는 두목'을 말한다.

경성역에서 그들을 보고 충격을 받은 일본인 소학생(당시)의 회고록이 있다.

사와이 요코의 『기억 끝의 만주』[5]다. 1943년의 여름방학, 소학교 5학년생이었던 그녀는 관동군의 어용상인이었던 아버지와 같이 살기 위해 도요하시豊橋에서 가족과 함께 만주로 이동했다. 열차로 경성역에 도착하자마자 "역에 모여 있는 내 또래의 부랑아 무리를 보고 큰 충격을 받았다". 사와이의 묘사에 따르면 "아이들 대부분이 벌거숭이나 다름없는 넝마 조각을 걸치고 신발도 안 신은 맨발이었다"고 한다. 일본과 만주에서 유복한 생활을 했던 그녀는 "이제 와서 생각해보니 좋지 않은 일이 언제 자신에게 닥쳐올지 알 수 없듯이 패전 직후 일본에 흘러넘쳤던 부랑아들을 미리 본 것일지도 모른다"고 썼다.

식민지 시대의 신문을 검색하면 조선 사회의 빈곤 문제를 총독부가 수수방관하기만 했던 실태가 떠오른다. 『동아일보』(1928년 4월 14일

---

[5]　澤井容子, 『記憶の涯ての満州』, 幻冬舎, 2016.

자)에는 "기아에 우는 세궁민細窮民 200여만 명, 거지만도 1만 600여명"이라는 기사가 있다. 총독부 학무국 사회과의 조사 통계다. 그 내역을 보니 궁민(생활상의 곤궁이 심해 타인의 구제를 필요로 하는 자)은 29만 5620명이고, 세민(생활상의 곤궁은 심하지만 간신히 생활하는 자)은 186만 명이다. 이를 당시의 인구 비율에서 보면 11퍼센트가 빈궁민이다.

1934년 10월 현재의 사회과 조사에 따르면 궁민은 159만 명, 세민은 421만 명(『조선사회사업』 1934년 11월호)에 달했으며 급격한 증가세가 눈에 띈다. 방수원의 저작 『집 없는 천사』(1943)의 서장에는 다음과 같은 기술이 있다. "인구 백만 명의 대도회인 경성이라는 도시. 근대 문화, 산업의 눈부신 발전을 이룩하고 있는 경성 한구석에는 당시 수천에 이르는 부랑인과 2000여 명의 방랑아 무리가 방황하며 사람들에게 불안과 불쾌감을 주고 있었다."

이런 궁세민이나 부랑아 문제는 일제 강점기의 조선 사회에서 개선될 기미가 보이지 않았다. 대책을 세울 수 없었던 것은 아니다. 1932년 6월 1일의 조선 신문에는 '전 조선의 부랑아 수, 실로 2만 명 이상?'이라는 기사가 있다. 그것에 따르면 부랑아 수용 시설로서 1929년 경성의 혼마치 경찰서가 중심이 되어 구제기관 '명진사名進舍'를 설립했다. 150~160명의 아동을 수용했다. 총독부 사회과는 1932년부터 4개년 계획으로 그 기관을 조선 전역에 40개소를 설립할 계획을 세웠다. 그러나 재무국에서 "그럴 여유 없음"이라는 이유로 각하되었다.

부랑아 문제는 해방 후에도 곤란한 상황이 이어졌다.

『동아일보』데이터베이스에 따르면 서울시의 첫 민선 시장 김상돈은 취임 회견(1961년 1월 4일)에서 "부랑아 대책에 중점을 둔다"고 표명했다. 1월 28일자의 『동아일보』에는 '서울 시내 부랑아 백서'라는 기사가 있다. 318명을 대상으로 한 표본 조사이고 보호자의 사망·행방불명이 25.1퍼센트다. 국민학교 중퇴 이하(등교 이력 없음을 포함한)의 학력이 42.4퍼센트로, 전체의 52.4퍼센트가 전라남북도·경상남도 출신자다.

"(19)60년 전후의 서울은 인구 245만 명 정도로, 아직 중간층이 엷고 한 줌의 엄청난 부자와 압도적 다수의 빈민이 이 도시를 형성하고 있었다. 중심지인 서울 시청 앞에도 궁상스러운 노점상이 즐비하고 거지나 추잉검을 파는 아이들이 무리지어 있었다"[6]는 것이다.

게이오기주쿠대학에서 조선반도 문제를 연구한 가미야 후지神谷不二(1927~2009)는 1970년에 쓴 「동란 20주년째의 한국을 걷는다」라는 글(『제군諸君』 1970년 9월호)에서 예전에 경성제대에 있던 '문화인류학자인 I 선생'이 수년 전 오랜만에 한국을 방문했을 때의 인상을 적었다. 이 I 선생은 이즈미 세이이치泉靖一(당시 도쿄대학 교수)로 여겨진다. 이즈미는 1965년 한일 국교 정상화 직후에 방한했다.

I(이즈미)에 따르면 "옛날에 잘 알았던 농촌에 가봤더니 마을의 모습이 바로 옛날 그대로였습니다. 그리고 그보다 더 놀란 것은 쓰고 있는 농기구가 전혀 달라지지 않았던 일이었습니다"라는 것이다. 현지 조사에 철저한 사람이 말한 것이니 신빙성이 있다. 우리는 한국이라는 나라가 오늘과 같은 발전상을 보이기까지 많은 세월을 보냈고, 수많은 선인들의 고생이 있었다는 것을 새삼 떠올려야 할 것이다. 가미야 후지는 저서 『한국전쟁—미중 대결의 원형』(1966)에서 한국전쟁이 김일성의 책동에 의해 시작되었던 것을 일찌감치 지적한 학자이기도 하다.

---

6)   文京洙, 『新·韓国現代史』, 岩波書店, 2015.

'황국신민서사'

베이징에서 발굴된 〈집 없는 천사〉는 2006년 노무현 정권하의 한국에서 상영되었다.

그때 가장 논의를 불렀던 것이 '황국신민서사' 장면이다. 결말 부분에서 제창하는 장면이 너무 당돌해서 이는 영화의 연출일 거라고 생각되었다. 하지만 앞에서 말한 것처럼 신문기사가 처음 나온 시점에 그 장면이 있었다. 그런 교육이 당시 조선에서는 일상다반사였던 것이다.

방수원이 초록한 『경성일보』의 기사를 그대로 다시 수록하면 다음과 같았다고 한다.

"오두막 앞에는 23명의 소년이 정렬했다. 점호 또 점호. 그러고는 힘차게 황국신민서사를 제창한다. 실로 훌륭한 국어 발음이고, 오히려 이쪽이 무색할 정도로 확실하고 깨끗한 국어다. 내선일체는 이런 데까지 철저하게 강화되고 있다고 생각하니 눈시울이 뜨거워지는 것을 막을 수 없었다. 경성역 앞이나 혼마치 입구에서 1전만 주세요, 2전만 주세요, 하며 무리지어 있던 그 지저분한 아이들이 이렇게나 깨끗한 발음을 할 수 있을 줄 그 누가 상상이나 했겠는가."

뭐라 형용하기 힘든 기사다. '황국신민서사'란 무엇이었을까. 1937년 10월 2일에 발포되었다. 어른용과 아동용이 있었는데 아동용은 다음과 같다.

- 우리는 대일본제국의 신민입니다.
- 우리는 마음을 합쳐 천황 폐하께 충의를 다하겠습니다.
- 우리는 인고단련忍苦鍛鍊하여 훌륭하고 강한 국민이 되겠습니다.

제3차 조선교육령(1938년 공포)의 세 강령(국체명징, 내선일체, 인고단련)을 선취한 내용이다. 1939년 가을에는 조선신궁에 '황국신민서사의 탑'이 세워졌다. 설계자는 미나미 지로 총독과 동향의 조각가 아사쿠라 후미오朝倉文夫(오이타현 오노군 출신)다. '황국신민서사'는 조선에만 적용되었다.

임종국의 노작 『실록 친일파』[7]에서, 총독부 학무국의 촉탁을 하고 있던 이각종(창씨명 靑山覺鐘)이 문안을 만들고 학무국 사회교육과 과장이었던 김대우가 결재했다고 한다. 통설로서 유포되어 있지만 그 작성 경위는 꼭 명료한 것이 아니다. 재조 일본인 학교에서는 황국신민서사를 제창하는 일이 거의 없었던[8] 것 같기도 하다.

임종국의 『실록 친일파』에서도 김대우의 해방 후의 행적에 대해 "관업官業에서 손을 씻었다. 노령인 탓이기도 하지만 과거를 후회하며 출관出官을 거절했다고도 한다"라고 쓰여 있다.

'친일파'의 경력

김대우가 사회교육과 과장이었던 당시 총독부에는 약 230명의 고등관이 있었다. 그중 조선인은 12명뿐이었고 김대우는 유일한 과장이었다. 1938년 5월호 『삼천리』에 다음과 같은 소개 기사가 있다. "김대우金大羽씨는 당년 39세의 청년 관리로서 총독부 내에서는 유일한 과장으로

---

7) 林鐘国, 反民族問題研究所編, コリア研究所訳, 『親日派─李朝末から今日に至る売国売族者たちの正体』, 御茶の水書房, 1992.; 임종국, 『실록 친일파』, 돌베개, 1991.

8) 水野直樹, 「皇民化政策の虚像と実像─「皇国臣民の誓詞」についての一考察」, 国立歴史民俗博物館編, 『「韓国併合」100年を問う 2010年国際シンポジウム』, 岩波書店, 2011.

중요한 역할을 하고 잇다. 용모 단정하며 키도 6척에 가까워 위풍 당당하야 관리로서의 풍채는 만점이다. 풍채만 좋을 뿐 아니라 재기才氣 환발煥發하며 상당한 웅변가이다. 회의 가튼 데서 말할 때이든가 우又는 집회의 의사 진행 가튼 것을 할 때에 보면 명민한 두뇌와 기其 달변에 감탄하지 아늘 수 업다. (중략) 씨는 평남 강동군江東郡 출생으로 대정大正 6년에 경성京城 제1고보第一高普를 졸업, 대정大正 10년에는 경성 고공京城 高工 광산과를 졸업, 다시 동 14년에 구주제대九州帝大 공학부 응용지질학과를 졸업한 본래는 기술자이다."

본디 이공계여서 원래라면 '황국신민화'를 담당할 만한 인재는 아니었다. 1900년생이고, 3.1독립운동에 참가하여 징역 7개월(집행유예 3년)을 선고받았다. 1943년 8월 이후 전라북도·경상북도 지사를 역임했고, 해방 후에는 반민족특별위원회에 체포되어 공민권 정지 3년의 구형을 받았으나 증거 불충분으로 무죄로 석방되었다.

'황국신민서사'의 문안을 만들었다는 이각종은 보성전문학교(고려대학교의 전신)를 졸업했다. 총독부 학무과에서 근무한 후 김포 군수로 임명되었다. 3.1독립운동에는 반대했다. 총독부 촉탁으로 복귀한 후 잡지『신민新民』을 창간했다. 1936년에 전향자 단체를 조직하고 '대동민우회'로서 조직을 확대했다. 1938년 12월 이각종은 경성 부민관에서 열린 시국유지원탁회의에 출석하여 다음과 같이 말했다(『삼천리』 1939년 1월호).

"내선일체內鮮一體의 구현화具現化란 것은 일언一言으로 말하면 필경畢竟 총독정치總督政治의 철폐撤廢에 있음이다. 이것이 전제가 되어서 헌법이하憲法以下 만반제도萬般制度가 일본내지日本內地에서 와 꼭 한 가지로 조선朝鮮에 적용될 것입니다. (중략) 요요컨대 식민지植民地 취급을 하지안는다는 것이 내선일체(內鮮一體)의 전제와 내용이 됩니다."
다시 말해 단순한 친일파(매국노) 이미지와는 다른 논리를 개진하고 있
는 것이다.

이 회의에서는 조선공산당에서 전향한 네 명이 발언한 일이 시선을
끈다.

인정식(전 조선공산당 일본총국 조직부원)은 "이 문제(내선일체)의 고찰
에 있어서도 조선인(朝鮮人)의 행복과 번영(繁榮)을 위한다는 것을 중심적
인 입각점(立脚點)으로 삼지 않으면 안된다고 생각합니다. 또 둘재로는
정치문제의 고찰이란 것은 매양(每樣) 객관적 현실에 의해서 제약된다는
것 따라서 현실을 냉정히 파악(把握)하고 또 긍정하고 이 현실 밑에서 가
능한 최대의 행복을 구하려는 것이 정치적 사상인(思想人)의 각개(各個)의
단계(階段)에 있어서 취취(取取)하지 않으면 안되는 태도라고 믿습니다", "자본
가적(資本家的) 착취(搾取)와 자본가적(資本家的) 식민지(植民地) 관념(觀念)을 근
절하고 공존공영(共存共榮)을 기조로 하는 사회를 황실중심(皇室中心)으로
재건하자는 것이 일본주의(日本主義)의 근본이상(根本理想)입니다"라고 주
장했다.

인정식은 온갖 우여곡절이 있는 아주 복잡한 인생을 살아온 사람이
다. 평안남도 출신의 1907년생이다. 호세이대학 예과 재학 중에 좌익
운동에 가담했다. 고려공산청년회 일본총국 책임비서로서『청년 조선』
의 편집 책임자가 되었다. 무라오카 하나코의 아버지가 인쇄한 한글 기
관지의 하나다. 귀국한 후 검거되어 서대문형무소에 수감되었다. 출옥
한 후『조선중앙일보』논설위원이 되었지만 조선공산당 기관지『적기』
를 창간하여 다시 체포되었다. 옥중에서 전향하고 출옥한 후에는 총독
부 농림국 촉탁 등으로 일했으며 조선언론보국회의 순회강연에서 '본

토 결전' 등을 호소했다.

해방 후에는 다시 좌익운동을 재개했지만 국가보안법 위반으로 체
포되어 전향자 조직 '국민보도연맹'에 가입했다. 한국전쟁이 일어나자
서울시 인민위원 후보위원이 되어 1953년경에 월북했다. 그 이후의 소
식은 알려져 있지 않다.

〈망루의 결사대〉의 배우 주인규가 걸었던 '배우-적색노조운동-투
옥-국책영화 출연-해방 후의 공산당 간부-국립영화촬영소 소장-숙
청'이라는 궤적과 유사하다는 것을 느끼게 한다. 친일파와 애국자는 등
을 마주 댄 종이 한 장 차이의 존재라는 것이다.

타이완에서도 중일전쟁이 발발한 1937년 이후 타이완 총독부나 민
간기관에 의해 황민화 정책이 추진되었지만 '황국신민서사'는 없었다.
조선 지배와의 차이다. 황민화 시대에는 타이완에서도 신문의 한문란
을 폐지하고 '국어 가정'을 추진하여 일본풍의 '개성명改姓名'을 허가
했다. 하세가와 기요시長谷川淸 총독(해군 대장) 당시인 1941년 국가총
동원을 위한 '황민봉사회'가 발족했는데, 이 총독은 지나친 '사묘寺廟[9]
정리(타이완 전통의 사묘를 정리하여 축소)'에 제동을 거는 등 자제하는 움
직임을 보였다. 옹록텍의 『'쇼와'를 살았던 타이완 청년─일본에 망명
한 타이완 독립운동가의 회상 1924~1949』(2011)은 식민지 타이완에
서 나고 자란 청년의 훌륭한 회상기다. 그가 타이베이고등학교에 재학
중이던 1941년 12월 일본은 진주만 공격으로 대미 개전에 돌입했다.
이듬해 봄 하세가와는 타이베이고등학교 3학년 문갑文甲 반의 학생 전
원을 총독 관저로 초대했다. 하세가와는 학생들에게 말했다.

---

9) 타이완에서는 불교의 절인 사원寺院과 도교의 절인 묘우廟宇가 합쳐진 것을 사묘라고
    한다.

"자네들은 언젠가 전장에 나가게 되겠지만 목숨을 소홀히 여겨서는 안 되네. 자네들은 미래의 사회 건설에 중요한 인재들이니까."

옹록텍은 "총독이 내지인만이 아니라 우리들 타이완 학생들에게도 똑같이 기대하고 있다는 것이 무척 감격스러웠다"고 기술했다. 그의 친구들도 흥분이 덜 가신 몸으로 관저에서 돌아왔다고 한다. 타이완의 황민화운동이 조선과 성격이 달랐다는 것을 알 수 있는 일화다.

하세가와는 1944년 12월 타이완 총독에서 해임되어 군사참사관이 되었다. 그는 이듬해인 1945년 2월 쇼와 천황으로부터 '해군특명전력사열사海軍特命戰力査閱使'에 임명되어 해군 전력의 물질적인 면과 정신적인 면을 모두 조사하고 6월 12일에 천황을 찾아갔다. 하세가와는 해군 군령부의 전쟁 최종 계획이 탁상공론에 지나지 않는다는 사실을 구체적인 예를 들어 천황에게 말했다.

이것이 6월 8일의 우메즈 요시지로梅津美治郎 육군참모총장의 만주·중국 시찰 보고와 아울러 천황의 평화 결단(이른바 '성스러운 결단')의 직접적인 근거가 되었다는 것은 전쟁사 연구자들의 검증으로 확인된 역사적 사실이기도 하다. 식민지 근대의 연구에서는 조선, 타이완의 비교를 비롯하여 꼼꼼한 국제 비교가 필요한 것이다.

인물 평가나 영화의 내용도 개별적이고 구체적으로 검증할 필요가 있다.

임종국의 『실록 친일파』(1992)가 지적하는 것처럼 녹기연맹 이사인 현영섭(1906년생)이 1938년 7월 미나미 총독에게 '조선어 사용의 전면 폐지'를 건의했을 때 미나미는 "그건 불가능한 건의"라며 거절했다. 이는 유명한 일화인데, 현영섭을 급진적인 '친일파 민족주의자'로 해석하는 것도 불가능한 것은 아니다.

최인규 감독의 〈수업료〉는 앞 장에서 말한 대로 1939년 당시의 소학교를 무대로 한 영화다. 이미 '황국신민서사'의 제창이 교육 현장에서 독려되고 있었지만 〈수업료〉에 그 장면은 등장하지 않는다. 원작인 조선인 소학생의 작문에도 그런 장면은 없었다. 판에 박은 듯한 '서사' 낭독을 작문에 넣지 않아도 총독부 학무국장상을 수상할 수 있었던 것이다.

영화 〈집 없는 천사〉에 황국신민서사가 등장한 것은 모델이 된 고아원에서 실제로 '황국신민서사'가 제창되고 있는 실태가 있고, 고아들이 집단생활을 통해 '훌륭한 황국 신민'이 된다는 주제가 이 영화와 원작에 있기 때문이다. 반대로 말하면 가난한 조선인 소학생의 가정생활과 교실 모습을 그린 〈수업료〉에서는 '서사'가 나올 차례가 없었다.

아울러 어른용의 '황국신민서사'는 다음과 같다.

- 우리는 황국신민이며 충성으로 군국에 보답하자.
- 우리 황국신민은 서로 신애협력信愛協力하여 단결을 굳게 하자.
- 우리 황국신민은 인고단련의 힘을 키워 황도皇道를 선양하자.

'아동 관람 불가'

영화 〈집 없는 천사〉의 영향은 향린원의 아이들도 출연하여 3개월 정도에 끝났다.

1941년 1월 29일 밤 경성 다카라즈카영화극장에서 시사회가 열렸다. 원아들도 초대되었다. 종로의 뒷골목에 쭈그리고 앉은 부랑아들이 영화에 비치자 원아들은 남의 일처럼 천진난만하게 웃었다. 다음 달 영화 합평회가 열렸다. 평판은 나쁘지 않았다.

이례인 것은 시사회를 본 조선군 보도부장인 구라시게 슈조가 이 영화에 '추천사'를 보낸 것이다. 구라시게는 "보라, 원아들의 아름다운 동심을. 보는 사람의 가슴에 절절하게 다가오는 감격의 한 편이다"라고 칭찬하며 "이 영화야말로 반도 영화의 새로운 방향을 제시한다"고 기대했다. 조선 영화계에서 군 당국의 공문으로 '추천사'가 도착한 것은 처음이었다. 이창용 등 영화사 측의 강력한 노력도 있었던 것으로 보인다.

구라시게 슈조는 조선에서 촬영한 야나기야 긴고로 주연의 희극 〈멋진 금광〉을 "조선산 다꽝 영화"라고 매도하며 "조선 영화란 무엇인가" 하고 영화인들을 다그쳤던 그 육군 소장(당시)이다. 구라시게는 조선인 문화계와 교제하며 그들의 가슴에 착실히 침투하고 있었다.

그러나 검열 당국인 조선총독부는 구라시게와 다른 판단을 내렸다. 1월 25일 학무국의 시사회, 그리고 27일 검열한 결과 비일반용 영화(14세 미만의 관람 금지)로 지정했다. 이창용의 고려영화협회로서는 전작 〈수업료〉가 도쿄에서 내무성 검열을 거쳐 '비일반용 영화'로 지정된 것에 이어서 나온 굴욕이었다. 아동영화인데도 아동 관람을 불가한 것이다.

1941년 1월 당시의 총독부 학무국장은 이미 언급한 시오바라 도키사부로(재임 기간은 1937년 7월 3일~41년 3월 26일, 국장 직무 대리 기간을 포함)이고, 경무국 도서과장은 쓰쓰이 다케오筒井竹雄였다. 쓰쓰이 다케오는 1902년생으로 도쿄제국대학 법학부를 졸업했다. 황해도 지사 시절에 패전을 맞았고 시베리아 억류를 거쳐 1950년 4월에 귀국했다. 1954년 육상자위대를 발족할 때 초대 육상막료장이다.『동아일보』,『조선일보』
의 강제 폐간(1940년 8월 10일)은 바로 쓰쓰이 과장 시절의 일이다.

영화 〈집 없는 천사〉가 비일반용 영화가 된 것에는 아나나 다를까 의
문시하는 목소리가 있었다. 1941년 2월의 합평회 자리에서 "영화에 종
교적 색채가 있었기 때문인가" 하는 질문이 제기되었다. 향린원의 그
리스도교 교육이 문제가 되었는가 하는 의문이다. 총독부 사회교육과
장 계광순은 다음과 같이 대답했다.

"그건 큰 착각입니다. 저 역시 예술적으로도, 사상적으로도 근래에
보기 힘든 걸작이라고 생각합니다. 그런 그리스도교라면 건전한 것이
지요. 다만 부랑아가 신발을 훔치는 장면이 있습니다. 바로 그 점이 '비
일반'이 된 이유입니다. 사려가 부족한 아이들이 볼 경우 그만 도둑질
을 모방하지 않는다고도 말할 수 없습니다. 그것을 걱정한 것입니다.
아무쪼록 오해가 없으시기 바랍니다."

정말 이해하기 힘든 변명이다. 총독부의 판단 배경에 전년부터 내지
에서 진행하고 있던 '작문 교육 사건' 탄압의 움직임이 있었다는 것을
당시의 영화 관계자는 알 리가 없었던 것이다.

계광순처럼 검열의 판단 기준을 총독부 관료가 설명하는 사태도 실
은 무척 드문 일이다. 니시키 모토사다는 전해에 이어 총독부 도서과
촉탁이었다. 그의 입장에서 보면 스스로 각본을 쓴 영화에 대해 집안사
람에게 트집을 잡힌 듯한 결과다. 니시키라는 이름이 1941년 이후의 총
독부 직원록에서 사라진 것은 이 사건과 무관하지 않은 것으로 보인다.

아울러 계광순(1909년생)은 도쿄제국대학 법학부를 졸업한 조선인
엘리트 관료다. 해방 후에는 무역회사를 경영했지만 1958년, 1960년
의 국회의원 선거에서 민주당 의원으로 당선되었고 1965년에는 민주

당의 전국구 의원이 되었다. 1990년에 사망했다.

조선군 보도부장이 '추천사'를 보내는 한편 총독부는 '비일반용 영화'로 지정한다. 관료들의 제각기 다른 대응은 도쿄에서의 시사회라는 단계로 나아감에 따라 더욱 확대된다. 내무성 검열을 통과한 후 〈집 없는 천사〉는 일단 문부성 추천을 얻었다. 그런데 상영 직전이 되어 갑자기 내무성의 재검열이 있었다. 그리고 필름의 삭제 명령이 떨어졌다.

단축된 개정판은 자동적으로 '문부성 추천'이 취소되었다. 그러나 포스터와 광고에는 '문부성 추천 영화'라는 문구가 남는 등 큰 혼란을 불렀다.

218미터의 삭제

하즈미 쓰네오筈見恒夫는 『영화순보映画旬報』가 주최하는 좌담회에서 상당히 기분이 좋지 않았다. 〈집 없는 천사〉를 내지에서 배급한 도와상사의 광고부장이었기 때문이다. 그 울분의 기록이 『영화순보』 1941년 11월 1일호에 실렸다.

"검열도 무사히 통과하여 문부성 추천을 받았습니다. 간섭이 들어와 재검열을 하게 되었고 잘은 모르나 200미터(의 필름)가 잘려나갔습니다. (중략) 문부성이 추천한 영화이기 때문에 내용적으로 나쁠 리가 없습니다. 근본적인 이유는 조선 영화이기 때문에 역시 안 된다는 것인 듯합니다. (중략) 듣자 하니 조선에서 상영하는 것은 괜찮답니다. 내지로 가져오는 것에 의문이 있다는 것입니다. 그렇게 되면 앞으로 내지를 시장으로 하는 조선 영화는 완전히 방침을 바꿔야만 합니다."

하즈미의 분노는 당연한 것이다. 도와상사는 최인규 감독의 〈집 없는 천사〉를 조선에서 구입하여 준비를 착착 진행하고 있었다. 히비야 공회당에서 『영화평론』 주최의 특별 시사회를 여는 등 모든 준비를 갖추었다. 그런데 도쿄나 교토 등에서 다섯 번의 시사회가 진행됨에 따라 상황이 급변한 것이다. 결국 재검열에서는 2326미터였던 필름 중 218미터가 잘려나갔다. 전체의 약 9퍼센트에 해당하는 분량이다. 도와상사 측은 '문부성 추천 영화'라는 선전 문구를 사용할 수 없는 처지에 빠지고 말았다.

좌담회에 동석한 것은 고려영화협회의 사장 히로카와 소요廣川創用 (이창용의 창씨명)와 조선 영화계 사정에 정통한 영화평론가 이지마 다다시였다. 『영화순보』의 기자가 이창용에게 물었다.

"조선 영화라서(안 된다)라는 것은 무슨 뜻입니까?"

하즈미가 "조선어를 사용하는 영화는 환영하지 않는다는 뜻입니다"라고 설명하자 이창용이 이를 부정하고 "총독부는 그런 것을 주장하지도 않고 있고, 강요하지도 않습니다"라고 조선 측의 사정을 다시 설명했다.

"작품의 내용에 따라 국어를 쓰는 곳은 가능한 한 국어를 쓰고, 영화적으로 보아 국어로는 곤란한 장면은 무리하게 국어를 쓰지 않아도 괜찮습니다."

이 부분의 해석은 현대의 일부 한국인에게도 혼란을 부르고 있는데, 이창용에 따르면 재검열에 이른 요인은 단지 언어상의 문제(조선어인가 일본어인가)는 아니라는 것이다.

"진짜 그 의미는 어떤 겁니까?" 이지마 다다시가 같은 문제를 거론하며 "조선어와 복장입니까?" 하고 물었다.

이창용은 "확실히 그건 모르겠습니다"라고 말한 후 내지와 조선의 이중 기준에 대해 쓴소리를 했다. "저쪽(조선)에서 허가한 이상 일본의 전 국민이 볼 수 있었으면 합니다. 그것이 첫 번째 희망입니다." 조선 영화의 프로듀서로서 당연한 이치지만 현실은 그렇지 않았다.

이창용이 '재검열의 진상'을 어디까지 파악했는지 확실하지 않지만 갑작스러운 재검열에 대해 하즈미가 단순히 언어 문제를 들어 반발하는 것에 대해 제작자 측인 이창용은 사태를 더욱 심각하게 받아들였다는 것을 알 수 있는 대화다.

이창용이 말한다. "경성의 풍경을 현실 그대로 그려서 거리의 부랑아라도 점점 착한 아이로 자라면 훌륭한 일본 신민이 된다는 것이 그 영화의 궁극적인 목적입니다. 그것이 재검열, 삭제가 된다면 이는 조선 영화 전체의 문제입니다."

이창용의 입장에서 보면 확실히 그럴 것이다. 제국의 군인인 조선군 보도부장이 "반도 영화의 새로운 방향을 제시했다"고 추천한 조선 영화가 내지에서 이런 취급을 받는다면 조선 영화인으로서는 설 곳이 없다.

하즈미는 자포자기의 심정으로 "그런 영화를 만들면 안 된다"고 사이토 도라지로 감독의 〈멋진 금광〉을 비판했다. "내지인이 조선을 찍는 건 괜찮지만, 야나기야 긴고로가 (조선으로) 가서 조선 영화라고 하는 건 안 되지." 하즈미의 이런 말투는 구라시게와 판박이다. 리버럴파인 하즈미가 조선군 보도부장인 구라시게 슈조와 같은 불쾌감을 가졌다는 것이 흥미롭다.

이창용의 절망

이 좌담회에는 또 하나의 중요한 지적이 있다.

이창용이 만주사변 후에 일어난 '조선의 민정 변화'를 언급한 점이다. 그는 조선 영화의 조류 변화를 다음과 같이 설명했다.

"조선 영화에는 민족주의적 경향이 있었던 시대가 있습니다. 그리고 사회주의적 경향이 있었던 시대도 있었습니다. 그런데 만주사변을 계기로 조선의 민정이 바뀌었습니다. 그리고 이번에 통절하게 자극을 받은 것이 장고봉 사건입니다."

장고봉 사건이란 1938년 여름에 일어난 관동군과 소련군 사이의 무력 충돌 사건이다. '전 조선 소학생 작문 모집'의 응모 작품에도 이 사건의 충격을 쓴 작문이 있었다.

"드디어 자신(조선인)의 몸에 위험이 닥쳤습니다. 정말 일본이 이겨주지 않으면 곤란하다, 하는 데서 민정이 크게 변화한 것입니다" 하고 이창용은 말했다. 이런 '민정의 변화'는 조선 근현대사 이해에서 경시되어온 부분이다. 만주사변(1931년 9월)과 그것에 앞선 만보산 사건(1931년 7월)에 의한 조선인의 의식 변화는 당시의 신문이나 조선인 작가 등에 의해 기록되어왔지만, 현대의 일본인이나 한국인은 모르는 사람이 많다.

만보산 사건이란 만주의 창춘 서북쪽에 있는 만보산에 입식한 조선인 농민과 현지 중국인 농민 사이의 수로를 둘러싼 분쟁이 중국 경찰을 움직이게 했고, 그것에 대항하여 움직인 일본 경찰과 중국인 농민이 충돌한 사건이다.

사망자는 없었지만 다수 조선인이 죽었다는 『조선일보』의 오보를 계기로 조선반도 내에서 중국인에 대한 감정이 악화했다. 평양과 인천, 경성 등에서 중국인 배척 운동이 일어나 100명이 넘는 중국인 사상자가 나왔다. 평양에서의 중국인 습격은 소설가 김동인의 회상기 「류서광풍에 춤추는 대동강의 악몽—삼 년 전 조중인 사변의 회고」(『개벽』 신간 제2호, 1934년 12월 1일)에 상세하게 나와 있다. 사건 3년 후에 쓴 것으로 '중국인에게 박해받는 조선인' 측의 의식이 표출되어 있다.

당시 『동아일보』 평양지국원이었던 오기영은 평양 폭동을 특집으로 한 잡지 『동광』 1931년 9월호에서 중국요리점에 투석하는 일로 시작된 사건의 경과를 상세히 보고하고 "미美의 도都, 평양은 완전히 피에 물들엇섯다. (중략) 유아와 부녀의 박살 시체가 시중에 산재한 일이 잇엇든가!" 하고 충격을 전했다. 만주사변에 이은 '만주국'의 건국은 일본에 대한 조선인의 인식을 변화시켰다.

"이 시국에 즈음하여 건전한 위치를 확고히 하여 현 정치에 반항하지 않고 합법적인 방법으로 조선의 자치를 획득하게 한다(총독부 경무국 『조선 치안 상황』 1933년도판)"라는 경향이 조선 사회에서 현저해진 것이다. 1932년 1월 10일의 『동아일보』 사설 「조선인朝鮮人과 산업적産業的 활로活路, 민족적民族的 대계大計의 하나」는 앞으로의 민족적 과제는 "어떠케 하면 일一 경제經濟 단위의 민족民族이 능히能히 물질적物質的 존재存在를 유지維持해갈까 하는 것"에 있다고 지적했다.

이런 논조가 주류를 차지하는 가운데 조선 영화계는 1935년 이후 유성영화 시대로 돌입하고 이창용 같은 본격적인 영화 프로듀서가 등장했다. 그에게 조선 영화의 발전은 어쩔 수 없이 협애한 조선 시장에서 벗어나 일본이나 만주 시장으로 진출하는 것이었다.

그러나 〈집 없는 천사〉의 내지 공개는 처참한 성적으로 끝났다.

당시 『영화순보』의 기사에 따르면 일본에서 〈집 없는 천사〉의 흥행
성적은 "선전을 잘하는 도와상사가 제공하고도 이런 상황이니 반도
영화의 내지 배급은 앞으로도 상당한 각오를 하지 않으면 안 된다"라
고 평할 정도로 처참한 것이었다. 도쿄에서의 개봉은 당초 1941년 9월
25일로 예정되어 있었지만 재검열 소동으로 실제로 공개된 것은 10월
2일이었다.

『영화순보』에 따르면 개봉관인 긴자영화극장이나 국제극장은 "빈집
에 가까운" 상태였고, 긴자영화극장은 5일, 국제극장은 4일 만에 다른
영화로 교체되었다. 긴자영화극장의 관객 60퍼센트가 '반도인'이고,
조선 영화의 상영은 영화관에 일본인 고정 관객을 잃을 수도 있는 "큰
위험성"이 있다고 지적되었다. 오사카에서도 10월 2일에 개봉할 예정
이었다가 8일로 연기되었다. 아이치나 후쿠오카에서는 상영 금지(이유
는 알려져 있지 않음) 조치가 취해졌다고 한다.

"조선 영화는 정책적으로도 경제적으로도 일본 시장에서 배척당한
존재였고, 조선 영화와 작품에 그려진 민족성은 어디까지나 조선 안에
서 소비되어야 할 것으로 여겨졌던 것이다."[10]

이창용은 좌담회의 발언에서 '차질'이라는 말을 쓰며 일련의 사태에
서 받은 충격을 표명했다. "이번 내지에서의 차질로부터 생각해볼 수
있는 것은, 앞으로 조선 영화의 제작 목표가 조선만을 목표로 해야 하
는가, 내지에도 보여줄 것을 만들어야 하는가, 하는 근본 문제에 관한
일입니다." 감정을 억제한 그의 발언은 조선 영화의 활로를 찾으려고
분투해온 사람의 절망을 보여준 것이다.

---

10) 加藤厚子, 『総動員体制と映画』, 新曜社, 2003.

비분의 '도와상사'

도와상사는 현재도 영화 수입과 배급을 하는 대규모 회사인 '도호도와 東宝東和'의 전신이다.

국제적인 영화인으로 유명한 가와키타 나가마사에 의해 1928년에 설립되었다. 도와東和란 '동쪽과 화합한다, 즉 동아시아와 조화를 이룬 다'는 뜻이다. 이는 스물다섯 살에 도와상사를 창업한 가와키타의 이상 을 표현한 것이다. 도와상사 선전부장이었던 하즈미 쓰네오는 뛰어난 영화평론가이기도 했다. 그에게는 『영화와 민족』(1942)이라는 저작이 있다. 유럽과 미국, 중국, 만주의 영화와 함께 '조선 영화의 의미'를 논 한 하즈미는 "조선 영화는 그 좁은 지역에서 해방되어 가차 없는 비판 을 받지 않으면 안 된다"고 주장했다. 이는 경성의 영화인 이창용의 결 의 그대로다.

『도와상사합자회사 사사社史』(1942)에는 조선 영화의 배급과 관련된 기술이 있다.

도와상사는 1939년 7월 방한준 감독의 〈한강〉(1938)을 히비야영화 극장(현재의 도호히비야 빌딩)에서 개봉했다. 사사에는 "녹음은 도와상사 의 손을 통해 후지스튜디오에서 이루어졌다"고 되어 있다. "내지 영화 와는 다른 원시적인 서정성을 갖고 있다"는 문장은 하즈미 자신의 감 상일 것이다.

사사에 따르면 〈한강〉을 히비야영화극장에서 개봉할 때는 프랭크 캐프라Francesco Rosario Capra 감독의 미국 영화 〈우리들의 낙원You Can't Take It with You〉(1938)이라는 메인 작품에 끼워서 상영한 동시 상영 작품이었으나 '참혹한 실패'로 끝났다. 오사카아사히회관에서 상

〈집 없는 천사〉의 광고.

영했을 때는 간사이關西[11] 지역에 사는 조선인 관객이 몰려들어 "수적으로는 성황을 이뤘다"고 한다. 조선 영화가 내지인에게는 무시당한 채 조선인 관객을 상대로 한 상영으로 끝났던 실정은 여기에도 기록되어 있다.

조선 영화계와의 관계를 심화시킨 도와상사는 최인규 감독의 삼부작 〈국경〉, 〈수업료〉, 〈집 없는 천사〉의 내지 배급을 기획했다. 그러나 "이 중에서 햇빛을 본 것은 〈집 없는 천사〉 단 한 편이었다"는 것은 앞에서도 말한 대로다.

하즈미는 1908년 교바시구京橋区 고비키초木挽町(지금의 긴자히가시산초메銀座東三丁目)에서 태어났다. 도와상사에 입사한 것은 창립 2년째인 1930년 봄이다. 1936년에 결혼하고 이듬해에 장남 하즈미 아리히로筈見有弘(영화평론가)가 태어났다. 하라 세쓰코 주연의 〈새로운 대지〉의 수출에도 분투했다. 그러나 조선 영화의 배급 실패는 씁쓸한 추억이었을

11) 교토와 오사카를 중심으로 한 지역.

것이다. 전후의 『도와 영화의 발자취』(1955)에 하즈미가 쓴 「선전부의 20년」에는 조선과 관련된 추억담이 없다.

분개하는 심리학자

오쓰키 겐지大槻憲二(1891~1977)는 영화 팬인 심리학자였다.

전시에 낸 『영화 창작 감상의 심리』[12]라는 저작이 있는데, 〈집 없는 천사〉를 시사회에서 본 감상을 썼다. 이 글에 '도와상사 선전부 H 씨'라는 인물이 나온다. 이는 하즈미 쓰네오일 것이다. "쇼와 16년(1941) 9월 13일의 시사회"라고 쓰여 있기 때문에 도쿄주오中央극장에서 열린 시사회를 말한다.

오쓰키는 먼저 시사회의 관객이 적다는 것에 역정을 냈다. "이날은 텅 비었다. 이상한 일이라고 생각했는데 나중에 도와상사 선전부의 H 씨의 말을 들으니 조선 영화라서 다들 무시하며 봐주지 않는다는 것이어서 나는 분개했다."

오쓰키의 비판은 통렬 그 자체였다. "일본인에게는 사대주의자가 많아서 선진적인 자나 우월한 자에게는 비굴하게 맹목적으로 숭배하지만 후진적인 자나 완성되지 못한 자에게는 처음부터 경멸적이며 대국민다운 부모의 마음이 없다." "동아공영권 내의 최고참자(조선을 말함)에 대해서조차 아직 이런 식이다. 이렇게 해서는 공영권 확립의 문화적 자격이 의심스럽다."

영화 자체에 대한 비판도 있다. "향린원의 소년들은 그리스도교에

---

12) 大槻憲二, 『映画創作鑑賞の心理』, 昭和書房, 1942.

의해 구원받는다. 그런데 어떻게 된 건가. 결말에서 막상 감사할 순서
가 되자 일본 국기를 내걸고 일본주의에 감사 맹세를 하고 있으니 우
리는 뭐라 말할 수 없는 뒤죽박죽인 느낌을 가질 수밖에 없었다. (중략)
이런 엉뚱한 영합주의는 동양 민족의 명예를 위해 서로 그만두었으면
한다. 이것이 이 작품에서 가장 중대한 결함이다." 건실한 식견을 보여
준 비평이다. 하즈미가 오쓰키에게 말한 "조선 영화라서 다들 무시하
며 봐주지 않는다는" 울분은 이창용이 도쿄의 영화관에서 목격했을 때
의 감상과 아주 비슷했을 것이다. 하즈미는 앞에서 언급한 저서 『영화
와 민족』에서 이렇게 말했다.

"경성이라는 도시는 어떤 풍속과 어떤 지형 위에 생겼을까. 경성의
풍속이나 그곳에 살고 있는 사람들의 생활상을 파리나 뉴욕이나 할리
우드의 10분의 1, 100분의 1밖에 모른다는 것은 일본 영화의 기형적인
발달을 생각하게 하는 것 외에 아무것도 아니다."

하즈미는 글 말미에 "조선 영화의 의의를 이런 국책적인 관점에서
강조해두고자 한다"는 구절로 끝맺고 있는데 '국책적인 관점'은 사족
이다. 영화가 상호 인식, 국제 이해를 위한 뛰어난 도구라는 것은 옛날
이나 지금이나 변함이 없기 때문이다.

이창용이나 하즈미 등의 시도는 1980년대가 되고 나서야 비로소 결
실을 맺는다. 이장호 감독의 〈바람 불어 좋은 날〉(1980)이나 배창호 감
독의 〈깊고 푸른 밤〉(1985) 등의 등장과 함께 일본에서도 한국 영화의
상영이 활발해졌다. 그것이 1990년대 말 이후의 한류 시네마 붐으로
이어진 것이다.

총독부 도서과

식민지기, 전시기의 영화를 고찰하기 위해서는 검열 측의 동향 분석도 중요하다. 조선총독부 경무국 도서과는 어떤 조직이었을까.

한국 합병(1910) 이래의 '무단통치기'는 경무총장인 현역 군인(육군 소장)이 언론 활동을 직접 통제했다. 3.1독립운동(1919) 이후의 '문화통치기'에는 고등경찰 과장(문관)의 관할이 되었고, 1926년 5월이 되자 전문성이 높은 검열 부서로서 도서과가 신설되었다. 1941년 11월에는 정보과로 재편되고 선전·홍보의 역할이 강화되었다.

1940년 당시의 도서과는 쓰쓰이 다케오 과장 밑에 총 37명(촉탁 여섯 명을 포함)의 직원이 있었다. 그중 조선인은 직원 2명, 촉탁 4명이었다. 도서과가 설치된 1926년은 직원 수가 열 명이었지만 1929년에는 스물두 명, 루거우차오 사건이 일어난 1937년에는 31명으로 확충되었다.[13]

니시무라 신타로西村眞太郎(1888년생)는 조선어의 프로였다. 1921년부터 조선총독부의 검열 부문에서 근무해온 전문 통역관이다. 도쿄외국어대학교 한어과韓語科에서 가나자와 쇼자부로 교수의 『일한 양국어 동계론』[14]을 배우고 1912년에 학교 교원으로서 경성에 왔다. 2년 후에는 사법부 통역생으로서 총독부 근무를 시작했다. 니시무라는 『동아일보』와 『조선일보』가 폐간된 1940년 8월에 퇴직했다.

그가 경무국으로 옮긴 1920년에 『동아일보』와 『조선일보』가 창간되었고 그의 검열 생활 20년은 그 민족지의 20년과 일치한다. 퇴직한 것은 폐간 4일 전이다. 조선인 문필가로부터 '도서과의 염라대왕'이라고

---

13) 정진석, 『극비 조선총독부의 언론검열과 탄압』, 커뮤니케이션북스, 2007.

14) 金澤庄三郎, 『日韓両国語同系論』, 三省堂書店, 1910.

도 형용된 니시무라는 조선어와 조선 문화에 대한 조예가 깊고 다수의 논문을 발표했다.

니시무라는 1939년 히노 아시헤이의 전장소설 『보리와 병정』을 번역하고 총독부에서 출판했다. 조선에서도 수십만 부의 대형 베스트셀러가 되었다. 『경성일보』에 게재된 니시무라의 수기에 따르면 번역을 지시한 것은 도서과장 후루카와 가네히데다. 후루카와는 니시무라를 상하이로 파견하여 소설의 현지 취재를 하도록 했다. 번역된 『보리와 병정』의 대히트는 조선에서 전장문학의 계기가 되었다.

김성균(1903~83)은 해방 전에도, 해방 후에도 변함없는 문화 관료였다. 총독부에서는 영화와 문학 전문 검열관이었다. 전쟁영화협회 참사도 역임했다. 경성제대 사학과를 졸업한 후 도서과 촉탁(1936~40), 도서과 직원(1941~42)으로 일했다. 해방 직후에는 지방 신문의 이사장을 했지만 얼마 후 미군정청 경무부 공보실 부실장, 경희대학교 등의 대학교수, 국사편찬위원회 편찬과장 등을 거쳐 1960년에는 위원장에 취임했다. 식민지 시대의 검열관에서 박정희 정권 시절에는 국사관리인으로 변모한 것이다.

"저- 독을獨乙 영화를 보고 이태리伊太利의 영화를 보라. 경조부박輕兆浮薄한 미국米國 영화에서는 도저히 볼 수 없는 어디인지 위압을 느껴지는 듯한 굳건한 이데오로기로 일관하여 있지 않은가!"

이는 김성균이 총독부 도서과에 재직 당시 잡지 『삼천리』(1941년 6월호)에 쓴 글이다. 그는 '영화는 내선일체를 추진하는 수단이자 도구'라고 강조했다. 그런데 해방 후 국사편찬위원회 위원장이었던 1966년 12월에 간행된 『일제침략하 한국36년사』의 서문에서는 다음과 같이 썼다. "이 책은 일제의 잔학한 식민 통치의 양상과 민족 수난의 모습을 그렸고 이에 저항하는 민족정신의 발로를 대조적으로 서술했다." 일부 영화인이나 문화 관료는 시대의 변화에 따라 입장을 바꿔 이데올로기를 다루는 기량이 뛰어났다는 것이다.

야기 노부오의 『일본과 한국』[15]은 자기변호 색채가 강한 회상록이지만 의외의 사실도 기록되어 있다. 그는 1903년 가고시마 출신이다. 도쿄제국대학 법학부를 졸업한 후 조선총독부에서 근무했고 전라남도 지사 시절에 패전을 맞았다. 전후에는 한일문화협회 이사장 등을 역임했다. 야기는 총독부 경무과장(1940), 보안과장(1942)으로서 조선 영화 연극계와의 접촉도 있었다.

아베 유타카 감독의 〈저 깃발을 쏴라〉(1944)의 검열을 둘러싼 일화가 아주 흥미롭다. 마닐라 공방전을 그린 영화로, 육군성 후원으로 제작되었다. 미군 장교가 일본군과의 내통을 두려워하여 필리핀인 척후를 사살하는 장면이 있다. 야기 등 총독부 측은 "조선인 관객이 일본인 장교와 조선인 척후로 바꿔 해석할 우려가 있다"고 하여 그 부분을 삭제하게 했다고 한다.

보안과장 때에는 김두한이라는 남자와 알게 되었다. 원래 경성의 노상에서 지내던 사람이었는데, 열여덟 살에 조직폭력단 '종로파'의 두목이 되었다. 만주에서 항일운동으로 활약한 김좌진 장군의 아들이다. "180센티미터에 달하는 몸집이 큰 남자로 말이 빠르고 열변을 토하는 박력이 넘친 사람이었다." 김두한은 나중에 임권택 감독의 〈장군의 아들〉(1990)에서 일본인 야쿠자와 싸워 승리하는 조선인 싸움꾼으로 그려졌지만 실제로는 야기로부터 비호를 받고 있었다는 것이다.

야기는 조선인 신문기자를 통해 공작하고 김두한을 대장으로 하여

---

15) 八木信雄, 『日本と韓国』, 日韓文化出版社, 1978.

100명 내외의 청년들을 장악하게 했다. 그리고 철도 하역 등의 떳떳한 직업을 갖게 했다. 야기가 황해도의 지사로 전출되었을 때는 "이 한 무리가 관사 앞에 정렬하여 우로 봐, 하는 경례로 배웅해주었다"고 한다. 김두한은 해방 후 한국의 국회의원이 되어 용맹을 떨쳤다.

조선군 보도부

조선군 보도부에 대해서도 언급해두고자 한다. 군대에 영화에 정통한 사람이 있었던 것이 특징이다.

보도부장 구라시게 슈조가 〈집 없는 천사〉에 이례적인 추천사를 보낸 것은 앞에서도 말했다. 조선군 보도부는 히나쓰 에이타로(허영) 감독의 〈너와 나〉를 제작하고 전시에는 도호의 영화 〈망루의 결사대〉의 제작을 지원하고 검열했다. 그리고 방한준 감독의 지원병 모집 영화 〈병정님〉을 제작하는 등 아주 활발하게 활동했다.

구라시게 슈조는, 히로사키弘前에 있는 제8사단 보병 제31연대장(대령)이었을 때 지치부노미야 야스히토秩父宮雍仁 친왕[16]의 상관이었다. 2.26사건이 일어났을 때 지치부노미야는 구라시게로부터 상경을 권유받았으나 거절했다는 것이 통설이다. 하지만 쇼와사 연구자인 호사카 마사야스는 평전 『지치부노미야—쇼와 천황 동생의 생애』[17]에서 지치부노미야 측이 구라시게에게 상경을 타진했다는 증언을 기록하고 있다.

---

16) 다이쇼 천황의 둘째 아들로서 히로히토 천황의 동생.

17) 保阪正康, 『秩父宮—昭和天皇弟宮の生涯』, 中公文庫, 2000.

구라시게는 1888년 니가타 출신이다. 육사 22기, 육군대학 30기다. 러시아 주재 무관 경력이 있는 러시아통이고 북중국 방면의 제109사단 참모장(1937), 만주의 제5군 제4국경수비대장(1938), 제5군참모장(1939)을 거쳐 1940년 3월에 조선군 보도부장(예비역 소장)이 되었다.

조선군 보도부의 변천이나 인적 구성에 대해서는 한국의 젊은 연구자 조건의 논문 「중일전쟁기(1937~1940) '조선군사령부보도부' 설치와 조직구성」에 상세하게 나와 있다.

1938년 10월 조선군 보도부는 종래의 신문반(1937년 10월~38년 1월), 보도반(1938년 1월~38년 10월)을 확충하고 재편하여 신설되었다. 초대 보도부장(소장)은 가쓰오 노부히코勝尾信彦(전직은 평양 제39여단장)다. 당시의 부원은 참모(겸임) 1명, 소령 3명, 통역관 1명, 촉탁 2명 체제였다. 1940년 8월의 조직 개편으로 보도부장, 참모(겸임), 대령 2명, 소령 2명, 대위 1명, 촉탁 1명 체제로 강화되었다.

구라시게는 히로사키에 부임하기 전에 평양에서 2년쯤 근무한 경력이 있었다. 제3대 보도부장으로서 만주에서 경성에 오자 취임 회견에서 "정말 왕도낙토王道樂土인 반도半島다"라는 소견을 말했다(『매일신보』 1940년 3월 24일자). 1943년 8월 예비역으로 재편되기까지 정력적으로 활동했다. 예비역으로 편입된 후에는 대일본부인회 조선본부 사무총장을 역임했다. 육군 지원병을 모집할 때 조선 여성(어머니나 아내)에 대한 설득이 중시되었던 것이다.

전후에는 고향인 니가타에서 부인소년실 협조원을 했고, 부인소년협회에서 편찬한 『여성과 연소자』(1965년 2월)에는 21세의 여성 점원이 고액의 진료비를 청구받은 '여성 노동자의 의료 문제'에 관한 상세한 활동을 보고한 것이 보인다.

1915년 육군사관학교를 졸업한 조선인 소령 정훈(창씨명은 蒲勳)은 조선인을 대상으로 한 선전 업무를 담당했다.

조선문인협회의 회원이기도 하고 신문이나 잡지에 많은 글을 기고한 이데올로그였다. 일본인·조선인을 규합한 문화단체 '목요회' 활동을 추진하기도 했다. 『매일신보』(1939년 7월 5일자)에 "나는 여러분의 자제를 황국신민으로서 훌륭한 사람으로 만들고 싶다. 지원병에 응모하는 것은 그런 좋은 기회다. 어머니가 지원에 반대해서는 안 된다. 자신의 몸과 목숨을 천황 폐하에게 바치는 일이다. 이것이 어머니로서의 진정한 사랑이고 반도 동포의 행복이다"라는 글을 기고했다.

마쓰모토 세이초의 소설 『북의 시인, 임화』[18]에 "조선군 사령부 보도부의 대표인 소령 정 씨"라는 구절이 있다. 바로 정훈을 말한다. 미군 스파이라는 오명을 쓰고 숙청된 월북 시인 임화의 재판 기록에 등장하기도 한다. 임화는 최인규 감독의 〈집 없는 천사〉에서 니시키 모토사다가 쓴 일본어 각본 중 조선어 대사 부분을 담당했다. 임화는 프롤레타리아 영화운동의 뛰어난 이론가였고, 이창용이 조선영화문화연구소를 창설하자 촉탁으로 적을 두었다.

마쓰모토 세이초의 『북의 시인, 임화』는, 북한의 재판 기록을 그 진위를 확인하지 않고 소설의 기초로 삼은 작품이다. 한국전쟁을 미군의 모략으로 생각했던 마쓰모토 세이초는 북한 측의 공작에 보기 좋게 속은 것이다. 그가 인용하는 '일본 관헌의 자료'라는 것은 쓰보에 센지坪江汕二[19]의 『조선민족 독립운동 비사』[20]를 말한다. 마쓰모토 세이초는

---

18) 松本清張, 『北の詩人』, 中央公論社, 1964.; 마쓰모토 세이초, 김병걸 옮김, 『북의 시인, 임화』, 미래사, 1987.

19) 쓰보이 도요키치坪井豊吉의 필명.

20) 坪江汕二, 『朝鮮民族独立運動秘史』, 公安調査庁, 1959.

조선에서 종군한 경력이 있어 조선 문제에 관심이 많았다. 한국전쟁이 김일성에 의한 남침으로 개전한 역사적 사실을 모르고 북한 측의 공작에 속아 넘어간 많은 진보적 일본인 중의 한 사람이다.

오카다 준이치岡田順一는 신문반 시절부터 통역관으로 근무했다. 1933년부터 총독부 도서과에서 영화 검열 주임으로 재적했고, 1937년의 신문반 창설과 함께 겸임하게 되었으며 보도부 신설에 맞춰 정식으로 조선군으로 이동했다. 1941년 전라북도 경제경찰과장으로 전임했지만 1942년 2월에 국책회사 '조선영화배급사'가 창설되자 상무로 발탁되어 영화 통제 전문가로서의 경험을 살렸다.

조선군 보도부원 중에서 가장 주목되는 것은 아쿠타가와 히로시芥川浩(소장)이다. 1937년 10월 신문반 창설 이래의 부원이다. 아쿠타가와 히로시의 백부는 구마모토현 출신의 『부산일보』 사장인 아쿠타가와 다다시芥川正(1865~1928)다. 아쿠타가와 다다시에 대해서는 야마무로 신이치(교토대학 명예교수)가 『아시아인의 풍채—환지방학의 시도』[21]에서 언급하고 있다.

아쿠타가와 다다시는 구마모토시에서 태어났다. 열일곱 살에 『시메이신보紫溟新報』(『규슈니치니치신문』의 전신)에 입사했다. 상경하여 『도쿄니치니치신문』(『마이니치신문』의 전신) 기자가 되어 김옥균 등 독립당에 의한 쿠데타인 갑신정변(1884) 때 경성에 파견되었다. 그 후 『타이완일보』의 기자가 되었고, 다시 조선으로 건너가 『대구신문』의 발행에 관여한다. 1906년에는 『조선시사신보』 주필로 초빙되었다. 『조선시사신보』 폐간 후인 1907년 10월 『부산일보』를 창간했다. 64세에 세상을 떠날 때까지 사장을 역임했다.

---

21) 山室信一,『アジアびとの風姿—環地方学の試み』, 人文書院, 2017.

아쿠타가와 히로시는 다다시의 조카(아쿠타가와 주조芥川忠藏의 차남)다. 1893년 11월 구마모토시에서 태어났다. 육군 구마모토 지방 유년학교, 중앙유년학교. 육군사관학교를 거쳐 1914년 기병 소위에 임관되어 근위연대에서 근무했다. 1920년 기병학교 교관이 되었고 1929년에는 기병 소령이 되었다. 그러나 다다시의 사망(1928년 1월)에 따라 1929년 12월에 퇴역하여 『부산일보』 전무가 되었다. 1933년에는 『부산일보』 사장이 되었지만 루거우차오 사건이 일어난 1937년에 조선군 참모부의 정보주임참모 보좌로서 군에 복귀했다. 그해 10월 신문반이 창설되었을 때 그는 내지인 선전 담당 장교(소령)로 임명되었다. 신문사 사장을 거친 그의 실무 능력은 군 내외에서 존중받았다.

아쿠타가와 히로시는 영화 제작이나 선전 부문에 힘을 쏟았다. 1939년 11월 17일에는 경성 반도호텔에서 군 보도부 주최의 좌담회를 열었다. 이 자리에서 아쿠타가와는 "조선 영화를 육성할 유일한 길은 조선 영화의 시장을 내지나 만주 방면으로 확대하여 채산을 맞추는 일이다. 그렇게 하기 위해서는 조선어를 폐지하고 국어(일본어)로 바꿀 수밖에 없다"는 견해를 말했다(『매일신보』 기사). 이에 대해 베테랑 감독인 박기채는 "시장 개척이 안 되는 것은 언어 문제가 아니라 기술적인 문제 탓이다"라고 반박했다.

이 시기에는 일본어와 조선어라는 이중 언어 영화인 최인규 감독의 〈수업료〉가 촬영 중이었다. 조선 영화의 언어 문제가 군 보도부를 끌어들여 논의되었다는 것을 보여준다.

히나쓰 에이타로의 〈너와 나〉

아쿠타가와 히로시의 조선군 보도부 시절의 최대 일은 히나쓰 에이타로(본명 허영) 감독에 의한 내선일체 영화 〈너와 나〉를 프로듀스하고 조선군 보도부 제작으로 공개한 것이다.

이 영화는 필름이 분실되었지만 2009년 봄에 16밀리미터 프린트의 일부(24분 분량, 전체의 20퍼센트에 해당한다)가 발견되어 한일 양국에서 상영되었다. 리샹란이나 미야케 구니코三宅邦子, 오스기 이사무小杉勇, 나가타 겐지로永田絃次郎(김영길), 문예봉, 김소영 등 유명 배우가 출연했다. 발견된 필름에는 행군하는 조선인 지원병, 훈련에 먹을 것을 가져오는 조선인 부인, 부여 백마강의 배 위에서 노래하는 출연자들의 모습을 확인할 수 있다. 우치미 아이코·무라이 요시노리의 『시네아스트 허영의 '쇼와'』[22]에 따르면 아쿠타가와 히로시는 〈너와 나〉의 각본을 몇 번에 걸쳐 체크하고 일부를 고쳤다.

히나쓰 에이타로는 1922년경에 도일하여 마키노영화나 쇼치쿠 시모카모松竹下加茂촬영소에서 조감독을 했고 각본도 썼다. 〈너와 나〉를 통해 감독으로 데뷔한 히나쓰 에이타로는 1942년 육군 보도반원으로 종군하고 자바에서 〈호주에 외치다(濠州への呼び声, Calling Australia)〉를 감독했다. 제16군 특별첩보부 별반別班이 제작한 영화로, 일본군은 포로를 후대하고 있다는 선전 영화였다.

도쿄재판에서 이 영화는 오히려 포로 학대 혐의를 받았다. 히나쓰 에이타로는 패전 후에도 인도네시아 현지에 머물며 조선 이름을 부활시킨 '후융'이라는 이름으로 영화감독이나 연극 지도를 했다. 1952년, 향

---

22) 内海愛子·村井吉敬, 『シネアスト許泳の『昭和』』, 凱風社, 1987.

년 마흔셋의 나이로 인도네시아에서 사망했다.

히나쓰 에이타로의 생애는 우치미 아이코 등의 노작 외에 유복자인 히나쓰 모에코의『월경의 영화감독 히나쓰 에이타로』[23]에 상세하게 나와 있다. '상하이파'인 전창근 감독이 연출한 〈복지만리〉와 함께 조선인 감독에 의한 동아시아 영화로서 논하고 싶은 작품이다. 〈복지만리〉는 이창용의 고려영화협회가 아마카스 마사히코의 만주영화협회와 합작한 '선만일여鮮滿一如' 영화다.

아쿠타가와 히로시의『부산일보』는 1941년 5월 총독부의 '1도 1지 一道一紙' 정책에 의해 부산의 경쟁지인『조선시보』와 마산의『남선일보』를 흡수·합병하여 경상남도에서 유일한 일간지가 되었다. 아쿠타가와 히로시는 그해 12월『부산일보』로 복귀했다. 그 전달인 11월에 〈너와 나〉가 공개되었다. 아쿠타가와 히로시는 경성에서의 검열 군무軍務에서 벗어나 경상남도 전체 언론 활동의 총수로서 등용된 것이다.

패전 후 아쿠타가와 히로시는 부산 일본인 돌봄회의 고문으로서 조선반도에서 귀환하는 사업에 진력했다. 함께 활동했던 아쿠타가와 가즈오芥川和男는 히로시의 장남이고, 돌봄회 회장 겸 연락부장을 했던 아쿠타가와 노리芥川典는 히로시의 동생(주조의 삼남)이다.

김학성과 가나이 세이이치

최인규 감독의 〈집 없는 천사〉는 김학성이 조국에서 촬영한 두 번째 영화다.

---

23) 日夏もえ子,『越境の映画監督·日夏英太郎』, 文芸社, 2011.

창씨명은 가나이 세이이치金井成一다. 다나카 후미히토의 다큐멘터리 영화 〈두 개의 이름을 가진 남자─카메라맨 김학성·가나이 세이이치의 족적2つの名前を持つ男─キャメラマン金学成·金井成一の足跡〉(2005)은 전전·전후 일본과 한국 영화계를 살았던 영화 카메라맨의 생애를 기록했다. 1970년에 태어난 다나카 후미히토는 다큐멘터리 드라마를 제작하며 베테랑 카메라맨인 오카자키 고조岡崎宏三(1919~2005)와 알게 되었다. 전전의 신코키네마 오이즈미촬영소(현재의 도에이 도쿄촬영소) 시절, 김학성과 오카자키는 친구 사이였던 것이다.

김학성은 1913년 수원에서 태어났다. 누나는 무성영화 시대에 활약한 유명한 배우 겸 가수 김연실(나중에 한국전쟁 때 행방불명)이다. 필름이 현존하는 안종화 감독의 〈청춘의 십자로〉(1934)의 여주인공이다. 오빠인 김학근이 영화 변사여서 세 명이 모두 영화계에서 활약하는 계기가 되었다. 센슈대학專修大學에 유학했다가 귀국한 후 이필우 등의 촬영 조수를 하고 있었다. 그러다가 촬영 기술을 본격적으로 배우기 위해 다시 일본으로 건너간다. 1936년 신코키네마 오이즈미촬영소에 촬영 조수로 입사한다. 스야마 마사키須山真砂樹 감독의 〈아내여, 어디로 가는가妻よ何処へ行く〉(1940)에서 촬영기사로 승격한다. 그리고 후카다 슈조深田修造 감독의 〈어느 여변호사의 고백〉(1940)을 촬영했다.

오카자키는 다나카에게 김학성(가나이 세이이치)의 추억담을 자주 들려주었다. "멋쟁이에다 잘생기고 전에는 학생 복서였고 촬영부의 스태프 점퍼를 디자인한 사람도 가나이였어." 오카자키는 "촬영소 여기저기에 조선인이 있었지" 하고 말했다. 신코키네마 이외에도 교토 우즈마사촬영소(현재의 도에이 교토촬영소)에 조선에서 온 영화인이 적지 않았다. 〈집 없는 천사〉의 프로듀서 이창용이나 김성춘(조명), 이규환(연출)도 1932년 당시 이곳에서 수련하고 있었다. "도카쓰東活 교토에는 박기채(연출)와 양세웅(촬영), 김유영(연출) 등이 있었다. 〈집 없는 천사〉의 감독 최인규가 운전수를 하며 교토의 촬영소에 입사하려고 하다가 좌절했다는 이야기는 앞에서 이미 소개했다.

무성영화 시대부터 유성영화로의 전환기에 최인규나 김학성 등은 일본의 촬영소에서 실무를 습득한 조선 영화계의 제2세대다.

무성영화 시대의 나운규 감독(대표작 〈아리랑〉, 1926) 등이 제1세대다. 유성영화 시대를 짊어진 최인규 감독(대표작 〈수업료〉, 1940) 등이 제2세대이고, 그 제자인 신상옥 감독(대표작 〈사랑방 손님과 어머니〉, 1961) 등이 제3세대다. 그의 제자인 이장호 감독(대표작 〈바람 불어 좋은 날〉, 1980) 등이 제4세대다. 현재는 그다음인 제5세대(한류 시네마기) 및 제6세대일 것이다. 한국 영화계는 임권택 감독(대표작 〈서편제〉, 1993) 등의 예외를 제외하고 세대교체의 속도가 빠른 것이 특징인데, 이것은 안타까운 부분이기도 하다.

김학성은 일시 귀국하여 방한준 감독의 〈성황당〉을 촬영했다. 향토색 짙은 영화로 "아름다운 화면을 구사하여 장래가 촉망된다"는 평가를 받았으며 일본에서도 상영되었다. 이듬해에 이창용의 고려영화협회에 촬영부 주임으로 입사하여 최인규 감독의 〈집 없는 천사〉와 방한준 감독의 〈풍년가〉(1942)를 찍었다.

일본에서는 〈집 없는 천사〉와 같은 무렵 시미즈 히로시淸水宏 감독의 〈미카에리의 탑みかへりの塔〉(1941)이 공개되었다. 실화를 바탕으로 한 아동영화다. 도벽이나 습관적으로 거짓말을 하는 버릇이 있는 아이들 200명을 재교육하는 오사카의 시설이 무대여서 〈집 없는 천사〉의 설정과 비슷하다. 이것도 문부성 추천 영화가 되었지만 상영까지는 아

무런 지장이 없었다. 조선 영화 〈집 없는 천사〉가 맛본 비운과는 대조적이다.

〈풍년가〉는 농촌의 미곡 증산운동을 주제로 한 영화다. 스태프 50명과 엑스트라 1500명이 강원도 일대에서 촬영했다. 1942년 2월 15일 경성 다카라즈카극장에서 이 영화를 본 소설가 이효석(대표작 「메밀꽃 필 무렵」)은 "또 하나의 태작駄作, 지금까지의 조선영화다, 거개 그러햇 듯이 한 편의 민속적인 풍속도風俗圖에 지나지 않는다"며 혹평했다.

도중에 영화 상영이 중단되고 '싱가포르 함락'이라는 관내 뉴스가 흘렀다. "도중에서 화폭畵幅이 끈허지고 관내館內에 불이켜지드니 라우드·스피이커가 싱가폴 함락陷落의 특별 『뉴으스』를 일너준다. 아나운서의 성도聲導로 관중觀衆이 만세萬歲를 화창和唱하다. 거리에 나서니 어딘지 없이 소연騷然한 기색이 떠돌며 축하의 장식裝飾 등이 발서 눈에 띄인다(잡지 『대동아』 1942년 3월호)"라고 기술되어 있다. 영화와 시대의 기억이 동거한 기록으로서 아주 흥미롭다.

1942년에 국책회사 '사단법인 조선영화제작주식회사'가 탄생하자 김학성은 이 회사 소속 촬영기사가 되어 안석영 감독의 〈조선에 온 포로〉(1943)[24]와 이병일 감독의 〈반도의 처녀들〉(1943)이라는 두 편의 문화영화를 촬영했다. 〈조선에 온 포로〉는 흥남으로 연행된 외국인 포로에 대한 기록 영화이고 〈반도의 처녀들〉은 여학교나 공장, 농촌에서 활약하는 젊은 여성들을 그린 음악 영화다. 극영화는 방한준 감독의 〈거경전〉을 촬영했다. 울산 근교의 장생포에서 촬영한 "해양 증산과 해양 사상의 보급에서 취재한 반도 첫 해양 활극(『매일신보』 1944년 1월 21일

---

24) 영국군 포로의 수용소 생활을 기록한 것으로, 황군이 그들을 얼마나 정당하게 취급하는지를 보여준 영화.

자)"이었다.

〈두 개의 이름을 가진 남자〉

다나카 후미히토 감독의 〈두 개의 이름을 가진 남자〉는 한국과 일본의 영화인에 대한 인터뷰가 인상 깊다. 김학성은 유현목 감독의 〈오발탄〉(1961)을 촬영했다. 한국전쟁 후 피폐한 한국 사회를 그린 명작이다. 유현목이 일본어로 말하는 추억담은 그 자신이 고인이 된 지금 귀중한 기록이다. 애연가였던 유현목이 "김학성 선생은 체인 스모커(줄담배를 피우는 사람)였는데"라고 말하는 것을 들으면 저절로 미소를 짓게 된다.

유현목은 해방 직후 동국대학교 국문과에서 유치진의 연극을 보기도 하고 오영진의 각본 강좌를 수강하기도 했다. 최인규 감독의 〈자유만세〉 촬영 현장을 보고 영화 서클을 결성하여 졸업한 후에는 곧바로 영화계에 들어갔다. "김학성 선생은 치밀한 사람으로 리허설을 충분히 했습니다. 배우한테도 친절하고 누구보다 일에 열심이었지요." 촬영 당시 유현목은 만성적인 자금 부족에 시달렸다. "필름은 없고 현상료는 비싸고." 이삼일 촬영하고는 열흘쯤 쉬는 식으로 1년에 걸쳐 완성했다.

김학성은 해방 후 조선영화건설본부(윤백남 위원장)에 참가하고 미군정 당국에서 의뢰받은 기록 영화를 촬영했다. 신경균 감독의 〈새로운 맹세〉(1947)를 촬영하며 극영화로 컴백했다. 〈새로운 맹세〉는 징용에서 귀환한 어촌의 청년들이 협력하여 마을을 재건한다는 계몽 영화다. 김학성은 이 영화로 데뷔한 주연 여배우 최은희(나중에 이혼하고 신상옥 감독과 재혼)와 결혼했다. 다큐멘터리 영화 〈여수순천 반란사건〉(1948)에서는 대한민국 수립 후 좌우 대결하에서 일어난 군부대의 반란사건을 기록했다. 한국전쟁 중에는 국방부 영화과의 촬영 책임자가 되어 기록 영화 〈정의의 진격〉을 촬영하던 중에 중상을 입었다. 1958년에는 한국 첫 시네마스코프 영화 〈생명〉(이강천 감독)을 촬영했다.

한국 영화 촬영의 거장 정일성(1929년 도쿄 출생)은 김학성의 애제자다. 1955년부터 미 공보부에 재직하던 당시 김학성 밑에서 3년간 수습 기사로서 가르침을 받았다. 방대한 일본어 장서를 등지고 정일성이 다나카의 인터뷰에 답한다.

"기술이 영화를 만드는 게 아닙니다. 사람과 사람의 만남이 영화를 만듭니다." 정일성은 김학성으로부터 그것을 배웠다. "피사체의 마음을 어떻게 읽어낼까. 영화의 기술을 다루는 것은 사람이다"라고. 정일성은 나중에 김기영 감독의 〈화녀〉(1971), 하길종 감독의 〈바보들의 행진〉(1975), 김수용 감독의 〈만추〉(1981), 임권택 감독의 〈만다라〉(1981) 등 한국 영화의 대표적 수작을 촬영했다. 정일성은 김학성 뒤를 이은 제3세대, 제4세대의 영화 카메라맨으로서 한국 영화 융성의 기초를 만든 인물이다. 정일성이 〈서편제〉(1993) 등에서 보인 영상미는 한국의 전통미를 끝까지 살려냈다.

오카자키 고조는 1971년 서울을 처음으로 방문하여 김학성과 30년 만에 재회했다. 당시의 기념사진을 보면 두 사람이 얼마나 사이가 좋았는지는 일목요연하다. 시대가 바뀌어도 변하지 않는 신뢰 관계가 있었다. 남을 잘 돌봐주었던 사람인 김학성은 1980년 오카자키에게 편지를 보내 후배 감독의 일본 연수를 지원해주도록 의뢰했다. 그 단정한 일본어 문장에서 꼼꼼한 일처리로 알려진 그의 인품을 알 수 있다. 이것이

생전의 마지막 편지가 되었다. 김학성은 1982년에 타계했고, 오카자키 고조는 2005년에 세상을 떠났다. 오카자키의 대표작은 가와시마 유조川島雄三 감독의 〈노렌暖簾〉(1958), 고바야시 마사키小林正樹 감독의 〈내 목숨을 걸고いのちぼうにふろう〉(1971), 이마이 다다시 감독의 〈전쟁과 청춘〉(1991) 등이다.

다나카 후미히토가 〈두 개의 이름을 가진 남자〉를 촬영하던 중에 〈집 없는 천사〉의 필름이 베이징에서 발견되었다는 소식이 들려왔다. 〈집 없는 천사〉에 출연한 조선인 아동 역인 송환창이 건재하다는 사실도 알았다. 영화에서는 '시로카와 에이사쿠白川栄作'라는 이름으로 출연했다. 시미즈 히로시가 1940년 경성에서 단편영화 〈친구ともだち〉를 촬영했을 때 소학교 4학년이었던 그는 인기 아동 역이었던 요코야마 준横山準(예명은 폭탄 꼬맹이爆弾小僧)과 공연했다. "감독님께서 이름이 뭐냐고 물어서 송입니다, 라고 대답했더니 중국인 같다고 해서 그 자리에서 '이성춘'이라는 예명을 지어주었습니다." 따라서 송환창, 이성춘, 시로카와 에이사쿠는 동일인물이다.

송환창이 능숙한 일본어로 말했다. "최인규 감독은 뭐랄까, 성격이 급한 사람이었지요. 배우나 스태프는 늘 호통 치는 소리를 들었습니다." 송환창은 "아동 역할을 하는 아이한테는 그렇지도 않았다"고 말했지만 갑자기 믿기는 힘들다. 그는 출연료 없이 학교를 반년 가까이 쉬며 영화 촬영에 참여했다고 한다.

〈두 개의 이름을 가진 남자〉는 2005년 10월 야마가타 국제다큐멘터리영화제에서 상영되었다. 〈집 없는 천사〉도 64년 만에 이 자리에서 상영되었다. 한국영상자료원장이 해설을 하기 위해 일본으로 왔다. 안내 기사를 본 니시키 모토사다의 유족이 상영장으로 찾아왔다. 그것이 계기가 되어 유족이 보관하고 있던 각본이 자료원에 기증되었다. DVD가 이듬해에 발매되었을 때 각본은 부록으로 첨부되었다. 다나카 후미히토의 김학성 다큐멘터리가 〈집 없는 천사〉의 필름 발견과 연동하여 한일 네트워크를 재구축시켰던 것이다. 1995년 가와키타기념재단이 이전할 때 다나카는 아르바이트로 일을 했는데 도와상사의 조선 영화에 관련된 자료를 골판지 상자에 넣는 일이었다는 일화가 있다. 다나카는 "나중에 반드시 도움이 되는 날이 올 거라고 확신했다"고 한다.

제주도에 간 고아들

해방 후 향린원은 어떻게 되었을까.

『동아일보』의 데이터베이스에는 해방 후에도 갱생원 설치(1946년 6월), 농업연구소 설치(1946년 11월), 독립운동가 김구의 기부(1947년 5월), 아동영화 상설관을 진정陳情(1948년 2월) 등의 기사가 보인다. 부산 근교를 흐르는 낙동강의 진우도에 한국전쟁 고아를 위한 시설을 만들었지만(1955년 2월), 그 후 태풍 피해를 당해 폐쇄되었던 모양이다.

방수원 목사의 저서 『집 없는 천사』(1943)에는 다음과 같은 기술도 있다.

1943년 2월. 100명 가까이로 늘어난 향린원의 아이들 중 33명이 제주도 개척대로서 제주도 남부 서귀포로 이주했다. 일본인 토지 소유자가 가가와 도요히코에게 무상으로 양도한 토지로, 중문면 부근의 약 400만 평의 옥토라고 한다. 현재 리조트 호텔이 늘어선 중문관광단지 일대다. '만몽개척 청소년 소년의용대'를 연상시키는 프로젝트인데 내게는 그들의 '그 후'가 마음에 걸린다.

입식 5년 후인 1948년, 제주도에서는 좌우 대립의 대혼란(4.3사건과 학살)이 일어났다. 농민 수만 명이 학살당했다고 한다. 그들은 어떤 운명을 맞았을까.

제3장
'해방' 전후의 조선 시네마

1945년 전후의 수년간 조선 시네마의 동향을 검증하고자 한다. 가장 중요한 시대인데도 연구가 가장 뒤떨어진 시대다.

최인규 감독의 〈집 없는 천사〉가 공개된 1941년은 조선 영화계가 자율적으로 영화를 만들었던 마지막 해였다. 1942년 9월 조선의 영화회사 10개사는 국책회사 '사단법인 조선영화제작주식회사'로 통합되었다. 총독부에 의한 일원 지배가 시작되고 조선 영화인의 자주성은 봉쇄되었다.

1945년 8월의 '해방' 후 일본과 조선 영화인은 월북, 납치, 종군, 귀환 등 각기 다른 길을 걷게 된다.

국책회사의 일원 지배

"이제 조선에서 영화는 만들지 않아도 된다는 듯한 정보국이나 내무성 쪽의 분위기가 엿보였다." 다카시마 긴지의 『조선영화통제사』(1943)에는 궁지에 몰린 조선 영화계의 내부 사정이 아주 상세하게 기록되어 있다. 조선의 영화회사가 국책회사 '조선영화제작주식회사'로 일원화되는 과정을 그린 다큐멘터리다. 다카시마는 군소 회사의 하나인 '경성발성영화제작소'의 대표자이고 조선영화제작주식회사에서는 총무 담당이 되었다.

"내지에서 조선 영화의 가치는 인정받지 못하고 불과 두세 편의 영화가 의붓자식 취급을 받으며 마지못해 상영된 정도였기 때문에 문제가 되지 않은 것이 당연하고, 대동아 전역에 미치는 영화 정책을 수립하려는 정보국, 군부가 그 존재에 관심을 갖지 않은 것도 무리는 아니라고 할 수 있을 것이다."

다카시마의 필치에는 조선 영화에 몰이해한 내지 관료에 대한 분노가 느껴지고 또 약간 자조적이기도 하다. '일원화'가 당시 조선 영화계의 키워드다.

일본 영화계가 도호, 쇼치쿠, 다이에이, 이 세 회사로 흡수 통합된 시대다.

"필름은 탄환이다. 이제 민간에 돌릴 필름은 하나도 없다"라는 대본영 보도부장의 발언(1941년 8월)이 일본 영화계에 충격을 주기 이전인 1941년 1월 경성에는 "조선용의 생필름은 일시 배급을 중지한다"는 거짓 정보가 날아들어 큰 소동이 벌어졌다.

1939년 10월 영화법이 제국의회를 통과하고 일본 영화는 정부의 통제하에 놓였다. 여기에 연동하여 조선에서는 1940년 1월 조선영화령이 공포되었다.

영화제작자는 총독부의 허가를 받아야 했고 영화 종사자는 의무적으로 총독부에 등록해야 했다. 각본의 사전 검열, 영화의 사후 검열이 이루어졌다. 1941년 1월부터 필름 배급제가 시행되고, 10월에는 국책회사 '조선영화배급주식회사'가, 1942년 9월에는 '사단법인 조선영화제작주식회사'가 발족했다.

조선 영화인의 추종 자세도 두드러졌다. 1939년 8월에 결성된 조선

영화인협회(안종화 회장)는 미나미 지로 총독의 선도로 부여신사(궁내성에서 공물이 봉납되었던 격이 높은 신사급)의 창건이 정해지자 1941년 2월 조선문인협회, 조선연극협회 등과 함께 문화인성추부대文化人聖鍬部隊를 결성하고 서광제나 안석영, 이규환 등을 현지에 파견하는 등 내선일체의 색채를 더해 나갔다.

국책회사 창설에 이르는 과정을 다카시마는 '암중모색'으로 형용했다. 그러나 객관적으로 보면 '어둠속의 이매망량魍魅魍魎'이라고 하는 것이 더 적절할 것이다. 군소회사마다 합종연횡을 꾀하기도 하고, 내지의 영화 관계자를 끌어들이기도 하는가 하면, 현금을 가방에 넣고 영화 회사의 사장을 찾아간 투자가도 있었다. 필름의 암거래가 발각되어 만주로 줄행랑치기 직전에 체포된 사람도 있었다.

이런 사태를 맞이하여 고려영화협회의 이창용은 어떻게 대처했을까. 조선 영화계의 희망이었던 그 영화 기획자를 말한다.

『조선영화통제사』에는 다음과 같은 기술이 있을 뿐이다.

"경영상의 문제로 출자자 측과 히로카와 씨(이창용) 사이에 여러 가지 문제가 있었던 듯 결국 히로카와 군은 제일선에서 물러나 평이사가 되고 멤버를 일신했다."

놀랍게도 이창용은 영화 제작의 세계에서 돌연 은퇴한 것이다. 조선 영화계의 기대를 한 몸에 받은 기백이 날카로운 프로듀서의 말로치고는 너무나도 허망하다.

"돈은 얼마든지 있다고 말했던 이(창용) 씨가 200만 엔의 회사는커녕 20만 엔의 촬영소 하나도 만들지 못하고 영화계의 최전선에서 사라진 것을 보면 무책임하고 무능력하다기보다는 조선 영화계에 얼마나 인재가 없는가 하는 것을 새삼 느낀다."

이는 월간지 『조광』의 영화란에 실린 익명의 기사다. 이창용이 전성기 무렵에는 "오늘은 도쿄, 내일은 신징(만주국의 수도)을 바삐 돌아다닌다"는 선전 기사가 실렸지만 그 무렵과는 큰 차이가 있는 야유조다. 이창용의 은퇴 배경에 금전 트러블이 있었던 것은 상상하기 어렵지 않다. 조선 영화 발전의 꿈을 그린 사람은 검열 당국의 규제에 의해 내지 진출의 야망이 봉쇄당한 채 조선이라는 자기 주변에서 일어난 내분에 의해 좌절하고 말았다.

"히로카와 씨는 지체 없이 고려영화협회를 떠나 하세가와초長谷川町(소공동)에 '조선영화문화연구소'라는 간판을 내걸고 조선군 제작의 〈너와 나〉의 배급을 시작했다."[1] 이창용은 조선 영화계가 대망해온 영화 제작자였지만 10년도 안 되어 배급자의 모습으로 돌아왔다. 그 이래 그가 다시 영화 제작의 꿈을 이야기하는 일은 없었다.

스포츠맨인 이창용은 영화 동료를 모아 야구팀을 만들고 『경성일보』 등과 시합을 했다. 문예봉이나 김소영 등의 여배우들이 응원하러 왔다고 한다. 그 광경이 눈에 선하다. 하얀 야구공을 쫓으며 그는 어떤 심경이었을까.

내선결혼 영화 〈너와 나〉

히나쓰 에이타로(허영) 감독의 국책영화 〈너와 나〉의 필름은 전체의 20퍼센트 정도밖에 남아 있지 않다. 전체 내용은 분명하지 않지만 시

---

1)　高島金次, 『朝鮮映画統制史』, 朝鮮映畫文化硏究所, 1943.; 다카시마 긴지, 김태현 옮김, 『조선영화통제사』, 인문사, 2012.

나리오(『영화평론』 1941년 7월호)를 읽으면 "'대륙병참기지'인 조선반도에서 이랬으면 좋겠다는 조선군이나 총독부의 바람을 남김없이 담았다(우치미 아이코·무라이 요시타카, 『시네아스트 허영의 '쇼와'』)"는 것을 알 수 있다.

이 영화에서 김소영은 출정하는 일본인 청년 아사노 겐조(가와즈 세이자부로河津清三郎)의 여동생 아사노 미쓰에(아사기리 교코朝舞鏡子)의 친구인 이백희 역으로 출연한다. 주인공인 조선인 지원병 가네코 에이스케(나가타 겐지로永田絃次郎)와 미쓰에가 결혼한다는 '내선결혼' 장려 영화이기도 하다. 첫 부분에서 에이스케가 출정 병사를 전송하는 경성역 장면은 경성역에서 촬영되어 병사도 역장도 실제로 그 일을 하고 있는 사람들을 동원했다고 한다.

남아 있는 필름은 불과 24분간이지만 볼만하다.

청년들의 행진이나 훈련 사이의 휴식 장면, 백제의 고도 부여를 흐르는 백마강에서 뱃놀이를 하는 장면이 있다. 나가타 겐지로(본명 김영길)와 뱃사공(김정구)의 노래가 부여의 아름다운 풍경과 융합하는 장면이 이 영화의 하이라이트 부분이다. 조선악극단의 인기가수 김정구는 〈낙화삼천〉을, 일본에서 인기 테너였던 나가타 겐지로가 경기 민요 〈양산도〉를 부른다.

멀어져가는 낙화암, 백화정. 조선인 지원병인 에이스케(나가타 겐지로)가 설명한다.

"저 바위가 그 유명한 낙화암입니다. 백제의 궁녀 삼천 명이 당나라와 신라 군대에 항복하는 것을 수치스럽게 여겨 백마강에 몸을 던져 안타깝게도 산화한 사적이지요."

사공(김정구)의 노래. 에이스케가 "지금 사공이 부르는 노래가 〈낙화삼천〉이라는 민요입니다. 당시의 서글픈 모습이 떠오르지요"라고 말한다.

미쓰에(아사기리 교코)는 가만히 노래를 듣고 있다. "조선의 노래는 대체로 애조를 띠고 있네요." 에이스케가 대답한다. "그렇지는 않습니다. 조선의 옛날 노래는 전체적으로 굉장히 밝습니다. 예컨대 〈양산도〉가 그렇습니다."

이번에는 에이스케가 〈양산도〉를 부른다. 사공은 장구를 어깨에 걸고 "좋~다" 하고 장단을 맞춘다. 에이스케의 노래를 태우고 배는 백마강을 내려간다.

시나리오에는 없었던 리샹란(야마구치 요시코)이 출연한 장면도 있다. 에이스케의 노랫소리에 맞춰 여성의 노랫소리가 들려온다. 만주복 차림의 리샹란이 강가에서 노래를 부르고 있었던 것이다. 리샹란을 포함한 세 명의 노랫소리는 일품이다.

나는 부산과 도쿄에서 두 번쯤 이 영화를 봤다. 극중에 "부여는 내선일체의 성지다"라는 대사가 있다. 쓴웃음을 짓고 말았다. "부여는 한일친선의 원점이다"라는 표현을 현지에서 들은 적이 있기 때문이다. 내선일체를 '한일친선'으로 대체하면 지금도 통용되는 발상인 셈이다.

리샹란과 김소영

리샹란이 출연한 장면은 이바라키현 도네가와에서 촬영되었다. 그날의 촬영 모습을 김소영이 일기에 적었다. 그녀는 나가타 겐지로나 아사기리 교코와 함께 배를 타고 있다는 설정이어서 리샹란 등과 함께 도네가와까지 갔기 때문이다.

김소영의 일기(한글)를 요약한 것이다.

상하이에서 리샹란이 도착했다. 료코쿠에서 만나 도네가와에서의 촬영을
위해 떠났다. 날씨도 좋아 기분이 씻은 듯했다. 쓰노미야역에서 내려 배로
갈아탔다. 도네가와의 풍경은 말로 할 수 없을 만큼 아름다웠다. 무성한 갈
대 사이를 배가 나아간다. 강변에 무화과 열매가 배로 다가온다. 갑판에 올
라 무화과 열매를 땄다. 비는 잠시 강폭이 넓은 곳으로 나가 이타코에 도착
했다.[2]

월간지 『삼천리』 1941년 12월호에 게재된 촬영 일기는 김소영 등의
행동을 즐겁게 기록하고 있다. 이 여배우는 의외일 만큼 부지런히 글을
썼다.

이타코 호텔에 여장을 풀고 김소영은 피로를 씻으려고 목욕을 했다.
저녁식사 시간에는 현지 게이샤들이 와서 소박한 향토 무용을 피로했
다. 같이 간 다른 여배우들 예닐곱 명도 춤을 추었다. 노래도 부르고 야

---

2) 10월 ×일 일기의 전체는 이렇다. "오날은 상해에서 李香蘭氏가 왔음으로 오전 9시에
   兩國養에 모여 利根川 로케-숀을 떠났다. 日氣는 어찌 좋은지 정신이 새로워지는 것
   같다. 일행은 津宮驛이라는 데서 내리어 배를 바꾸어타고 利根川沿岸을 달리었다. 利根
   川의 풍경이란 말할 수 없이 아름답다. 갈대가 잔뜩 쌓인 언덕과 언덕사이로 배가 다
   닌다. 배래야 물론 ポンポン船이니 말할 것 없이 조고마한 배다. 배에서 내다보면 양
   쪽 언덕에 있는 무화과 열매가 배우에까지 추-ㄱ 추-ㄱ 네리디렀다. 우리들은 「뎃기」
   에 올나가 무르닉은 무화과 열매를 따먹으며 어린애 모양으로 날뛰고 좋와했다. 얼마
   후 배는 넓분 강으로 나와서 얼마를 달리다가 湖來라는데 도착했다. 湖來호텔에 旅具
   를 풀었다. 종일 떠드러대고 난 피로도 목욕을 하고나니 푸러졌다. 夕飯때는 湖來에 있
   는 기생들을 불러다. 그 곳 鄕土舞踊을 구경했다. 무용에 대한 아무런 지식도 없는 나
   라 분간할 수는 없으나 퍽이나 소박한 무용이라고 생각했다. 六船에서 간 6, 7人 여배
   우들도 춤을 춘다. 노래를 한다, 야단들이다. 李香蘭孃과 나는 고단하다고 먼저 물러나
   왔다. 나는 2층난간에 기대여 利根川를 바라보면서, 문득 枯れすすを라는 옛노래를 머
   리에 떠올렸다."

단법석이었다. 리샹란과 김소영은 일찌감치 자리에서 빠져나왔다. 2층 방의 난간 너머로 도네가와를 바라보며 김소영은 〈마른 참억새〉라는 노래를 떠올렸다.

이튿날. 촬영을 마친 리샹란과 김소영, 아사기리 교코, 이 세 사람은 오후에 한 발 앞서 배로 촬영 현장을 출발했다. 셋은 배 위에서 상하이나 베이징, 조선, 내지의 영화평을 하며 이야기꽃을 피웠다. "리샹란양李香蘭孃은 참 자미滋味있는 사람이다. 처음 인상과는 전연 다른 매력을 느낄 수 있었다. 얌전한 아사기리양朝霧孃을 꽁생원이라 한다면 리양李孃은 재동才童이라고 부르고 싶다. 언성言聲, 얼골, 표정하며, 보면 볼사록 정이 붙고 아름다워 보인다." 김소영은 일기에 이렇게 적었다.

세 여배우는 사이가 좋다. 김소영의 관찰력에도 감탄한다. 쓰노미야에서 배를 내린 세 사람은 기차 시간까지 한 시간쯤 여유가 있어서 쇼핑을 했다. 아사기리는 고구마 한 관(3.7킬로그램)을 샀다. 집으로 가져가 어머니께 자랑할 거라고 한다. 리샹란은 계란 10개와 밤 한 자루를 샀다. 김소영은 그림엽서를 사기로 했다. 엽서에 글을 써달라고 해서 의정부(경성에서 북쪽으로 20킬로미터)에 있는 신혼집에 보낼 거라고 하자 두 사람이 달려들어 그림엽서에 뭔가를 써주었다. 열차 안에서도 세 사람의 대화는 시간 가는 줄 모르고 고조되었다.[3]

그 다음 날은 김소영이 경성으로 돌아가는 날이었다. 오후에 긴자로 나가 아사기리를 만나 하루 종일 함께 돌아다녔다. "우리 둘은 2개

---

3) 이 부분의 원문은 이렇다. "우리들은 津富(津宮의 오기)에서 배를 버리고 약 1시간 동안이나 여유가 있으므로 거리에서 물건을 샀다. 朝霧孃은 고구마를 1貫사서 책보에 싸며 집에 가지고 가서 어머님에게 자랑을 한다고 한다. 李孃은 계란 10여개하고 밤을 한 封 샀다. 나는 혼자 멍-하니 섰다가 繪葉書를 사기로 했다. 「요세가끼」를 해서 새로 이사간 議政府 우리집에 보낸다고 자랑을 했드니 모-두 달려들어 써주었다. 차시간이 다-되여 우리들은 차에 올났다. 차에서도 어쩌나 떠들었는지 시간가는 줄을 몰랐다."

월ヶ月 밖에 안 되는 동안에 퍽이나 친해졌기 때문에 옆에 사람들이 영화에서만이 아니라 참된 내선일체內鮮一體의 한 쌍이 생기였다고까지 하였다. 떠날때는 퍽이나 섭섭했다.” 김소영은 이런 말로 일기를 마무리한다.

김소영과 아사기리 교코는 정말 사이가 좋았다.

〈너와 나〉에서 공연한 문예봉이 좌담회(『삼천리』 1941년 12월)에서 “아사기리 교코는 어쩌면 그렇게 상양하구 자상할까”라고 말하자 김소영은 “사귈수록 더 좋은 여자두군요”라고 대답한다.

1921년생인 아사기리 교코는 이제 잊힌 배우다. 쇼치쿠 소녀가극학교 출신의 사랑스러운 여배우였다. 만화가 후지코 후지오藤子不二雄Ⓐ(본명 아비코 모토오安孫子素雄)가 도야마의 고등학생이었을 때 아사기리가 출연한 노무라 히로마사野村浩将 감독의 〈결혼 선수 시미킨シミキンの結婚選手〉(1948)을 보고 그녀의 열렬한 팬이 되었다는 일화가 있다. 아사기리는 이 영화에서 공연한 희극 남자배우 시미즈 긴이치清水金一(애칭이 시미킨)와 결혼했다. 남편의 인기가 시들자 신주쿠 3초메에 카페 가게 ‘간지’를 열어 살림을 떠받쳤다. 시미즈의 두 번째 아내다. 재혼한 것은 김소영과 같은 경우다. 아사기리는 시미즈가 1966년에 세상을 떠날 때 병시중을 들었다. 이것은 김소영과 다른 부분이다. 아사기리는 1999년 78세를 일기로 세상을 떠났다.

아사기리 교코와 김소영이 교유한 일의 백미는 긴자에서의 조선복 데이트다.

1941년 10월 모일.

“오날은 세트 촬영도 끝이 났다. 오후에 아사기리양朝霧嬢이 동무를 다리고 긴자銀座로 놀러 가자고 찾아왔다. 오날은 아사기리양朝嬢(霧 누

락)과 똑같이 조선朝鮮 옷을 입고 나가기로 약속했기 때문에 우리 둘은 똑같이 하눌색 저고리에 흰치마를 입고 나갔다. 아사기리양은 어찌나 조선 옷이 잘 어울리는지 몸매 고흔 조선 아가씨 이상이였다. 함께 온 동무는 조선 옷이 아름답다고 칭찬이 놀납다. 우리 3인은 긴자산보銀座散步를 하고 저녁을 먹고나니 비가 오기 시작했다. 할 수 없이 상점에 들어가 지紙우산을 하나 사가지고 나와 코롱벤コロンベン이라는 끽다점喫茶店에 들어갔다. 손님들이 눈이 뚱그레서 우리들을 처다보며 조선쿠냥朝鮮クーニャン 스바라시이素晴しい[4]라고 야단들이다. 우리들은 아까 거리에서 몇번인가 그런 소리를 드렀기 때문에 그닥지 신통하지도 않었다."

'쿠냥姑娘'은 중국어로 '소녀, 아가씨'라는 뜻인데, 조선인과 중국인을 구별할 수도 없는 일본인에게 김소영은 쓴웃음을 지었을 것이다. 아사기리 교코와 김소영처럼 사이좋은 교제는 한류 붐 속에서 알게 된 한일 여성들 사이에서도 빈번하게 보였다. 만주영화협회(리샹란)-조선영화제작주식회사(김소영)-쇼치쿠(아사기리 교코), 이 세 배우가 공연하는 모습이 영화에 남고, 세 여배우의 대화를 적은 김소영의 일기가 있는 것은 긴 한일 교류사의 한 시대 기록으로서 귀중하다.

〈너와 나〉의 주역을 한 나가타 겐지로(본명 김영길)는 1909년 평안남도에서 태어났다. 평양의 숭실전문학교를 중퇴하고 스무 살 때 도일했다. 육군도야마학교陸軍戶山学校 군악대를 수석으로 졸업한 후 1930년대에 인기가수로서 활약했다. 영화 〈수업료〉에서 주인공인 조선인 소년이 눈물을 흘리며 노래하는 〈애마진군가〉(1939)는 각 회사가 경쟁적으로 만들었는데, 나가타 겐지로와 나가토 미호長門美保(도쿄음악학교를

---

4) 素晴らしい. 이는 당시 잡지의 오기다.

졸업한 오페라 가수)의 킹레코드 판이 최대 히트곡이 되었다.

나가타는 전후인 1946년 8월 15일에는 간다공립강당에서 열린 재일본조선인연맹 주최의 경축대회에서 조선 민요 〈박연폭포〉 등을 노래했다. 1960년에 일본인 아내, 1남 3녀와 함께 북한으로 귀환했다. 공훈배우라는 칭호를 받았지만 곧 소식이 끊겼다. 2006년에 수기가 발표되어 '부자연스러운 복권'이 이루어지고 1985년에 사망했다는 사실이 확인되었다.[5]

김영길(나가타 겐지로)과 대조적인 음악 인생을 걸은 사람은 작곡가인 김동진(1913~2009)이다. 김영길과 마찬가지로 숭실전문학교에서 배운 후 일본고등음악학교에서 바이올린을 배웠다. 만주의 신징교향악단에서 작곡을 담당했다. 해방 후 현재의 평양국립교향악단을 창설하고 조선음악동맹 초대 위원장이 되었다. 그러나 목사인 아버지가 수감되는 등의 박해를 받았기 때문에 한국전쟁이 일어난 1950년에 월남했다. 한국예술원 종신회원이며 한국에서는 숭실전문학교 시절에 작곡한 가곡 〈가고파〉(1933) 등으로 잘 알려져 있다.

경성의 구마가이 히사토라

1944년의 잡지 『일본영화』(8월 1일호)의 조선 영화 단신에 감독 구마가이 히사토라(1904~86)라는 이름이 등장한다. 하라 세쓰코의 형부(둘째 언니의 남편)다. 해군성 후원의 국책영화 〈상하이 육전대〉를 감독하고 우익단체 스메라학숙에 경도된 영화인이다. 그의 프로필에 대해서는

---

5) 喜多由浩, 『北朝鮮に消えた歌声―永田絃次郎の生涯』, 新潮社, 2011.

이 책 제1부에서 상술했다.

구마가이는 '조선영화제작주식회사'를 개편하여 만들어진 '조선영화사'의 제작부 수뇌로서 촉탁(이사 대우)으로 기용되었다.

나카다 하루야스中田晴康(조선영화제작주식회사 상무)의 퇴임에 따른 후임 인사다. 나카다는 경성에 부임한 후 몸이 안 좋아져 몸져누운 적도 있었다. 도요다 시로 감독의 〈젊은 모습〉(1943) 제작이 뒤틀어지고 내용적으로도 비판을 많이 받아 군부 등의 불신을 사고 있었다. 촉탁으로 취임한 구마가이는 조선에서 국책영화의 제작을 도맡아 관리하는 실권을 쥐게 되었다. 이미 소개한 것처럼 이 인사에는 '남만주철도주식회사의 아마카스'가 개재하여 구마가이가 조선의 국책영화 제작에서 실권을 휘두른 것인데, 그 직함이 촉탁이었기 때문에 종래의 영화사 연구에서는 경시되어왔다.

"조선영화사에서는 제작부의 충실을 기대하며 진작부터 반도의 영화 제작진의 쇄신을 고려 중이던 7월 7일, 나카다 제작부장의 사임을 발표했다. 후임은 다나카 사장이 겸임하기로 하고 제작부 담당 수뇌부로서 새로이 전 도호 연출진이었던 구마가이 히사토라 씨가 촉탁(이사 대우)으로 참가하는 것 외에 전 쇼치쿠 기획부에 있었던 요네다 오사무米田治 씨의 입사도 확정되었다."

『일본영화』의 해당 기사(전문)는 앞의 그대로다. 불과 몇 줄의 기사이므로 놓치기 쉽다. 여기서는 구마가이와 도호의 관계가 기술되어 있는 것이 주목된다.

이 인사 관련 기사가 그 이전의 5월 1일호에 실려 있다. 조선총독부가 조선영화제작주식회사를 해산하고 그 사업을 조선영화배급사로 하여금 접수하게 한다는 것이다. 2년 전에 요란하게 발족한 국책회사의 허망한 말로가 아닐 수 없다. 뒤를 이은 '사단법인 조선영화사'는 1944년 4월 7일에 발족했다. 이에 앞서 1943년 12월에 조선총독부의 기구 개혁이 이루어졌다. 검열 업무를 하고 있던 경무국 도서과가 폐지되고 그 업무는 보안과로 이행되었다. 전시체제의 강화를 목적으로 한 기구 개혁이고, 그것을 계기로 국책회사 '조선영화제작주식회사'도 개편된 것으로 보인다.

그러나 그 내실은 허술하다. 새로운 진용(1944년 4월 7일 현재)은 총무부나 배급부의 과장 이하의 멤버는 확정되었지만 정작 중요한 제작부는 계획과장, 제작과장, 기능과장이라는 세 과장이 아직 정해지지 않았다. 기술과장은 이재명, 각본 담당은 니시키 모토사다와 쓰쿠다 준佃順, 촬영계장은 세토 아키라瀬戸明(이명우), 편집계 주임이 양주남이었다.

앞에서 말한 『일본영화』의 기술에 따르면 구마가이 히사토라가 경성의 조선영화사에 재적하고 있었던 것은 1944년 7월 이후라는 이야기가 된다. 이미 소개한 구마가이의 방담[6]에 따르면 그는 "다음 작품을 시작하려고 할 때 당시 총독이었던 고이소 구니아키小磯国昭가 교체"되었던 일을 계기로 "또 뭔가 일어나겠구나" 하고 생각하며 "일본으로 돌아왔다"고 한다.

방담에서 고이소 구니아키 관련 구절은 고이소가 조선총독을 그만둘 때(1944년 7월)의 이야기가 아니라 고이소가 수상을 사임하고 스즈키 간타로鈴木貫太郎 내각이 성립했을 때(1945년 4월)를 말하는 것으로 보인다. 따라서 구마가이 히사토라의 경성 시절은 1945년 4월까지라고 추정된다. 구마가이의 회상에는 혼란이 보인다. 따라서 구마가이는 촉탁이 아니라 '전무'를 자칭하고 있다. 그에 따르면 일본으로 귀국할

---

6)　森山幸晴,『勳章のいらない巨人たち―森山幸晴對談集』, 世界聖典刊行協會, 1981.

때 "당시 전무 일은 다이에이의 전무를 하고 있던 후지타라는 사람한 테 맡기고, 물론 아마카스에게는 미리 양해를 얻었지요"라는 것이다.

조선영화사는 최인규 감독의 〈태양의 아이들〉(1944년 11월 공개)과 〈사랑과 맹서〉(1945년 5월 공개), 신경균 감독의 〈우리들의 전쟁〉(1945년 8월 공개)이라는 극영화 세 편을 제작했다. 영화의 공개 시기에서 보면 구마가이는 2편 이상의 제작에 관여했을 것으로 보인다.

이 시기의 잡지 『일본영화』를 읽는 중에 의외의 이야기를 발견했다.

'조선영화사'로 옷을 갈아입은 경성의 국책영화회사에서 최인규와 니시키 모토사다 콤비가 신작 영화 〈마의 산〉 제작 준비에 들어갔다는 단신이 있었던 것이다. 1944년 6월 1일호의 기사다. 토마스 만의 장편 소설 『마의 산』을 연상시키는 제목이다. 기사에는 6월 상순 평안북도 의 광산 현지에서 촬영을 개시한다고 쓰여 있다. 〈마의 산〉은 조선영화 제작주식회사의 제3회 기획심의회(1943년 8월 26일)에서 심의되었다는 기록이 다카시마 긴지의 『조선영화통제사』에 있다. 그 무렵부터 계획 되었던 영화인 듯하다.

1943년이라는 시기는 종로의 선술집에서 술주정을 하던 최인규가 창씨개명을 둘러싸고 게거품을 물었던 무렵과 합치한다. 김달수가 기 록한 종로의 밤에 일어난 사건이다. 이 영화의 주인공 이름을 어떻게 할지를 둘러싸고 각본을 썼던 니시키 모토사다와 최인규가 논의하고 있었을 가능성을 생각해볼 수 있지 않을까. 〈태양의 아이들〉은 1944년 11월에 공개되었으니 시기적으로 합치하지 않는다.

『일본영화』의 기사에 따르면 〈마의 산〉의 촬영은 마쓰바라 간타松 原寬多, 미술은 윤상열, 음악은 아사히나 노보루朝比奈昇(김준영의 창씨명) 다. "이 영화에는 백계 러시아인이 특별 출연한다"고 되어 있지만 영화가 완성된 흔적은 보이지 않는다. 구마가이가 부임한 후 이 영화화 계획은 좌절된 것으로 보인다.

'식민지 세대'의 비운

전시에 활약한 조선 영화인에게는 공통점이 있다.

그 대부분이 한국합병(1910) 전후에 태어난 '조선 영화 제2세대'이고, 사망한 장소가 한국, 북한(월북 또는 납치), 일본, 미국, 인도네시아로 나뉘어 그 인생이 각자의 결단과 운명에 농락당했다는 사실이다. 그 것과는 대조적으로 '제1세대'는 해방 후의 한국에서 사망한 영화인이 많다.

태어난 순(『식민지 시대 대중예술인 사전』에 준거)으로 나열해본다. ▶는 일본 유학 경험자다(이 책 말미에 있는 '조선 시네마 인물 사전'을 참조하기 바란다).

▶ 윤백남(감독, 1888~1954) 한국에서 사망

▶ 이필우(촬영, 1897~1978) 한국에서 사망

▶ 서광제(감독, 1906~불명) 월북

▶ 안석영(감독, 1901~50) 한국에서 사망

▷ 주인규(배우, 1901~56) 월북, 숙청

▷ 나운규(감독, 1902~37) 한국에서 요절

▷ 윤봉춘(감독, 1902~75) 한국, 건국훈장

▷ 안종화(감독, 1902~66) 한국에서 사망

▷ 이명우(촬영, 1903~불명) 납치

▶ 복혜숙(배우, 1904~82) 한국에서 사망

▶ 방한준(감독, 1905~불명) 납치

▶ 이창용(제작, 1906~61) 일본에서 사망

▶ 박기채(감독, 1906~불명) 납치

▶ 양세웅(촬영, 1906~불명) 납치

▶ 김일해(배우, 1906~2004) 한국에서 사망

▶ 강홍식(가수 겸 배우, 1907~71) 월북, 숙청

▶ 김준영(작곡가, 1907~61) 일본에서 사망

▶ 허영(히나쓰 에이타로, 감독, 1908~52) 인도네시아에서 사망

▷ 전창근(감독, 1908~73) 한국에서 사망

▷ 임화(시인, 1908~58) 월북, 숙청

▶ 김한(배우, 1909~불명) 월북

▶ 이병일(배우, 1910~78) 한국에서 사망

▷ 심영(배우, 1910~71) 월북, 인민배우

▷ 전옥(가수 겸 배우, 1911~69) 한국에서 사망

▶ 최인규(감독, 1911~불명) 납치, 불명

▷ 전택이(배우, 1912~98) 한국에서 사망

▶ 신경균(감독, 1912~81) 한국에서 사망

▶ 김학성(가나이 세이이치, 촬영, 1913~82) 한국에서 사망

▷ 김소영(배우, 1913?~89?) 미국에서 사망

▷ 문예봉(배우, 1917~99) 월북, 인민배우

▷ 김신재(배우, 1919~99) 미국에서 사망

'8.15'의 김소영

"'옥음방송'은 명료하지 않았지만 '참기 어려움을 참고' 하는 말을 들을 수 있었기 때문에 패전했다는 사실을 알았다. 내 주위를 둘러싼 악마의 그물이 이제 확실히 찢어졌다고 생각하며 온몸이 공중으로 뛰어오르는 듯한 마음으로 무심코 두 손을 들어 '만세!'라고 외쳤다. 그런데 누구 한 사람 아무 소리도 내지 않는다. 보아하니 조선 사람들은, 어른들은 심각한 얼굴을 하고 있고 아이들은 울음을 터뜨렸다."

희곡가 등으로서 다채로운 재능을 발휘한 무라야마 도모요시村山知義(1901~77)의 회상기 「조선에서의 패전朝鮮での敗戰」의 정경 묘사는 무척 리얼하다. 수필집 『죽은 아내에게』[7]에 실린 「8월 15일의 기록」에는 더욱 상세하게 다음과 같이 쓰여 있다.

"12시 5분 전쯤에 조택원의 아들이 이 집에 있는 그다지 신용할 수 없는 라디오를 조절하기 시작했다. 나는 과연 심장 박동이 빨라지는 것을 느끼며 데생을 계속했다. 12시, 라디오 방송이 시작되었다. 천황 스스로 방송한다고 한다. 역시 이는 중대한 일임이 틀림없다. 나는 천황의 목소리를 들은 적이 없다. 어떤 목소리일까, 하고 생각하며 얼굴을 들어 모델을 보자 그는 일어서 있었다. 아니, 하고 생각하며 주위를 둘러보자 모두 일어서서 부동자세를 취하고 있다. 일본과 일본인을 노골적으로 싫어하는 김소영—조택원의 아내로 조선 제일의 미인인 영화배우—조차 그런 것이다."

8월 15일이라는 운명의 날, 일본의 좌익 문화인과 조선의 미인 여배우가 함께 '옥음방송'을 듣고 있었다는 기술은 무척 흥미롭다.

---

7) 村山知義, 『亡き妻に』, 桜井書店, 1947.

그 사이 조택원의 소학교 4학년과 6학년인 딸들이 돌아왔다. "일본이 졌다는 게 사실이야? 거짓말이지!? 일본이 질 리 없잖아요?" 딸의 눈에는 눈물이 고여 있었다. 누군가가 외쳤다. "진 거야, 완전히 진 거야. 이제 걱정할 거 없어. 맞아, 국기를 내려버려."

무라야마가 밖으로 나가보니 "기분 나쁠 정도로 조용"했다고 한다. "사람들은 겁먹은 듯한 얼굴로 걷고 있다." 그날 밤 대여섯 명의 아이들이 부르는 노랫소리가 들려왔다. 어쩐지 서글픈 〈올드랭사인〉(일본에서는 〈반딧불〉, 조선에서는 〈작별〉)이라는 곡에 조선어 가사를 얹은 노래다. "허어, 반딧불이군" 하고 무라야마가 중얼거리자 조택원이 말했다. "반딧불이 아닙니다. 저건 조선의 애국가입니다. 조선에는 국가國歌가 없지요. 조선인은 언제부터인가 그게 외국곡인 줄도 모르고 그저 일본에 의해 금지된 애국가로서 은밀히 알고 있었던 겁니다. 이럴 때 부르는 노래를 우리는 그것 이외에 하나도 갖고 있지 않습니다."

이 〈반딧불〉과 〈애국가〉를 둘러싼 무라야마 도모요시와 조택원의 이야기는 8월 15일 밤 경성의 거리에서 이루어진 조선과 일본 지식인의 대화로서 의미심장하다.

이 기술에 있는 대로 일제 강점기의 조선에서는 〈반딧불〉(스코틀랜드 민요인 〈올드랭사인〉)의 멜로디에 실어 은밀히 〈애국가〉가 불리고 있었다. 1948년이 되어 그 곡은 안익태(1906~65)가 작곡한 관현악곡 〈한국환상곡〉의 합창 부분으로 변경되었다. 안익태는 나중에 만주국 건국 10주년을 기념하여 축하곡을 작곡한 '친일 행위'가 드러나 민족문제연구소의 『친일인명 사전』(2009)에 등재되었다. 〈애국가〉의 '친일성'이 지금도 한국 내에서 논란을 부르는 까닭이다. 작사자를 둘러싸고도 윤치호(친일파)설이나 안창호(독립운동가)설 등이 있다.

무라야마 도모요시의 불평

무라야마는 1945년 12월까지 패전과 해방이 교차하는 경성의 거리에 머물렀다.

경성에 살던 일본인 중에서는 귀환이 가장 늦은 부류에 속한다. 무라야마의 「조선에서의 패전」에 따르면 조택원이 "노모가 잔소리가 심해서"라는 말을 하며 이서향(연출가, 나중에 월북)의 집으로 옮기게 했다고 한다. 신세를 진 조택원에 대해 무라야마는 "미군이 진주하자마자 그쪽과 아주 친해져서 결국 부부가 도미했다. (중략) 다시 말해 기회주의자였던 것이다"라고 인정머리가 없는 말을 썼다.

김소영에 대해서도 무라야마의 필치는 다정함이 부족하고 아주 준엄하다.

"김소영은 전에 메밀국숫집에서 음식을 나르는 여자였지만 굉장히 미인이어서 조택원은 전처를 내보내고 김소영과 결혼했다."

이런 직업 차별을 포함한 표현으로 김소영을 비방한 사람은, 하즈미 쓰네오에 따르면 무라야마뿐이다. 조택원의 자전에 따르면 김소영과 결혼하기 전에 조택원의 전처는 '증발'했고 홋카이도로 도피했다고 한다.

무라야마는 "그녀(김소영)는 오랫동안 같은 집에 살며 나와는 거의 한 번도 말을 섞지 않았고 무슨 생각을 하는지 전혀 알 수 없었다"고 쓴다. 김소영의 입장에서 보면 무라야마가 싫었을 뿐이었는지 모른다. 그녀가 친근감을 보이는 일본인은 확실히 존재했기 때문이다. 두 사람 사이에 뭔가 감정적인 알력이 있었는지도 모른다.

무라야마는 패전 후에도 "나는 일반 일본인과 전혀 다른 '조선인의 친구'라고 생각했기 때문에 개의치 않고 있었다"라고 썼다. 정말일까.

뉘앙스가 다른 신문기사가 있다. 해방 후에 창간된 『민중일보』 (1945년 12월 6일자)에는 "조선은 천국이었는가. 패망 일본인이 다시 잠입. 연출가 무라야마 도모요시는 '손孫'으로 성을 바꿈"이라는 기사가 실렸다. 조선인의 이해자를 자칭하고 있던 무라야마에게도 패전 후의 경성 분위기는 그다지 평온하지 않았을 것이다.

무라야마는 해방 후의 경성에서 여러 극단을 만들었다고 한다. 고골리의 『검찰관』을 연출하고 해방 후의 경성에서 은밀히 만난 소설가 김사량이 참호에서 쓴 조선어 희곡 『호접』의 연출을 기획하기 시작했다. 박헌영(남조선노동당의 지도자)과도 만나 문화 문제의 상담을 받았다고 한다.

그러나 무라야마도 일본으로 돌아가기로 했다.

미국으로 기울어진 동료로부터 "일단 일본으로 돌아가는 편이 낫다"는 말을 들었기 때문이다. 무라야마를 방해자 취급을 하며 자신들끼리 자유롭게 하고 싶다는 사람이 동조했다고 한다. 연말이 되자 "이 귀환선이 마지막일 거야"라는 위협을 받았다고 한다. "돈은 1000엔뿐이고 소지품은 스스로 짊어질 수 있는 것만이라는 명령을 받고, 나는 돌아왔다." 이는 무라야마도 일반 일본인 귀환자와 동등한 취급을 받았다는 것에 지나지 않는다.

무라야마의 「조선에서의 패전」의 맺음말은 다음과 같다.

"조선에서 71점을 그린 초상화 재료는 은행에 맡겨두었지만 사서 모은 책도 내가 일본으로 돌아가면 보내준다고 했는데 모두 조택원이 가져버리고 내게는 하나도 돌려주지 않았다."

조선에서 귀환한 일본인의 회상기 중에서 가장 '불평'으로 가득 찬

부류에 속한다.

'해방' 후의 영화 공간

"8월 16일 아침, 조선영화사의 창고를 부수고 카메라를 꺼내왔다."

해방 직후의 모습을 이렇게 써서 남긴 사람은 개전 전의 영화 〈반도의 봄〉에서 탁월한 감각을 보인 젊은 감독 이병일이다. 국책회사 조선영화사의 카메라를 탈취한 촬영반은 정치범이 석방된 서대문형무소, 경성역 앞 광장의 대중 행진, 학교 운동장에서 열린 건국준비위원회의 대규모 집회 모습을 카메라에 담았다. 이병일은 "이때 처음으로 영화인으로서의 보람을 느꼈다(한국의『월간 영화』1977년 10월호)"고 한다.

그 사흘 후인 1945년 8월 19일, 조선영화건설본부(이재명 위원장)가 결성되었다. 국책회사 '조선영화제작주식회사'의 사원이었던 김한, 이명우, 이병일, 방한준 등이 중앙위원으로 참가했다. 다른 중앙위원은 김정화, 성동호다. 내무대장은 안석영, 경비대장은 김성춘, 뉴스대장은 김정화였다(『매일신보』1945년 8월 24일).

좌파는 조선프롤레타리아영화동맹을 만들었다. 두 조직은 1945년 12월 16일 조선영화동맹(안종화 위원장)으로 통합되었지만 고질적인 좌우 대립이 이어졌다.

새로운 미디어가 우후죽순처럼 차례로 탄생했다.

『일간 예술통신』은 당초 손으로 쓴 것이었다. 해방 직후의 조선 영화계를 생생하게 전하는 탁월한 두 페이지짜리 신문이다. 최근 1945년 10월 2일의 창간호 이후의 지면이 발굴되어 해방 직후의 상황을 아주 상세하게 알 수 있게 되었다. 사장인 김정혁(1915년생)은 조치上智대학에서 신문학을 전공했다. '조선영화제작주식회사'의 선전과장이었고 해방 후에는 조선영화건설본부(윤백남 위원장)의 서기장이었다.

창간호에 조선영화건설본부가 제작한 『해방 뉴스』 제1호(10월 21일 공개)의 기사가 실려 있다. 뉴스는 '8월 16일의 서울 거리', '사상범 석방', '건국준비위원회의 발족', '일본인 귀환'이라는 네 항목이었다. 안타깝게도 그 필름은 남아 있지 않다.

해방 후 여섯 편의 영화 공개가 미군정 당국에 의해 허가되었다.

이탈리아 영화 세 편, 프랑스 영화 두 편 외에 김소영이 주연한 안석영 감독의 〈심청〉(1937)이 재상영되었다. 모두 전전부터의 재고품이고 자막은 일본어 그대로였다. 조선어 자막이 달린 것은 1946년 7월의 미국 영화 〈일리노이의 에이브 링컨Abe Lincoln in Illinois〉(1940) 상영이 처음이었다. 〈심청〉 시사회에서는 미국인 기자단이 김소영에게 사인을 졸라댔다고 한다.

전후의 저명한 각본가인 이데 도시로井手俊郎(1910~88)가 전시戰時에 지배인을 했던 도호와카쿠사東宝若草극장은 '수도극장'으로 이름이 바뀌었다. 경성에서 귀환한 이데 도시로는 이마이 다다시 감독의 〈푸른 산맥〉에서 각본가로 데뷔한다. 이 서정파 시나리오 작가의 뿌리도 경성인 셈이다.

대륙극장의 명칭은 영화 초창기의 '단성사'로 돌아갔다. 명치좌는 '국제극장'으로 이름이 바뀌고, 2층이 미군 전용이 되었다.

레니 리펜슈탈 감독의 〈민족의 제전〉도 1946년 2월에 재상영되었다. 이 영화에는 베를린올림픽 마라톤 경기에서 손기정 선수가 우승한 장면이 들어 있다. 조선에서는 공개 당시 영화관 내에서 만세 소리가 일어났고 총독부에 의해 상영 금지가 되었다.

해방 후 일찌감치 극영화 제작에 나선 사람은 최인규다.

1946년 3월 29일의 『일간 예술통신』은 "고려영화협회 재기. 첫 작품은 〈자유만세〉"라고 전했다. 〈집 없는 천사〉의 무대가 된 고아 시설 '향린원' 원장인 방수원과 '고려영화협회'의 이창용이 공동 제작하고 김정혁이 기획을 담당했다. 연출 최인규, 각본은 〈복지만리〉의 전창근, 촬영 이명우, 연출 지원은 안종화, 윤봉춘, 안석영, 이규환이었다. 이런 화제로 가득한 방식의 영화 제작은 이창용이나 최인규가 장기로 해온 수법이다. 배급은 최인규의 친형 최완규의 '고려영화주식회사'다.

해방 후의 최인규는 광복 삼부작이라 불리는 〈자유만세〉(1946), 〈죄없는 죄인〉(1948), 〈독립전야〉(1948)를 발표했다. 필름이 남아 있는 것은 〈자유만세〉뿐이지만 그 결말 부분은 누락되어 있다. 한국영상자료원에서 DVD가 발매되었다.

각본과 주연은 〈복지만리〉를 감독한 전창근이다. 촬영 대본이 최인규로 되어 있고 전창근의 원안이 수정되어 촬영되었을 가능성이 높다. 영화의 무대는 '광복' 전야의 경성이다. 독립운동으로 체포된 최한중(전창근)이 탈옥하여 간호사 혜자(황여희)의 집에 숨는다. 최한중의 지하조직은 계획대로 무장봉기 준비를 진행한다는 다소 황당무계한 항일 권총 활극이다.

해방 후 첫 '광복 영화'이고 명문 경기고녀를 졸업한 황여희의 학력이 당시 여배우로서 이례적이었기 때문에 젊은 관객들이 쇄도했다. 로맨스를 끼워 넣은 최인규의 연출은 대중성이 아주 풍부하고 재미있는 영화로 완성되었다.

정종화(한국영상자료원 선임연구원)는 〈자유만세〉 DVD의 해설 노트에서 최인규는 ① 촬영 후에 월북한 배우 독은기가 출연한 부분을 삭제했다, ② 박력 있는 장면을 촬영하기 위해 배우를 위험에 노출하는 것도 마다하지 않았다, ③ 1950년대를 대표하는 신상옥 감독 등을 배출한 것은 최인규의 힘이다, 라는 설득력 있는 견해를 제시하고 있다.

1949년에 제작된 〈파시〉가 최인규의 유작인데, 상세한 것은 알려져 있지 않다.

전 한국영화진흥공사 사장 호현찬의 『내 시네마 여행: 한국 영화를 돌아본다』[8])에 따르면, 이 영화는 목포의 남서쪽 97킬로미터 해상에 떠 있는 흑산도를 무대로 3개월간 모두 현지에서 촬영한 작품이다. 큰 파도와 태풍을 맞으며 생선을 잡아 생활하는 어민의 생활과 방랑자처럼 살아가는 술집 여자들의 생태를 약동감 넘치는 리얼리즘으로 그렸다고 한다. 최인규다운 리얼리즘과 서정성이 융합한 수작이었던 것 같다. 이 필름도 현존하지 않는다.

신상옥의 증언

해방 후의 최인규에 대해 가장 상세한 증언을 한 사람은 첫 번째 제자인 감독 신상옥(1926~2006)이다.

신상옥이 1960~70년대의 한국 영화계에서 활약하고, 1978년에 전 부인인 여배우 최은희와 함께 김정일의 지시에 의해 북한에 납치된 일은 유명하다. 그는 함경북도 청진에서 한방의의 3남 2녀의 막내로 태어났다. 집 앞이 영화관 '소화좌昭和座'였고, 보통학교(조선인을 위한 소학

---

8)　扈賢贊, 根本理恵訳,『わがシネマの旅: 韓国映画を振りかえる』, 凱風社, 2001.

교) 시절부터 거기에 죽치고 앉아 나운규의 영화나 서양 영화를 봤다. 경성중학을 졸업한 후 1944년에 도쿄미술학교(현재의 도쿄예술대학)에 입학했지만 1945년 4월에는 중퇴하고 귀국했다. 징병을 피해 전전긍긍하는 사이에 '8.15'를 맞았다고 한다. 미군정청이나 영화관의 포스터를 그리고 있는 사이에 최인규 감독의 〈자유만세〉를 봤다고 한다.

신상옥은 자전『난, 영화였다』(2007)에서 은사 최인규에 대해 다음과 같이 상세하게 말했다. "내가 북한(북조선)으로 연행되었을 때 최초로 확인한 것은 6.25(한국전쟁의 발발) 직후에 납치된 최인규 감독의 생사였다. 일말의 기대를 걸고 묻고 다녔지만 고인이 된 지 오래되었고, 슬픔을 견디며 명복을 빌 수밖에 없었다"고 한다.

신상옥은 말한다. "최인규 감독이 만든 영화의 템포나 편집 감각은 아주 선구적이고 독창적이었다.""그는 예술성을 추구하는 감독이라기보다 기술면에 탁월한 재능을 가진 장인 기질의 소유자였다.""최인규 감독이 '친일 영화'를 만들어 문제로 삼지만 당시 영화계의 현실이나 수준을 고려하면 지나친 발언이다. 영화를 완전히 버리지 않는 한 다른 길은 없었다. 어떤 인물에 대한 평가는 그 시대의 구체적인 역사 현실이라는 좌표 위에서 하지 않으면 안 된다."

지당한 말이라고 생각한다. 그에 따르면 최인규에게는 유명한 에피소드가 있다.

① 필름 편집을 할 때 필름에 지문이 묻기 때문에 병원에 가서 지문 제거 수술을 받았다. ② 존 포드 감독의 〈역마차〉(1939)의 필름을 영사기사로부터 빌려 장면마다 필름을 자세히 점검하여 음성과 영상의 교묘한 연출 효과를 발견했다. ③ 미군정청의 의뢰로 기록 영화 〈인민투표〉(1948)를 촬영했을 때 미 공보부로부터 최신식 카메라를 제공받았

다. 당시 한국에서는 유일하게 동시녹음을 할 수 있는 카메라였다. 최인규는 촬영이 끝난 후 그 카메라를 분해하여 구조를 완전히 파악한 뒤에 반납했다.

신상옥이 강조하는 최인규의 특징은 천재적으로 기계에 강하고 촬영 기기나 녹음기의 원리를 습득하여 개량하는 정열이 있었다는 점이다. "단순한 기능 차원을 넘어선 '영화안映畵眼'으로 사물을 파악하고 표현하는 능력이 있었다"는 것이 그가 최인규를 보는 관점의 핵심 부분이다.

김종원의 『한국 영화감독 사전』(2004)에 따르면 최인규는 해방 후 잡지 『삼천리』(1948년 9월호)에서 〈태양의 아이들〉은 일본에 보낸 기술자를 등용하기 위해서고 〈사랑과 맹서〉는 권력을 이용하여 일본 최대의 영화회사인 도호로부터 일류 기술자와 유명한 배우를 불러 조선 영화계에 도움이 되고자 하는 의도였다고 변명했다. 애제자였던 신상옥의 최인규 변호론을 들은 다음에 읽으면 다소 그럴듯하게 느껴지는 항변이다.

추문의 여배우 김소영

김소영(1913?~89?)은 조선 영화계의 모순을 체현한 배우다.

해방 전야의 '식민지 근대'를 가장 잘 표상하는 배우지만 현대의 한국에서도 일반 사람들에게는 잘 알려져 있지 않다. 생년월일, 사망한 날도 분명하지 않다. 이 책에서는 한일 현대사에서 그녀의 존재 의의를 강조하고자 한다.

첫 남편은 해방 후에 조선영화동맹 서기장으로서 조선 영화계의 좌익 선회를 주도한 이론가 추민이다. 추민이 8년간 옥중에 있었을 때 조선 영화계의 에이스 최인규는 김소영과 불륜 관계를 맺었다. 김소영은 최인규가 혼신의 힘을 기울인 〈수업료〉를 촬영하는 중에 이번에는 미남 무용가 조택원에 의해 약탈당했다.

김소영은 추문의 여배우다.

"김소영! 우리나라 영화 40년 역사에, 아니, 우리나라 스타 변천사에 선명하게 기록되는 김소영의 족적은 필설로 다하기 힘든 점이 있다. 아름답고 고상한 용모로 전형적인 한국 여성의 유형을 대표하는 여성으로서 그녀는 한국의 정통미를 계승하는 존재가 되었다."

조선 영화계의 중진 감독이었던 안종화가 『한국영화측면비사』(1962)에서 다소 흥분 상태로 김소영의 아름다움을 칭송하고 있다.

"김소영은 그 연기보다는 뛰어난 미모라는 한 점만으로 영화계에 들어왔다." 칭송하고 있는지 폄하하고 있는지 분명하지 않은 평가지만, 확실히 김소영의 미모에 매료된 남자들은 많았다.

"여름밤의 모기처럼 남자들이 몰려들었다." 안종화는 빈정거림을 섞어 썼지만 꽤 적확한 표현이다.

김소영의 진실은 무엇일까.

『식민지 시대 대중예술인 사전』(이순진 집필)에 따르면 김소영의 아버지는 목사였다(복혜숙의 증언). 생년월일은 1913년쯤이라는 것밖에 모른다. 한반도 동부인 강원도 영월의 한촌에서 할머니의 보살핌을 받으며 자랐다. 3.1독립운동 후인 1921년 아버지와 함께 개성으로 이사하여 호수돈보통학교에 입학했다. 1925년에 경성으로 이사하여 배화여고보를 1929년에 졸업했다. 두 학교 모두 유명한 미션스쿨이다.

월간지 『삼천리』(1938년 11월호)에 김소영 자신의 회상 「나의 행장기」가 게재되었다. "어렸을 때부터 부모父母에게 떠러저 생장生長한 나로서는 고향과 조모祖母만이 나의 마음에 뿌리깊게 남어있읍니다"라고 그녀는 의미심장한 말을 했다. 친구라고는 누렁 개밖에 없는 외로운 어린 시절이었다. 그 개도 여덟 살 때 죽었다. 여름이 되면 잠자리 꼬리를 잘라 놀았다. 가을에는 남의 콩밭에서 콩을 구워먹었다고 한다. 유명한 배우의 소녀 시절 회상기로서는 다소 이색적인 글이다.

배화여고보를 졸업했을 무렵 갑자기 가세가 기울어 가족의 생계를 위해 배우가 되었다. 당시 조선 영화계의 여배우 중에서 흔히 보는 경우다. 학예회나 크리스마스 연극에서 좋은 역할을 맡았던 그녀는 진작부터 영화와 연극에 관심이 있었다고 한다.[9]

1931년 신흥프로덕션의 〈방아타령〉(김상진 감독)에서 주연을 맡았고, 그 후 극단 '중외극장'에서 처음으로 무대에 올랐다. 1935년 2월에는 유성영화 〈무지개〉(이규환 감독, 1936년 공개)에서 주연을 맡았고, 그해 5월에는 극단 '청춘좌'에서 1년간 무대 생활을 했다. 이 무렵은 생활이 안정되지 못하여 영화와 무대를 오갔다.

김소영은 1927년 영화에 데뷔한 이래 단속적으로 여섯 편의 무성영화에 출연하고 안석영 감독의 유성영화 〈심청〉의 주연으로 각광을 받았다. 1938년에 열린 조선 첫 영화제(『조선일보』 주최)의 감상회에서 〈심청〉은 유성영화 부문 1위에 뽑혔다.

---

9) "家勢가 급변했든 까닭에 가족의 생활 책임까지 어리고 연약한 내 억깨 우에 질머지게 됏든 것입니다. 學校 있을 때 「學藝會」나 「크리쓰마쓰」에 演劇을 잘해서 으례 한 役을 마터 舞臺에 출연하는 일이 있었든 탓으로 늘 내마음에는 演劇映畵에 커다란 관심과 抱負를 가지고 있었습니다. 그리자 우연한 기회로 映畵排優라는 일이엇든 것인지도 解得치도 못한 채로 昭和 6년 가을 新興푸로영화 「방아타령」에 主演이라는 책임을 맡게 되었든 것입니다(『삼천리』, 1938년 11월호)."

김소영은 인기가 절정일 때 영화감독 최인규와 무용가 조원택과의 삼각관계에 빠진다. 아니, 정확하게 말하면 옥중의 남편 추민을 포함한 사각관계다. 열여섯 살에 결혼한 추민과 이혼한 김소영은 최인규와의 불륜을 청산하고 조원택과 결혼했다. 그러나 그것도 해방 후에는 파탄 나고 만다.

김소영은 '박복한 여배우'다.

해방 후 전남편 추민은 북한으로 월북하고 최인규는 한국전쟁 때 납북되었다. 김소영과 조원택은 미국으로 이민을 간 후 이혼하고 김소영은 로스앤젤레스에서 세상을 떠났다. 김소영과 추민 사이에 태어난 외동딸 추나미가 한국에 남았지만, 그 소식은 알려져 있지 않다.

〈반도의 봄〉은 지금 스크린에서 김소영을 확인할 수 있는 유일한 영화다. 한국영상자료원 〈발굴된 과거 제1집〉(2007) DVD 외에 이 자료원에 의한 일반 공개 영화로서 인터넷으로도 무료로 관람할 수 있다 (2019년 4월 현재). 검색 사이트에서 '반도의 봄'을 입력하여 동영상 검색을 하면 1시간 25분 13초의 영상을 찾을 수 있을 것이다. 꼭 보기 바란다.

'위안부' 김소영

조선 영화계 3대 여배우의 해방 후 모습은 제각각이다.

문예봉은 좌익 극작가인 남편 임선규와 함께 활발하게 활동했다. 조선영화동맹 중앙집행위원이 되어 1948년에 남편과 함께 월북했다. 북한의 첫 극영화 등에 출연하는 등의 활약을 했지만 1967년 갑산파의 숙청에 휘말려 제일선에서 물러났다. 1980년에 복귀했고, 1982년에는 '인민배우' 호칭을 받았다. 만년에는 김정일에 의해 납치된 한국의 감독 신상옥이 제작하고 최은희가 감독한 〈돌아오지 않는 밀사〉(1984) 등 등에 출연했다. 1985년에는 〈은비녀〉, 〈봄날의 눈석이〉의 현지 촬영을 위해 일본을 방문했다. 1999년 세상을 떠나 애국열사능에 매장되었다.

전시 중 거의 모든 국책영화에 나왔던 김신재는 해방 후 최인규의 광복 영화 세 번째 작품인 〈독립전야〉(1948)까지 출연하고 영화에 출연하지 않았다. 한국전쟁 때 남편 최인규가 북한에 납치되었기 때문에 부산으로 피란했기 때문이다. 다방 '수선화'를 경영하고 가난을 견디며 그럭저럭 살았다. 전쟁 후에는 매년 수편의 페이스로 다수의 한국 영화에 출연했다. 할머니 역으로 출연한 유현목 감독의 〈장마〉(1979)는 한국전쟁을 토속적인 풍토 안에서 그린 명작이고, 그녀의 해방 후 대표작 중 하나다. 〈종군수첩〉(1981)을 마지막으로 미국으로 이민을 떠나 그곳에서 세상을 떠났다.

김소영은 조선영화동맹의 서울시 집행위원이 되어 그녀 나름의 활동을 보였다.

조선영화동맹은 김소영의 전남편인 추민 등의 조선프롤레타리아영화동맹과 식민지 시기부터 유력 영화인에 의한 조선영화건설본부(윤백남 위원장)가 통합하여 1945년 12월에 결성된 단체다. 중앙집행위원장이 안종화(전전의 조선영화인협회 전 회장), 서기장이 추민이었다. 김소영은 추민에게 인솔되어 영화동맹의 김한, 문예봉 등과 함께 독립운동의 명사인 여운형이나 김규식을 위문하기도 했다(『일간 예술통신』 1946년 7월 28일).

김소영과 추민이 결혼한 것은 그녀가 세는 나이로 열일곱 살(만16세)

때였다.

  김소영이 쓴 「아하, 그리운 신혼 시절」(『삼천리』 1938년 10월호)에 따르면 부모가 결혼에 반대했기 때문에 집을 뛰쳐나왔다. 경성 혼마치 2초메의 요리점 '조선관'의 작은 방을 빌려 결혼식을 올렸다. 중학동(현재의 주한 일본대사관 부근)에 작은 신혼집을 마련했다. 추민은 무대 미술의 수완을 살려 "별스럽게 색채 좋은 벽지로 도배를 하고 천장을" 발라주었다. 그러다가 김소영의 아버지가 두 사람의 소재를 알아냈고 아버지의 간청으로 다시 한번 결혼식을 올렸다고 한다.

  추민은 김소영과 두 살 차이다. 영화나 무대의 미술을 담당했다. 임화 원작의 경향 영화 〈화륜〉(1931, 김유영 감독)에서는 배우로 출연한 적도 있다. 1933년의 연극무대 사건으로 검거되었다. 좌익영화단체 동방키네마의 동인들이 일본의 프롤레타리아영화동맹(이와사키 아키라 岩崎昶 등이 1929년에 결성)과 접촉하여 선전 삐라를 학생들에게 배포한 사건이다.

  추민은 1946년 6월 『일간 예술통신』 사장인 김정혁과 제휴하여 국제극장(구 명치좌)에서 6.10만세운동 기념집회를 열었다. 『일간 예술통신』에 게재된 사고社告에 따르면 집회에서는 '해방 뉴스', '조련朝連 뉴스'를 상영한 후 조택원 등 네 명의 무용, 국극이 예정되어 있었다. 조련 뉴스란 재일조선인연맹(약칭 조련) 영화부가 제작한 뉴스 영화다. 『자유신문』 등의 속보에 따르면, 신불출(나중에 월북, 행방불명)의 만담에 격앙된 우익 청년이 단상으로 뛰어올라 소란이 벌어졌다. 미군정 당국은 만담 내용에 미군 비판이 있었다며 신불출, 김정혁, 추민, 이 세 명을 검거했다.

  김정혁은 석방되었지만 추민과 신불출은 벌금형을 받았다. 재판이 끝난 후인 1946년 말 추민은 월북했다. 좌우 양 진영의 대립은 한반도의 신탁통치를 둘러싸고 격화(좌파는 찬성, 우파는 반대)되어 좌파 예술인에 대한 우익 테러도 빈발했다. 추민은 북한에서 국립영화촬영소 부소장이 되었다고 하는데 월북 후의 자세한 사항은 알려져 있지 않다.

김소영은 '조선영화협단'의 일원으로서 해방 후의 영화·연극 활동을 재개했다.

조선영화협단은 극영화를 제작할 수 없는 해방 직후의 상황에서 영화배우들이 무대를 통해 '진보적인 민족문화의 수립'을 지향하는 집단이었다. 독은기, 최운봉, 김일해, 문예봉, 김소영 등이 출연진의 주축이었다.

그 제3회 공연이 〈귀국선〉(1946)이다. 김소영은 내몽골의 장자커우에서 귀환한 위안부 춘자를 연기했다. 연출은 〈반도의 봄〉의 감독인 이병일이었다. 동양극장의 전속 작가였던 김영수(1911~77)의 각본이다. 1946년 11월 8일부터 며칠간 수도극장에서 공연이 이루어졌다.

김소영이 해방 직후의 연극에서 위안부를 연기한 것에 나는 적잖이 놀랐다.

1990년대가 되어 한일 간의 이슈로 등장한 위안부 문제는 운동 단체에 의한 정치적인 윤색도 많고 전시나 해방 직후에 어떻게 다루어졌는지는 불분명한 부분이 있었다. 전지니(한국항공대 교수)의 논문 「배우 김소영론: 스캔들 메이커, '인민'과 '국민' 사이의 여배우」(2012)에 따르면 연극 〈귀국선〉은 중국에서 조선을 향하는 배의 갑판 위에서 일어난 사건을 군상극群像劇으로 구성한 작품이라고 한다.

『일간 예술통신』(1946년 11월 7일호)에 그 배역 등이 게재되어 있는 것을 확인할 수 있었다. 서월영, 독은기, 김일해 등 유력한 배우들이 많이 참가하고 있고, 등장인물이 아주 다양한 것이 인상적이었다.

서월영(60세의 장백산): 한국합병의 해에 일본인을 살해하고 두만강을 건넜다.

독은기(30세의 양철): 만주에서 나고 자랐으며 일본인과 싸워왔다.

임현죽(소냐): 양철을 사모하여 만주까지 쫓아온 여자.

남승민(사쿠라이): 황군 위문으로 텐진으로 갔지만 패전으로 귀환하는 악극단원.

김소영(춘자): 장자커우에서 귀환하는 위안부.

최운봉(안창룡): 아버지가 경방단장인 학생. 누구보다 일찍 학도병 출병에 응했다.

김일해(송덕수): 상하이 영사관의 스파이. 아편 장사도 하고 있었다. 별명 아오키.

한소야(미도리): 상하이에 있었다는 댄서.

이숙(육손의 어머니): 돈을 벌기 위해 만주, 중국을 전전하며 남편을 따라왔다. 해방 직전에 남편이 급사하여 조선으로 귀환한다.

항일분자, 친일파, 스파이, 댄서, 위안부……. 다양한 유형의 조선인, 일본인을 유명 배우들이 연기하고 있다. 해방 후의 혼란 상황을 잘 반영한 연극으로 여겨진다. 당시의 비평에는 "1막의 소박한 작품이지만 시대 비판의 날카로움이 있다"는 호의적인 평이 보인다(『일간 예술통신』 1946년 11월 1일).

대본을 쓴 김영수는 전전부터 각본가로 활동해온 사람이다.

고학으로 와세다대학을 다니며 쓰키지소극장에 경도되었고, 귀국한 후에는 『조선일보』의 기자를 하며 소설과 희곡을 썼다. 전창근 감독의 만선일여 영화인 〈복지만리〉의 주제가는 김영수가 작사한 것이다. 해방 후에도 활발하게 활동했고, 한국전쟁 때에는 오키나와의 미군방송국에서 8년간 근무한 이색적인 경력이 있다. 김수용 감독의 〈혈맥〉(1963)은 김영수의 동명 원작을 영화화한 작품이다. 북한에서 월남한 사람들이 사는 급사면의 빈민굴이 무대다. 재발매된 DVD를 봤는데 1960년대 초의 혼돈과 욕망을 그린 역작(청룡영화제 최우수작품상)이다. 〈귀국선〉과 마찬가지로 군상극이다.

김소영이 연기한 '위안부 춘자'가 조선인 위안부인 것은 그녀의 출연 소감에 의해 확실한 것이지만, 실제로 어떤 상황에서 어떤 대사를 했는지는 확실하지 않다. 〈귀국선〉 출연 소감은 서울에서 창간된 잡지 『영화시대』(1946년 4월호)에 있다.

"이는 누구의 죄일까? 이는 확실히 조선이라는 조국을 잃은 우리의 비극이고 조선 여자가 겪은 비극의 한 단면이다."

이렇게 묻는 데서 김소영의 비탄과 분노가 들려온다.

"해방 전까지 이런 비극의 아가씨들은 소련·만주 국경 지대에서 중국의 북부, 중부, 남부 지방과 남양 제도에 이르기까지 왜놈들이 가는 곳에는 꽃처럼 난무했을 것이다. 그녀들은 어떻게 되었을까. 나는 춘자의 화신이 되어 무대 위에서 춘자를 연기하며 생각했다. (중략) 춘자와 같은 불행한 운명을 겪으며 해방된 고국으로 돌아온 여성들이여! 과거에 실망하고 낙담하지 말기 바란다. 화려한 무궁화가 새로운 화단에서 희망을 품고 용감하게 재출발하기를 바란다."

해방 직후 김영수와 김소영이 조선인 위안부에게 보낸 연대 의사는 새삼 기억해두어야 할 것이다. 이런 두 사람의 위안부 인식의 배경에는 해방 후에 창간된 좌익계 신문인 『중앙신문』(1946년 7월 18일자)에

게재된 기사 '위안부 구출' 등의 영향도 있었던 것으로 보인다. 이 기사에서는 "일제가 타도되어 조선이 해방되자 그녀들은 낯선 타국에서 갈 곳 없이 벌거벗은 몸이나 마찬가지인 차림으로 허둥지둥 헤맬 수밖에 없었다. (중략) 권후원 등 여러 분들이 '한국부녀공제회'를 설립하고 121명의 부녀자를 수용하고 보호하여 귀국시켰다"고 썼다.

돌이켜보면 김소영을 스타덤으로 올려놓은 영화는 안석영 감독의 〈심청〉이었다. 이 영화에서 아버지를 위해 몸을 파는 딸을 연기한 김소영이 최인규 감독의 〈국경〉의 윤락녀에 이어 해방 후의 연극에서 다층적인 모순을 응축한 '위안부'를 연기한 것은 조선의 영화·연극의 역사적 표상으로서 다시 고찰해볼 필요가 있을 것이다.

김소영은 『영화시대』 1947년 5월호에서 결혼과 정조에 대해 논했다. "여자의 정조를 물건처럼 취급하는 시대는 지나갔다", "지금까지의 정조 관념은 여성의 존재를 무시하고 너무나도 폭군적인 남성의 것이다"라고 비판했다. 이러한 주장은 시대 사조였다고 해도 남성 중심의 결혼과 동거에 휘둘려온 김소영의 개인적인 체험에 기초한 발언이었다고 생각된다.

첫 남편인 추민은 사상 투쟁으로 달려갔고, 정부情夫였던 최인규는 사실 아내 김신재에게 가정 내 폭력을 휘두르는 남편이었으며, 조택원은 바람둥이였다. 하지만 이 책에서는 그런 점에 대해 자세히 서술할 지면이 없다. 김소영, 문예봉, 김신재, 이 세 여배우를 비롯한 '식민지 근대의 조선 여배우들'의 생애에 대해서는 다른 기회에 전면적으로 고찰하고자 한다.

낙태 여배우 시가 아키코

잡지 『삼천리』(1941년 1월호)의 기사를 보고는 깜짝 놀랐다. 조선 영화계의 고투를 그린 〈반도의 봄〉의 출연자 목록에 일본의 여배우 시가 아키코志賀曉子(1910~90)의 이름이 있었기 때문이다.

의외의 이름이 등장하여 깜짝 놀라 한국의 신문 데이터베이스를 살펴보니 『매일신보』(1940년 12월 14일자)에 본사 내방 기사가 있었다. 거기에는 시가 아키코가 이병일 감독, 김소영과 찍은 기념사진까지 실려 있었다. 시가 아키코는 인기 절정기인 1936년에 낙태죄로 체포되어 징역 2년의 유죄 판결(집행유예 3년)을 받은 여배우다. 사와치 히사에의 『쇼와사의 여자』[10]에 그녀의 낙태 사건을 고찰한 뛰어난 글이 있다.

하지만 시가 아키코의 〈반도의 봄〉 출연은 지금까지 조선 영화사에서 언급된 적이 없다.

출연자 이름에도 그녀의 이름이 없다. 영상을 검토해봐도 그녀인 듯한 사람은 보이지 않는다. 무슨 사정(급병?)으로 출연을 그만두었나 싶어 시가 아키코의 자전 『내가 지나온 날에』[11]를 읽어봤다. 그러자 조선 호텔에 한 달쯤 체재했지만 기후 변화가 심해 기관지염에 걸린 나머지 결국 영화에 출연하지 않고 귀국했다고 쓰여 있었다. 역시 그런 사정이 있었던 것이다.

이 자전에 따르면 영화계에 복귀한 후에 무라야마 도모요시의 신쿄 극단新協劇団에서 시드니 킹슬레이 원작의 〈데드 엔드〉에 출연한 것을 본 '조선의 영화감독'이 그녀를 써서 한 편 찍고 싶다며 최고 조건으로

---

10) 澤地久枝, 『昭和史のおんな』, 文藝春秋, 1980.
11) 志賀曉子, 『われ過ぎし日に―哀しき女優の告白』, 学風書院, 1957.

초빙한 것이었다고 한다. "나도 자신을 살려주는 것에 굶주려 있었기 때문에 조선으로 건너갈 마음이 들었다"고 적고 있다.

시가 아키코가 〈데드 엔드〉에 출연한 것은 1939년 8월의 재공연 때(신바시 엔부조演舞場)다. 케이 역의 호소카와 지카코가 병에 걸려 그녀에게 역이 돌아간 것이다. 자전 『내가 지나온 날에』의 권두에 분장을 한 그녀의 사진이 실려 있다. 코가 높고 서양인풍의 얼굴과 롱드레스가 잘 어울리는 여배우다.

이병일 감독으로부터 "최고 조건으로 초빙되었다"는 시가의 증언에서 추측할 때 그녀는 〈반도의 봄〉에서 복혜숙이 연기한 '김소영의 선배 사무원' 역 등에 캐스팅되었을 가능성이 있다. 1940년대 초 조선과 일본의 미묘한 관계성이 그려진 〈반도의 봄〉에 일본인 여배우가 출연했을 경우 더욱 함축성 있는 작품이 되었을 거라고 생각하는 사람은 나만이 아닐 것이다.

그러나 시가 아키코라고 해도 이제 그녀를 아는 사람은 전전의 일본 영화에 정통한 사람뿐일 것이다.

나는 지난 저서 『망각의 귀환사—이즈미 세이이치와 후쓰카이치 휴양소』[12]를 쓰기 위해 일본의 중절 수술 역사를 조사했을 때 그녀의 낙태 사건을 알았다. 변호사 스즈키 요시오鈴木義男나 소설가 미야모토 유리코에 의한 옹호론은 현재의 시점에서 봐도 평가할 만하다.

그녀의 낙태 사건은 조선에서도 선정적으로 보도된 듯하다. 조선의 신문기사에 몇몇 기사가 남아 있다. 그녀가 소속해 있던 신코키네마는 재판 중에도 급료를 계속 주었고 여론도 동정적이었다. 그녀를 중절 수술로 몰아간 아베 유타카阿部豊(국책영화 〈저 깃발을 쏴라〉의 감독)가 오히

---

12) 下川正晴, 『忘却の引揚げ史—泉靖一と二日市保養所』, 弦書房, 2017.

려 규탄당해도 좋았을 거라고 생각한다. 그런 시가 아키코를 무대에서 보고 경성으로 부른 이병일의 도량과 감각에는 감탄하지 않을 수 없다. 해방 후의 연극 〈귀국선〉의 연출에 이른 인간 이해가 느껴진다.

김소영은 문예봉, 김신재와 함께 조선의 삼대 여배우 중 한 명이다. 그러나 다른 두 사람이 '정숙한 아내', '황국신민의 누이'의 이미지였던 것과 대조적으로 김소영은 '추문의 여배우'였다. 시가 아키코의 아버지는 타이완의 타이난 주지사, 미에현 지사 등을 역임한 관료다. 『내가 지나온 날에』는 전전의 상류사회나 영화계에 대해 적은 보기 드문 저작이다.

김소영과 시가 아키코는 글을 부지런히 쓰는 점도 비슷하다. 두 사람 다 벌레잡이 등불처럼, 발칙한 남자들을 끌어당기는 불운한 여성이었다. 이 추문의 두 여배우는 한일 영화사·여성사를 고찰할 때 간과할 수 없는 존재라고 생각된다.

〈반도의 봄〉의 고민

〈반도의 봄〉에서 영화감독 허훈 역을 맡은 서월영(1904~73)은 원래 무대 배우였지만 전시의 조선 국책영화에 가장 빈번하게 출연한 남자배우 중 한 사람이다.

국책회사 '조선영화제작주식회사'가 1942년에 발족한 이래 패전 때까지 제작한 극영화 16편 중 그는 여섯 편의 영화에 출연했다. 〈흙에 산다〉(1942), 〈우러르라 창공仰げ大空〉(1943), 〈조선해협〉(1943), 〈젊은 모습若き姿〉(1943), 〈거경전〉, 〈병정님〉, 이렇게 여섯 편이다. 다른 배우

에 비하면 이례적일 만큼 많다. 서월영 자신의 적극적인 의사가 있었다고 보는 것이 자연스럽다.

서월영이 연기한 영화감독 역은 박진감이 있다. 감독 등의 영화 스태프는 집 한 채를 빌려 합숙하며 촬영을 진행한다. 하지만 자금이 떨어졌고, 집주인은 밀린 6개월치의 집세를 내라고 재촉한다. 촬영 현장에 주연 여배우인 안나安羅가 나타나지 않는다. 애인이자 뒤를 봐주던 음반회사의 문예부장과 헤어지고 영화계를 은퇴한다는 것이다. "물만 먹고는 배우를 할 수 없어요." 그녀의 울분은 영화 스태프의 심정이기도 하다.

각본을 쓴 레코드회사 사원인 김일해에게 상담한다. "1000엔만 있으면 어떻게든 되겠는데." 궁지에 몰린 김일해는 작곡가에게 지불해야 할 회사 돈을 유용하여 영화 제작에 투입한다. 이것이 발각되어 업무상 횡령 혐의로 경찰에 검거된다. 군소 영화회사가 난립하여 저비용으로 영화를 만들고 있던 조선 영화계의 실정이 아주 리얼하게 묘사되어 있다.

감독 허훈의 곤경에는 원작자 김성민의 실제 체험이 투영되어 있다. 고려영화협회의 사장 이창용이 토로한 영화업계의 내부 사정과도 아주 비슷하다. 이창용은 1935년 설날 『동아일보』에서 "영화인들의 생활을 보건대 제작 중의 의식衣食에도 부족한 상태"라며 궁상을 호소하고 있다. 바로 그런 상황이 조선 영화의 제작 현장이었던 것이다. 아울러 〈반도의 봄〉은 약 2만 엔의 제작비가 들었다고 한다.[13] 잡지 『삼천리』(1940년 12월호)에 따르면 조선인 자본가가 출자한 '반도영화주식회사'의 설립으로 영화 〈춘향전〉 제작의 난국을 타개한다는 전개로 나아간

---

13) 전범성편, 『한국영화총서』, 한국영화진흥조합, 1972.

〈반도의 봄〉. 김소영(왼쪽)과 복혜숙(오른쪽).

다. 이것도 실제 움직임을 반영한 것이다. 1940년 1월 조선영화령이 공
포되어 영화업계를 국가가 통제하려는 움직임이 강해졌다. 군소 영화
회사를 한 회사로 통합하려는 움직임이다. 1942년 9월 국책회사 '조선
영화제작주식회사'의 설립을 선취하듯이 영화 〈반도의 봄〉에서는 조
선인 자본가가 100만 엔이라는 거액을 투자한 '반도영화주식회사'가
탄생한다.

조선인 사장의 취임 연설이 3분이나 장황하게 일본어로 이어진다.

"반도에서의 영화 제작은 오랫동안 계속해서 가시밭길을 걸어왔습
니다. 오늘날 중대 국면에 즈음하여 내선일체를 꾀하고 황국신민의 책
무를 다하려는 진정한 문화재인 영화를 만들어내는 것은 우리의 큰 책
임입니다."

허훈 감독(서월영)도 얌전한 얼굴로 늘어선 모습이 비친다. 얼마 후
영화 〈춘향전〉이 당당히 완성된다.

'반도영화주식회사'의 사장 인사는 '조선영화제작주식회사'의 사장
다나카 사부로(경성상공회의소 부회장)의 취임사를 방불케 한다. 그러나

두 사람에게는 명확한 차이가 있다. '반도영화주식회사'는 민간 자본이었지만 '조선영화제작주식회사'는 총독부가 주선한 국책회사였다는 점이다. 이 시점에 조선 영화계의 자율적인 영화 제작의 길은 막혀 있었던 것이다.

많은 국책영화에 출연한 서월영의 신조는 어떤 것이었을까.

본명은 서영관. 부산 출신. 1925년에 개교한 조선배우학교의 1기생으로 복혜숙과 동기다. 졸업한 후 유학한 일본대학 예술학부 영화학과를 중퇴하고 연극단체 토월회에 입단했다. "단정한 얼굴에 말쑥한 차림새"[14]로 인기를 모아 많은 영화회사의 작품에 출연했지만, 어용단체인 조선영화인협회의 이사를 역임하는 등 총독부에 협력하는 자세가 눈에 띄었다. 해방 후에는 연극 활동을 재개하여 1947년 10월에는 우파 계통의 극단에 참가했다. 한국전쟁 후에도 수편의 영화에 출연했지만 조연이나 단역이 많았다. 1962년까지 '국립극장' 단원이었고, 1973년 68세를 일기로 세상을 떠났다.

'해방' 후의 통속소설가

이병일 감독의 〈반도의 봄〉 원작은 김성민金聖珉의 일본어 중편소설 『반도의 예술가들半島の芸術家たち』이다. 1936년 『선데이마이니치』가 현상 공모한 지바 가메오상千葉亀雄賞(현대소설 부문)의 1등 당선작이다. 김성민의 '해방 후'에 대해서도 지금까지 별로 알려져 있지 않았다.

지바 가메오상의 동시 수상은 이노우에 야스시井上靖의 『유전流転』

---

14) 안종화, 『한국영화측면비사』, 춘추각, 1962.

이었다. 교토제국대학을 막 졸업한 이노우에는 이것이 인연이 되어
『오사카마이니치신문』에 입사하여 학예부에 배속되었다. 조선에서 상
금 1000엔을 손에 쥔 김성민은 당시 순천(평안남도)과 만포진(평안북도)
을 잇는 만포선 '북신현'역의 역원이었다.

김성민은 1915년 평양에서 태어났고 본명은 김만익이다. 평양고등
보통학교를 중퇴한 후 잠시 영화 제작에 종사했는데, 그때의 체험을
소설화한 것이 수상 작품이다. 김성민은 통속적인 대중소설가로 간주
되어 남부진(시즈오카대학 교수) 이외에는 그다지 연구 대상으로 삼지
않았다.

원작 『반도의 예술가들』은 『근대조선문학 일본어 작품집
1901~1938 창작편4』(2004)에서 읽을 수 있다. 『선데이마이니치』의 영
인본인데 화가 이와타 센타로岩田専太郎의 삽화가 시선을 끈다. 김성민
의 문장은 이와타의 그림만큼 아름답다고는 말하기 힘들다.

『'외지'의 일본어 문학선』[15]의 해설에서는 그의 소설 『녹기연맹緑旗
連盟』(1940)을 다나카 야스오의 소설 『어쩐지 크리스탈』(1980)과 비교
하며 "사상적으로도 그곳에 있는 문제를 심화시켜 파악하는 뛰어난 자
질이 있다"고 소개했음에도 불구하고 작품 자체는 한 줄도 수록되어
있지 않다.

남부진의 『문학의 식민지주의』에 따르면 김성민은 『녹기연맹』이
외에도 『단풍나무의 삽화楓の挿話』(1940), 『천상 이야기天上物語』(1941),
『혜련 이야기恵蓮物語』(1941) 등 내선연애와 내선결혼 소설을 일본어로
집중적으로 그린 작가라고 한다. 남부진은 "일본어와 일본 여성에 대
한 대중적 욕망이 무자각적으로 그대로 드러나 있다"고 분석하며 식민

---

15) 黒川創編集, 『朝鮮─〈外地〉の日本語文学選3』, 新宿書房, 1996.

지주의는 "피식민지 측의 이런 다양한 대중적 욕망에 의해 만들어졌다"고 지적했다.

윤건차가 『자이니치의 정신사』에서 쓴 것처럼 재일 조선인 남성은 해방 후에도 일본인 여성과 결혼하여 살림을 차린 사람이 적지 않았다는 사실에 유의해야 한다. 한일월드컵을 앞두고 만들어진 한일합작 드라마 〈프렌즈〉(2002)도 한국인 남성(원빈)과 일본인 여성(후카다 교코)이 커플이었다. 전전에도, 전후에도 왜 한국인 남성과 일본인 여성의 조합으로 이루어진 창작물이 많은 것일까. 한·일을 포함한 국제결혼은 21세기의 현대 일본에서도 큰 주제다.

김성민은 한국문학사에서 망각된 존재에 가깝지만, 사실 해방 후에는 영화계에서 활약한 인물이다. "1950년대의 대표적인 흥행 감독의 한 사람이고 유명한 각본가였다(김종원, 『한국 영화감독 사전』)"는 것이다.

감독 데뷔작은 고독한 화가와 산촌의 과부 사이의 연애를 그린 〈사랑의 교실〉(1948)이다. 〈심판자〉(1949) 등 김성민이 감독한 열두 편의 영화 중 열 편이 멜로드라마였다고 한다. 식민지 시대의 내선결혼 소설을 써온 김성민이 해방 후에 어떤 내용의 멜로드라마를 썼는지 관심이 가는 부분이다.

각본가로서 김성민의 작품은 한형모 감독의 〈운명의 손〉(1954)과 〈자유부인〉(1956)이 중요하다.

〈운명의 손〉은 한국 영화에서 처음으로 키스 장면이 있는 여성 스파이 영화다. 한류 영화 〈쉬리〉(1999)의 원형을 이루는 퓨전 영화라고 할 수 있다.

이 영화의 감독 한형모는 최인규 감독의 〈집 없는 천사〉에서 미술을 담당하고 최인규 감독의 추천을 받아 도호에서 4년간 연수를 한 영화인이다.

이마이 다다시 감독의 〈망루의 결사대〉 외에 〈태양의 아이들〉에서 〈죄 없는 죄인〉(1948)까지 일련의 최인규 작품에서 촬영을 담당한 후 여순사건을 영화화한 〈성벽을 뚫고〉(1949)를 통해 감독으로 데뷔했다. 이 작품은 한국 반공 영화의 효시이고, 그 후 그는 〈청춘쌍곡선〉(1956), 〈여사장〉(1959)이라는 러브 코미디의 수작을 연출하고 1999년 82세를 일기로 세상을 떠났다.

〈자유부인〉은 김성민의 각본과 한형모 감독의 경묘함이 결합한 세상 풍자 영화의 걸작이다. 관객 10만 5000명을 동원하는 대히트작이었다. 원작은 정비석이 『서울신문』에 연재한 소설이다. 대학교수 부인과 대학생의 키스 장면, 사장과의 포옹 장면 등 당시로서는 파격적인 영화였다. 현대의 연구자에 의해 "1950년대 여성의 욕망을 예외적으로 표현한 영화"라고 평가되는 영화다. 한국 영화사적으로는 문예봉 주연의 유한마담 영화 〈미몽〉(1936)의 계보를 잇는 것이고, 김성민의 본령인 '통속성'이 잘 살아 있다.

식민자의 아이 니시키 모토사다

니시키 모토사다는 1945년 가을 처자와 함께 경성에서 귀환했다.

전후에는 구로사와 아키라와의 공동 각본 〈지옥의 귀부인〉(1949, 오다 모토요시小田基義 감독)을 비롯하여 나루세 미키오 감독의 〈분노의 거리〉(1950), 세키가와 히데오関川秀雄 감독의 〈내 일고 시절의 범죄わが一高時代の犯罪〉(1951), 다니구치 센키치谷口千吉 감독의 〈격류激流〉(1952),

'고려영화협회'의 촬영소 부지에서(니시키는 왼쪽에서 두 번째. 유족 제공).

오카모토 기하치岡本喜八 감독의 〈암흑가의 유력자暗黑街の顔役〉(1959)
등 영화 열두 편의 각본 외에 텔레비전 드라마의 각본을 썼다. 1978년
9월 21일 68세를 일기로 세상을 떠났다. 유족에 따르면 그가 전후에
다시 한국을 방문한 적은 없었다.

1955년 3월에 발행된 『키네마순보』 증간호 『일본 영화인 대감日本映
畵人大鑑』에 니시키의 경력이 실려 있다. "1910년 12월 19일. 요코하마
시. 도쿄대학 법학부 중퇴 후 『경성일보』 기자, 조선총독부 촉탁을 거
쳐 조선영화주식회사 각본부 근무. 전후 도호, 도에이와 계약하기도 했
지만 현재는 영화작가협회단에 근무"라고 되어 있다. 아마도 본인의
자기 신고를 거쳐 게재된 이력으로 보인다.

"(昭和15) 〈집 없는 천사〉. 〈우러르라 창공〉. 〈밝은 포도明るい舗道〉(昭
和16), 〈태양의 아이들〉(昭和17), 〈병정님〉(昭和24),[16] 〈지옥의 귀부인地獄

---

16) 쇼와 19년, 즉 1944년 작품이다.

の貴婦人〉(昭和26),[17] 〈분노의 거리怒りの街〉, 〈하얀 야수白い野獸〉, 〈장미 전쟁薔薇合戰〉(昭和26),[18] 〈내 일고 시절의 범죄〉(昭和27),[19] 〈격류〉(昭和 28),[20] 〈포옹抱擁〉, 〈야스고로 출세安五郎出世〉, 〈철완, 눈물 있다鉄腕涙あ り〉."

숫자는 연호를 표기한 것인데 제작 연도와 공개 연도가 혼재되어 있는 것 같다. 그중 〈밝은 포도〉는 문화영화(계몽용의 단편)이고, 일반 한국 영화사에는 등장하지 않지만 『영화연감』(1943)에는 기록되어 있다. 경기도 경찰부와 교통안전협회가 제작한 '경성발성영화제작소'의 작품이다. 박기채가 연출하고 가나이 세이이치(김학성)가 촬영했으며 독은기, 김영 등이 출연했다. 니시키 각본의 문화영화는 그 외에 〈되살아나는 땅蘇る土〉(감독 何済逸男)[21]이라는 식량증산 영화가 있다. 방한준 감독의 〈최후의 승리〉(1940)의 공동 각본에 니시키의 이름이 보이는 기록도 있다. 둘 다 상세한 것은 알려져 있지 않다.

니시키 모토사다의 아버지 니시키 산케이西亀三圭(1884년생)는 1911년에 교토제국대학 의학부를 졸업하고 1924년에 조선총독부에 부임한 의사다. 총독부 위생과장, 경성제대 의학부 강사(겸임) 등을 역임했다. 1910년생인 장남 니시키 모토사다는 아버지의 조선 부임으로 열세 살 무렵부터 경성에서 살게 되었다. 조선을 고향처럼 생각하며 자란 '식민자의 아이'다.

니시키 모토사다는 경성중학, 히로시마고등학교를 거쳐 도쿄제국대

---

17) 쇼와 24년, 즉 1949년 작품이다.

18) 쇼와 25년, 즉 1950년 작품이다.

19) 쇼와 26년, 즉 1951년 작품이다.

20) 쇼와 27년, 즉 1952년 작품이다.

21) 전시 식량증산의 중요한 열쇠인, 가뭄에 고민하는 천수답의 개량을 주제로 한 영화.

학 법학부에 입학했다. 대학 재학 중이던 1936년 『주간 아사히』의 제 4회 현상모집 '사실소설'에서 가작(상금 90엔) 다섯 작품 중 하나로 입선했다. 1등 두 편(상금 300엔), 2등 세 편(상금 150엔)에 이은 가작이었다. 1936년 2월 16일호 『주간 아사히』에 니시키의 작품 「금선참金仙站」(필명은 니시 모토사다)이 그의 약력과 함께 실렸다. 금선참이란 낭림산맥(평안북도와 함경남도의 경계 지대)의 "표고 1500미터 고지대의 자작나무와 전나무 숲으로 둘러싸인 골짜기에 있는 화전 마을"의 명칭이다.

이와타 센타로의 삽화 다섯 매가 들어간 니시키의 소설은 A4판 잡지의 첫 페이지부터 다섯 페이지에 걸쳐 게재되었는데, 화전민의 노동과 가정을 그린 작품이다. 작자의 말에는 "애욕에 사로잡힌 한 늙은 농부의 치정과 망집이라기보다는 그 밑바닥에 가로놓인 문제, 원시적인 화전민의 생활, 그 지역 전체에 걸친 조혼의 폐습 등을 다뤄보고 싶었다"고 되어 있다. 그러나 인물 조형이 단조롭고 이야기의 전개도 의외성이 없어 그 의도가 충분히 전달되었다고는 말하기 힘들다. 조선 화전민의 생활은 경성에 사는 일본인 청년들의 관심을 끌었던 것 같다. 문화인류학자 이즈미 세이이치泉靖一(1915~70)도 경성제국대학에 재학 중에 화전민을 주제로 소설을 썼다.

니시키가 도쿄제국대학 법학부를 중퇴한 이유는 분명하지 않다. 『경성일보』 학예부에서 영화 담당 기자로 일하며 이창용이나 최인규 등과 알게 되었다. 기백이 날카로운 신진 영화인이었던 이창용과는 특히 친하게 지냈던 모양으로, 니시키의 유족은 그들이 함께 찍은 사진 여러 장을 보관하고 있었다. 일제 강점기에 조선 영화인에게 다가갔던 니시키 모토사다라는 존재는 앞으로도 연구할 만한 존재다.

1930년대의 경성에는 영화를 좋아하는 일본인이나 조선인의 '영화 동호회'가 있었다. 그 유력한 멤버였던 명치좌 지배인 다나카 히로시田中博도 경성에서 태어난 식민자 2세다. 총독부 학무국의 직원 다나베 마사토모田辺正朝나 고려영화협회의 이창용도 멤버였다.[22] '영화 동호회 주최의 명화 감상회를 부민관에서 개최(『동아일보』 1937년 6월 9일)' 등의 기사도 보인다. 총독부 관료의 아들이었던 니시키 모토사다가 경성중학 시절부터 이 동호회의 주변에 있었던 것은 충분히 생각해볼 수 있다. 니시키는 최인규의 감독 데뷔작인 〈국경〉에서 자막 제작에 관여했다. 〈집 없는 천사〉가 공개된 1941년 니시키는 경성의 조선호텔에서 일본인 일반 여성과 결혼식을 올리고 1남 2녀를 두었다.

경성에서 귀환한 후에는 도쿄 근교 도시에 거주하며 영화나 텔레비전 드라마의 각본가로 활동했다. 영화화되지 않았던 니시키의 시나리오 두 편이 남아 있다. 〈여공애사〉와 〈춘향전〉이다. 〈여공애사〉는 전후 공장 노동자의 비애를 그린 작품이고, 〈춘향전〉은 고려영화협회 당시에 구상한 작품을 바탕으로 한 것인 듯하다.

김소영의 최후

김소영의 마지막 영화는 안종화 감독의 〈수우愁雨〉(1948)다.

그녀를 스타덤에 올린 〈심청전〉의 감독은 안석영이었다. 〈수우〉는 제1관구 경찰청이 후원하고 인천영화건설회사가 제작한 관제 영화였다. 제1관구 경찰청의 보안과장이 원작을 썼다. "한 가정을 중심으로 범죄의 일면을 의리와 인정, 갈등의 딜레마로서 그린 작품"이다. 김소

---

22) 内海愛子、村井吉敬,『シアネスト許泳の「昭和」』,凱風社, 1987.

영은 처음으로 어머니 역을 연기했다. 출연자는 이금룡, 김소영, 서월영, 김일해, 전택이, 복혜숙 등이다.

이 멤버에 공통되는 것이 있다. 그것은 '월북'을 선택하지 않고 대한민국의 건국에 기여하는 방도를 선택했다는 점이다. 좌우 영화인이 혼합되어 있던 조선영화협단에서 문예봉, 독은기, 최운봉 등 많은 월북자가 나왔지만 이 영화에 출연한 이금룡, 서월영, 김일해, 전택이, 복혜숙은 한국에 남는 것을 선택했다. 김소영은 남편 조택원과 함께 미국행을 결심하게 된다.

조택원의 자서전에 따르면 해방 후 그가 미국에 가게 된 계기를 잡은 것은 1946년 5월이다. 조선의 신탁통치 문제를 협의하고 있던 미소공동위원회의 미국 측 대표 집에서 열린 파티에서 춤을 춰달라고 의뢰받은 조택원은 그 기회를 놓치지 않고 미국 공연을 타진하고 추천을 받았다. 그러나 실현되기까지는 우여곡절이 있었고 최종적으로 조택원이 미국 군함을 타고 인천항을 출발한 것은 1947년 10월 5일이다.

조택원(뒷줄 왼쪽)의 가족과 김소영=조택원의 자전에서.

조택원은 소련 측으로부터 모스크바(평양)행도 권유받았지만, 먼저 월북한 연하의 최승희에 이어 2등 취급을 받는 것에 불만을 품고 있어 그녀에게 호감을 갖고 있지 않았다.

김소영은 1948년 2월 말 인천항에서 조택원의 무용수 등 7명과 함께 미국을 향해 출발했다. 그날 『중앙신문』이 그녀의 동정을 보도하고, 25일에는 서울 시내의 식당 아서원에서 영화 관계자들에 의한 송별회가 열렸다고 보도했다.

미국에 도착한 김소영과 조택원의 부부생활은 2년 후에 파탄난다.

"소학교밖에 나오지 않아서인지 아내는 오랫동안 배우를 해왔는데도 예술에 대한 교양이 없었다." 부부가 결별하게 된 사정을 말하는 조택원의 기술은 박정한 것이었다. 이제 와서 아내의 학력을 들어 자기를 변호하는 모습은 모던 사회를 살고 있는 남자의 자기본위 논리다. 조택원에 따르면 미국에서의 무용 공연에서 충분한 수입을 얻을 수 없었는데 그것을 불만스럽게 생각한 김소영이 "춤 같은 건 그만두지 그래요"라고 비난한 것이 이혼의 직접적인 계기가 되었다.

1949년 크리스마스이브.

조택원의 집에서 열린 파티에 그의 무용 파트너인 여성이 새 드레스를 입고 나타났다. 조택원에 따르면 "그 드레스를 내가 사주었다고 오해한 아내(김소영)는 쟁반을 내동댕이치며 소동을 피웠다". 화가 난 조택원은 김소영을 때렸다. 이틀 후 김소영은 음독자살을 시도했다. 해가 바뀌고 조택원은 집을 나갔다. 어느 비 오는 날 밤, 버스 안에서 우연히 만난 김소영은 당황하여 버스를 내린 조택원의 뒤를 따라가 갖고 있던 우산으로 후려갈겼다. 이 부부가 싸우는 장면은 장렬하다. 조택원에게는 꺼림칙한 구석이 있었을 것이다. 1950년 봄 두 사람은 뉴욕에서 이혼했다.

그 후 김소영의 소식은 상세하게 전해져 있지 않았다. 미국 국영 방송 'VOA' 한국어 방송에서 5년쯤 드라마나 문화, 종교 프로그램에 출연했다. 할리우드 진출도 시도한 모양이지만 성취되지는 않았고, 뉴욕에서 미용실을 경영했다. 한국에는 1973년에 한 번 귀국한 적이 있다. 젊은 날에 참가한 연극단체 토요회의 50주년 기념공연에 맞춘 귀국이었다. 복혜숙이나 유치진과도 재회하고 조택원과도 만났다. 그때 김소영과 첫 남편 추민 사이에 태어난 외동딸 추나미와도 만나 잠시 함께 지냈다고 한다. 그때 추나미는 35세쯤이었을 것이다.

김소영의 마지막 모습은 확실하지 않다. 로스앤젤레스에 거주하다 1989년에 세상을 떠났다는 정보가 있지만 확실한 것은 아니다.

이창용, 일본에서 죽다

고려영화협회의 이창용은 어떻게 되었을까.

해방 후 일단 재기를 꾀했다. 한국영상자료원에서 편찬한 『고려영화협회와 영화 신체제』(2007)에 실린 논문 등에 따르면 이창용은 1946년 조선영화동맹 부위원장에 취임했다. 예전의 이름이 이용당했을 뿐이었는지도 모른다. 향린원 영화반과 제휴하여 최인규 감독의 〈자유만세〉를 제작하지만 도중에 물러났다. 이유가 뭔지는 분명하지 않다.

장사 솜씨는 잃지 않았던 모양인지 왕년의 조선 영화인 요도 도라조淀虎藏가 소유하고 있던 영화관을 입수하고 '제일극장'으로 개칭하여 운영했다. 한편 부극장장을 위촉받았다는 '국립극장'의 건설에 착수했지만 이것 또한 도중에 좌절되었다. 한국전쟁이 일어나자 극장을 매각하고 일본으로 이주했다. 1950년대에는 일본과 한국을 오가며 무역업을 했다고 한다. 도쿄에서 옛 친구인 니시키 모토사다를 만나지는 않았을까.

이창용이 20대였던 1931년 7월 당시의 기사가 있다.

영화를 연출한 적도 있는 소설가 심훈은 잡지『동광』에 쓴 잡문「조선영화인 언파레드(온퍼레이드)」에서 이창용을 "촬영기사로서 가장 많은 작품을 박히고 풍부한 체험을 연골軟骨에 쌓은 사계斯界의 1인자"라고 소개했다. "두뇌가 명철하야 더욱이 타산에 밝고 매사에 주도면밀綿密周到하다", "영화인으로서 주초酒草를 가까이 하지 않는 것도 드믄 일이다"라고 찬사를 늘어놓는다. 당시 이창용은 교토 '신코키네마'의 감독 스즈키 시게요시鈴木重吉 밑에서 영화 수업 중이었다. "벌서 적지 않은 수확이 잇는 소식이 온다. 괄목상대할 날만 손꼽아 기다린다"며 심훈은 이창용에게 기대를 걸고 있었다.

1935년 11월호의『삼천리』좌담회에서는 베테랑 여배우 복혜숙이 "요지간 안석주의 〈춘풍春風〉 촬영하는 것을 보니까, 감독에 리李라고 하는 분이 잇는데, 이 사람이 퍽으나 숙련한 수완을 가지고 잇더구만요" 하며 목격담을 말한다. 그러나 이창용은 영화 촬영에서 영화 제작의 길로 가버렸다. 영화배급회사 '기신양행紀新洋行' 등에서 실무를 익히고, 그해에는 조선 첫 유성영화 〈춘향전〉의 전 조선 배급권을 획득했다.

1935년 1월 1일『동아일보』의 지면에 이창용의 소론이 게재되었다. 영화 기획가로서의 선언이라고도 해야 할 것이다. "예술계의 발전에는 (중략) 예술적 양심도 필요하거니와 경제적 수완도 절대 필요한 문제이다. (중략) 그러나 예술인들의 생활을 보건대 제작 중의 의식衣食에도 부족한 상태에 있으니 이것은 영화인들의 경제적 수완이 부실한 원인이라고 생각한다. 일부분의 작품을 보면 주연자가 투자하여 자기자신으로 배급을 하는 데가 만히 있으니 경험없는 까닭으로 대개는 실패에 처하고 말엇다. 불량자의 감언과 여우女優에게 호감을 사기 위하여 투자한 어리석은 자본가(일부분)도 촬영 도중에 단념하는 일이 종종 잇으므로 영화인들은 다음 자본가를 구하여 겨우 촬영을 하게 된다. (중략) 우리 영화계에 제일 급선무는 사업가가 있어야 하겟다."

1935년에 설립한 고려영화배급사는 이창용의 실천 제1탄이었다. 1937년에는 자본가 오덕섭 등의 후원으로 고려영화협회를 설립하고 영화 제작에 착수했다. 최인규 감독의 〈수업료〉, 〈집 없는 천사〉를 둘러싼 분투는 앞에서 소개한 대로다.

1961년 11월 30일자 『동아일보』에 다음과 같은 기사가 실렸다.
"지난 8월 17일 일본에서 작고한 이창용 씨의 추도식이 유진오 씨 등 4 씨의 발기로 12월 2일(토) 하오 3시 신흥사(돈암동)에서 열린다."
이창용은 1906년경에 태어났기 때문에 쉰다섯 전후에 세상을 떠난 것이다. 일본에 기대하며 조선 영화계의 진흥을 꿈꾸었던 그는 일본의 국책회사 '사단법인 조선영화제작주식회사'의 탄생과 함께 조선 영화 제작의 제일선에서 은퇴하고, 박정희의 군사 쿠데타(1961년 5월 16일) 3개월 후쯤에 생애를 마쳤다.
이창용의 전성기 얼굴 사진이 한국영상자료원에서 편찬한 『고려영화협회와 영화 신체제』에 실려 있다. 물방울무늬의 나비넥타이를 한와이셔츠 차림의 댄디한 풍모다. 그가 일본 어디에서 사망했는지는 확실한 자료가 발견되지 않았다.

후기

영화는 시대와 공간을 추체험하게 하는 미디어다.

이 책은 전시의 조선과 일본 영화인들의 인생을 탐구한 군상사群像史다. 영화는 전쟁과 근대의 프로파간다(정치 선전)에 활용된 미디어다. 부제를 '전쟁과 근대의 동시대사'라고 한 까닭이다. 조선과 일본 영화인의 '청춘 잔혹 이야기'라고 하는 것이 더 적절할지도 모른다.

이 책에서는 근대 미디어의 대표 격인 영화가 식민지 조선에서 어떤 격투를 거쳐 제작되고 어떻게 좌절했는가를 '영화 군상사'의 관점에서 연구하고 서술했다.

이 영화들의 필름은 오랫동안 분실되어 있었지만 21세기가 되어 그 모습을 드러냈다. 중국에서의 발견으로 2007년 8월 한국영상자료원이 주목할 만한 DVD 선집을 발매했다. 〈발굴된 과거─1940년대 일제시기 극영화 모음집〉이다.

나는 그해 우연히 한국영상자료원을 찾아가 이 DVD 선집을 직원으로부터 기증받았다. 호텔로 돌아가 컴퓨터로 최인규 감독의 〈집 없는 천사〉를 보고 깜짝 놀랐다. 경성의 번화가 종로의 야경은 '식민지'의 암흑 이미지와는 대조적으로, 밝은 네온사인이 빛나는 한편 그 거리를 배회하는 소년·소녀들의 모습은 1980년대까지 서울에서 보였던 가난한 부랑아들의 일상생활이기도 했기 때문이다. 베테랑 영화평론가 김종원 씨가 부록 영상에서 말하는 해설이 훌륭했다. 온화한 어조와 균형 잡힌 시점에 감명을 받았다. 무엇보다 한국 영화에 대한 사랑이 느껴졌다.

이튿날 영상자료원을 다시 찾아가 김종원 씨와 면담했다. 그는 우연히도 약속이 있어 자료원에 나와 있었던 것이다. 한 시간쯤 이야기를 나누고 "꼭 일본에서 상영회를 열고 싶다. 해설자로서 꼭 와주었으면 좋겠다"고 간청했다. 일본을 방문한 경험은 없다고 했다. 하지만 쾌히 승낙해주었다. 이것이 내가 '일제 강점기 조선 시네마' 연구에 이끌린 계기다.

같은 무렵 부산 동서대학교에서 '임권택 영화제'의 제안을 받았다. 동서대학교에는 〈서편제〉(1993) 등으로 알려진 임권택 감독의 이름을 단 영화학부가 탄생해 있었다. 『마이니치신문』 서울특파원 시절부터 영화를 좋아하던 나는 임권택 감독과 취재상의 교제가 있었다.

전전의 조선 영화와 임권택 감독. 이 두 가지 요소는 2008년 봄 벳푸시에서 열린 제1회 '한일 차세대 영화제'에서 결실을 맺었다. 나는 당시 오이타현립예술문화단기대학의 교단에 서고 있었다. 전공은 매스미디어와 현대 한국 연구다. 수업 중에 한국전쟁의 비극을 그린 강제규 감독의 〈태극기 휘날리며〉(2004)를 보여주었다. 헤이세이 시대에 태어난 학생들이 눈에 눈물을 글썽이며 이웃나라에 그런 역사가 있었다는 건 몰랐다고 제각각 말했다. 영화를 보는 행위는 지나간 시공을 초월한다. 역사 교육에서의 상상력을 재인식한 순간이었다.

'한일 차세대 영화제'는 명배우 안성기 씨 등을 게스트로 불러 제6회까지 개최되었다. 안성기 씨나 김종원 씨는 영화제 고문으로서, 지인인 이명세 감독은 한국 측 실행위원장으로서 영화제 개최에 진력해

주었다. 나는 영화제 디렉터로서 최신 영화의 상영을 교섭하는 한편
'일제 강점기하의 조선 영화' 상영도 빼놓지 않고 계속했다. 후쿠오카
시나 기타큐슈시에서도 상영회를 열었다. 그러한 연구·보고는 영화제
프로그램(https://ameblo.jp/jk-nextfilm/) 등에서 해왔다.

이 책의 집필 구상을 세운 것은 단기대학을 정년퇴직한 2015년 이후
다. 한류 시네마 관련 도서는 많이 있지만 일본인 저자에 의한 식민지
기 조선 영화를 연구한 책이 없다는 것을 깨달았기 때문이다. 한국어를
번역한 통사는 존재하지만, 일본이나 일본 영화를 자세히 알고 있지 못
한 것이 결점이다.

앞서 낸 졸저『망각의 귀환사─이즈미 세이이치와 후쓰카이치 휴양
소』를 집필하며 식민자 2세인 일본인과 조선인 젊은이들에 의한 '경
성의 청춘 군상'의 모습에 관심이 커졌기 때문이기도 하다. 영화 제작
이라는 조선과 일본인의 공동 작업은 그 주제를 탐구하는 데 어울리는
사항이라고 확신한다.

일단 이 책을 다 썼다. 그러나 써야 할 것의 20퍼센트밖에 쓰지 못했
다는 생각에 부끄럽기 짝이 없다. 원래 스무 편 정도의 조선 영화를 소
개하고 많은 인물 연구를 할 예정이었다. 그러나 조사하면 할수록 그
내용이 많다는 것을 깨닫고 이번에는 이쯤에서 펜을 놓기로 했다. 쓰지
않고 남겨둔 '모던 경성의 여배우들' 같은 것은 고투한 조선 여성들의
군상을 그리기에 어울리는 다음 주제다.

이 책은 많은 사람들의 지원과 협력이 있었기에 간행에 이를 수 있
었다. '한일 차세대 영화제' 개최에 협력해준 모든 학생, 시민, 영화 관
계자 등 여러분께 감사의 말씀을 전하고 싶다. 그 조력으로 이 책을 간
행할 수 있었다고 해도 과언이 아니다. 영화제의 일본 측 위원장이었던

벳푸시의 넥타이회사 사장 마지마 가즈오間島一雄 씨(고인)는 경성의 영화관 '희락관喜楽館' 관주의 아들이다. 당시 문서에서 부친의 경력을 확인하고 전화를 한 것이 마지막 통화가 되었다.

국립영화아카이브도서실 외에 도쿄도립중앙도서관, 시나가와구립도서관, 미나토구립도서관, 메구로구립도서관이 소장한 수많은 서적을 참조했다. 디지털화된 한국 신문·잡지 자료도 활용했다.

김종원 씨를 비롯한 한국 영화평론가협회 여러분, 정종화 씨 등 한국 영상자료원의 여러분으로부터 많은 지도를 받았다. 정종화 씨의 『한국 영화사—한 권으로 읽는 영화 100년』(2008)[1]은 일본어로 읽을 수 있는 한국 영화 통사로서 아주 뛰어난 저작이다.

니시키 모토사다의 취재에 관해서는 장녀 니시키 유리코 씨의 협력을 얻었다. 김학성에 대해서는 다나카 후미히토 씨로부터 귀중한 조언을 들었다. 미리 원고를 읽고 조언을 해준 지인 여러분께도 감사의 말씀을 드린다.

이 책에서 소개한 영화를 DVD로 상영하며 독자 여러분과 감상을 나누고 싶다. 지금 내가 갖고 있는 소소한 바람이다. 문의는 시모카와(sentense502@yahoo.co.jp)로 해주었으면 한다. 겐쇼보의 오노 시즈오小野静男 씨께는 전작에 이어 많은 신세를 졌다. 감사의 마음을 전한다.

2019년 4월 길일

시모카와 마사하루

---

1) 鄭琮樺, 野崎充彦·加藤知恵訳, 『韓国映画100年史—その誕生からグローバル展開まで』, 明石書店, 2017.

조선 시네마의 사회문화사 1935~45

○는 조선 영화·개봉일, ●는 조선 사회문화, 세계와 일본의 동향 및 일본 영화는 엷은 글자로 처리하였다.

1935

2월 신코키네마 현대극부, 도쿄 오이즈미촬영소로 이전.

2월 15일 도호쿠 흉작지의 식량난 심각. 이시노마키의 농민, 쌀방출米貸出운동 개시.

3월 21일 도쿄 발성영화제작소 설립.

○ 3월 23일 방한준 〈살수차〉(조명 김성춘의 귀국 제1작, 김일해)

4월 이마이 다다시, 도쿄제국대학을 졸업하고 J. O스튜디오의 감독이 됨.

● 5월 28일 카프KAPF(조선프롤레타리아예술동맹) 해산.

6월 시마즈 야스지로 감독의 〈오코토와 사스케〉(다나카 기누요, 다카다 고키치)

○ 6월 20일 나운규 감독의 〈무화과〉(나운규, 윤봉춘, 현방란, 전춘우, 이복본)

● 7월 경성방송국, 중앙방송국으로 개칭.

○7월 15일 이규환 감독의 〈바다여, 말하라〉(서월영, 심영, 현순영)

7월 25일 코민테른, 제7회 대회에서 인민전선전술 채택.

8월 12일 나가타 데쓰잔永田鐵山 군무국장, 황도파의 아이자와 사부로 중위에게 참살당함.

● 8월 13일 심훈의 『상록수』, 『동아일보』현상소설에 당선. 9월 10일 연재 개시.

○ 9월 7일 안종화 감독의 〈은하에 흐르는 정열〉(이경손, 신일선, 심영, 김인규)

9월 나루세 미키오 감독의 〈아내여, 장미처럼〉(마루야마 사다오, 지바 사치코)

● 10월 1일 경성중앙전화국, 처음으로 자동전화 교환기를 설치. 가입자 9078명.

○ 10월 4일 조선 첫 유성영화 〈춘향전〉(이명우 감독, 문예봉 주연) 단성사에서 개봉.

● 10월 17일 조선일보사, 『조광』을 창간.

11월 8일 영화의 국가 통제를 지향하는 사단법인 대일본영화협회 성립.

● 11월 25일 장진강 수력발전, 12만 킬로와트 발전공사 완성.

12월 30일 최초의 뉴스·단편영화 전문관인 '다이이치第一지하극장'이 니혼극장에 개관.

● 이 해에 조선 영화의 야간 촬영 시작. 라디오 청취자는 5만 4007명(조선인 1만 3600명).

1936

● 1월 8일 연희전문학교 농구팀, 전일본남자농구선수권대회에서 우승.

○ 1월 31일 홍개명의 〈장화홍련전〉(문예봉, 문수일, 지경순, 이종철)

2월 우치다 도무 감독의 〈인생극장─청춘 편〉(각본 야기 야스타로, 고스기 이사무), 시미즈 히로시 감독의 〈아리가토 상〉(우에하라 겐, 구와노 미치코桑野通子)

2월 26일 황도파 청년 장교에 의한 쿠데타(2. 26사건)

○ 4월 18일 김상진 감독의 〈노래조선〉(임생원, 이난영, 나정심, 강남향)

4월 곤 히데미今日出海 감독의 〈반도의 무희〉(최승희, 센다 고레야, 스가이 이치로菅井一郎)

5월 18일 아베 사다 사건(〈감각의 제국〉의 배경이 된 성기 절단 사건).

● 6월 안익태, 〈애국가(코리언 판타지)〉를 작곡.

6월 이타미 만사쿠 감독의 〈아카니시 가키타赤西蠣太〉(가타오카 지에조, 가미야마 소진, 모리 미네코)

6월 4일 제1차 고노에 후미마로 내각 성립.

○ 6월 30일 이규환 감독의 〈무지개〉(문예봉, 김소영, 독은기)

● 8월 5일 조선총독에 미나미 지로 취임(8월 26일 착임)

● 8월 9일 손기정, 베를린올림픽 마라톤에서 우승.

○ 10월 25일 양주남 감독의 〈미몽〉(문예봉, 이금룡, 조택원, 유선옥, 김인규)

10월 미조구치 겐지 감독의 〈기온의 자매〉(야마다 이스즈, 우메무라 요코, 신도 에이타로)

11월 기무라 소토지 감독의 〈히코로쿠, 크게 웃다〉(도쿠가와 무세이, 마루야마 사다오, 쓰쓰미 마사코)

11월 25일 독·일방공협정 성립, 12월 12일 장쉐량이 장제스를 시안에서 감금(시안 사건)

1937

2월 구마가이 히사토라 감독의 〈창맹〉(시마 고지, 미야케 본타로, 야마모토 레이자부로)

3월 아르놀트 팡크 감독의 〈사무라이의 딸新しき土〉(하라 세쓰코, 고스기 이사무)

○ 4월 11일 신경균 감독의 〈순정해협〉(김일해, 김영옥, 손일포, 김덕심)

○ 6월 24일 이규환 감독의 〈나그네〉(문예봉, 박제행, 왕평, 고영란)

6월 다사카 도모타카 감독의 〈진실일로真実一路〉(고스기 이사무, 시마 고지, 가타야마 아키히코)

7월 아사쿠사국제극장(정원 4059명) 개장.

7월 7일 루거우차오에서 중일 양군 충돌(루거우차오 사건), 중일전쟁 시작.

○ 9월 1일 안종화 감독의 〈인생항로〉(이원용, 문예봉, 차상은)

● 10월 1일 총독부 '황국신민서사' 제정.

11월 시미즈 히로시 감독의 〈바람 속의 아이들〉(사카모토 다케시, 요시카와 미쓰코, 바쿠단 고조, 가와무라 레이키치)

● 이 해의 라디오 보급대수 111만 1836대. 박흥식, 화신백화점 설립.

1938

1월 3일 오카다 요시코, 스기모토 료키치와 사할린 국경을 넘어 소련에 망명.

1월 다사카 도모타카 감독의 〈5인의 척후병〉(고스기 이사무, 이자와 이치로, 미아케 본타로)

● 1월 19일 총독부 학무국, '국어상용' 운동을 개시.

○ 1월 31일 홍개명 감독의 〈청춘부대〉(현순영, 전택이, 차상은, 윤봉춘)

● 2월 26일 조선육군특별지원병령 공포(4월 3일 시행)

○ 5월 6일 방한준 감독의 〈한강〉(윤봉춘, 최운봉, 김일해, 이금룡, 현순영)

○ 6월 29일 서광제 감독의 〈군용열차〉(도호, 문예봉, 사사키 노부코, 고바야시 주시로小林重四郎)

● 7월 1일 국민정신총동원조선연맹 창립.

7월 11일 장고봉에서 소·일 양군이 충돌.

8월 야마모토 가지로 감독의 〈작문 교실〉(다카미네 히데코, 도쿠가와 무세이, 기요카와 니지코)

8월 히노 아시헤이, 『보리와 병정』을 『개조』에 게재.

○ 9월 20일 윤봉춘 감독의 〈도생록〉(이금룡, 김신재, 최운봉, 김일해)

9월 노무라 히로마사 감독의 〈아이젠 가쓰라愛染かつら〉(다나카 기누요, 우에하라 겐, 사부리 신佐分利信, 다카스기 사나에高杉早苗)

10월 27일 일본군, 우한 삼진武漢三鎭을 점령.

○ 11월 방한준 감독의 〈한강〉(이금룡, 최운봉), 1939년 7월 도쿄에서도 공개.

● 이 해, 반도호텔 준공. 조선사상보국연맹 결성.

1939

1월 시미즈 히로시 감독의 〈아이들의 사계〉(하야마 마사오, 바쿠단 고조, 요시카와 미쓰코)

● 1월 14일 여급·기생의 파마 금지.

○ 1월 7일 안철영 감독의 〈어화〉(박학, 나웅, 박노경, 윤북양)

2월 이마이 다다시 감독의 〈누마즈 병학교沼津兵學校〉(구로카와 야타로, 마루야마 사다오, 하나이 란코)

○ 3월 15일 박기채 감독의 〈무정〉(김신재, 이금룡, 한은진, 김일해)

○ 3월 17일 이명우 감독의 〈사랑에 속고 돈에 울고〉(차홍녀, 심영)

4월 영화법 공포(각본의 사전 검열, 제작·배급의 허가제, 외국 영화의 상영 제한) 우치다 도무 감독의 〈흙〉(고스기 이사무, 가자미 아키코風見章子, 무라타 지에코村田知栄子)

5월 구마가이 히사토라 감독의 〈상하이 육전대上海陸戰隊〉(오비나타 덴, 사에키 히데오, 하라 세쓰코)

5월 11일 노몬한에서 외몽골군과 만주국군이 충돌.

○ 5월 20일 최인규 감독의 〈국경〉(이금룡, 김소영, 전택이, 최운봉, 윤봉춘)

9월 1일 독일 공·육군, 폴란드 침공 개시(제2차 세계대전)

10월 다사카 도모타카 감독의 〈흙과 병정〉(고스기 이사무, 이조메 시로井染四郎, 미야케 본타로)

1940

○ 1월 조선영화령('영화법'의 조선판) 공포.

○ 1월 19일 신경균 감독의 〈처녀도〉(김신재, 김한, 독은기)

○ 4월 30일 최인규 감독의 〈수업료〉(스스키다 겐지, 김신재, 복혜숙)

6월 후시미 오사무伏水修 감독의 〈지나의 밤支那の夜〉(하세가와 가즈오, 리샹란)

7월 도요다 시로 감독의 〈작은 섬의 봄小島の春〉(각본 야기 야스타로, 나쓰카와 시즈에, 스기무라 하루코)

● 8월 10일 『조선일보』, 『동아일보』 폐간.

○ 8월 25일 김유영 감독의 〈수선화〉(이금룡, 문예봉, 김신재, 김일해)

9월 아베 유타카 감독의 〈타오르는 하늘燃ゆる大空〉(각본 야기 야스타로, 오비나타 덴, 하이다 가쓰히코)

● 9월 20일 창씨개명 마감, 신고자 수 320만 166호(79.3퍼센트)

9월 27일 독·이·일 삼국군의동맹 체결.

10월 12일 대정익찬회 결성.

○ 11월 15일 방한준 감독의 〈최후의 승리〉(각본 니시키 모토사다, 최운봉, 독은기)

1941

2월 리샹란 〈니혼극장〉 공연에 관객 쇄도, 경관대 출동.

○ 2월 19일 최인규 감독의 〈집 없는 천사〉(김신재, 김일해, 문예봉, 윤봉춘)

2월 미조구치 겐지 감독의 〈예도일대남芸道一代男〉(나카무라 센자쿠, 나카무라 요시코, 우메무라 요코)

○ 3월 19일 안석영 감독의 〈지원병〉(최운봉, 이금룡, 김일해, 문예봉)

○ 3월 22일 전창근 감독의 〈복지만리〉(강홍식, 주인규, 윤봉춘, 박창환)

3월 오즈 야스지로 감독의 〈도다가의 형제자매들戶田家の兄妹〉(사부리 신, 다카미네 미에코, 요시카와 미쓰코). 야마모토 가지로 감독의 〈말馬〉(다카미네 히데코, 후지와라노 가마타리藤原鎌足, 다케히사 지에코)

○4월 3일 이병일 감독의 〈반도의 봄〉(김소영, 김일해, 백란, 서월영, 김한)

● 7월 1일 한글 전보 폐지.

○ 8월 21일 이규환 감독의 〈창공〉(전택이, 문예봉, 독은기, 김한)

9월 나루세 미키오 감독의 〈버스차장 히데코秀子の車掌さん〉(다카미네 히데코, 후지와라노 가마타리, 나쓰카와 다이지로夏川大二郎)

○ 9월 25일 김영화 감독의 〈아내의 윤리〉(김한, 전택이, 지경순, 김신재, 백란)

○ 11월 24일 히나쓰 에이타로(허영) 감독의 〈너와 나〉(고스기 이사무, 문예봉, 김소영)

● 11월 3일 평양일곡축구팀, 제12회 메이지신궁 국민체육대회에서 우승.

12월 8일 일본 해군, 미 하와이 진주만 기습.

1942

○ 1월 10일 윤봉춘 감독의 〈신개지〉(이금룡, 고영란, 문예봉)

○ 1월 14일 방한준 감독의 〈풍년가〉(각본 니시키 모토사다, 김신재, 문예봉, 서월영)

● 4월 7일 육군특별지원병 검사 개시.

4월 시마즈 야스지로 감독의 〈푸른 대지綠の大地〉(각본 야마가타 유사쿠, 이리에 다카코, 하라 세쓰코). 오즈 야스지로 감독의 〈아버지가 있었다父ありき〉(류 지슈, 사노 슈지, 미토 미쓰코)

● 5월 9일 조선에 징병제 실시(1944년부터)하기로 각의 결정.

5월 26일 일본문학보국회(회장 도쿠토미 소호) 창립.

6월 5일 미드웨이 해전 시작. 일본 해군의 항공모함 4척 격침.

8월 육군성 보도반 〈말레이 전기〉(관객 600만이라는 다큐멘터리)

○ 9월 29일 국책회사 '사단법인 조선영화제작주식회사' 발족.

12월 야마모토 가지로 감독의 〈하와이 말레이 해전〉(오코우치 덴지로, 후지타 스스무)

1943

2월 23일 육군성 '무찌르고 말리라擊ちてし止まむ' 포스터 5만 장 배포.

● 3월 1일 징병제 공포(8월 1일 시행)

3월 구로사와 아키라 감독의 〈스가타 산시로姿三四郎〉(후지타 스스무, 오코우치 덴지로, 쓰키가타 류노스케, 도도로키 유키코)

○ 4월 5일 김영화 감독의 〈우러르라 창공〉(각본 니시키 모토사다, 김일해, 문예봉, 김신재)

○ 4월 15일 이마이 다다시 감독의 〈망루의 결사대〉(다카다 미노루, 하라 세쓰코, 김신재, 주인 규)

○ 6월 16일 박기채 감독의 〈조선해협〉(남승민, 문예봉, 김신재, 김일해)

7월 기노시타 게이스케 감독의 〈꽃피는 항구〉(우에하라 겐, 오자와 에이타로, 미토 미쓰코, 류 지슈)

● 7월 28일 해군특별지원병 공포(8월 1일 시행)

10월 이나가키 히로시稻垣浩 감독의 〈무호마쓰의 일생無法松の一生〉(반도 쓰마사부로, 소노이 게이코)

10월 5일 관부연락선 '곤론마루崑崙丸', 미국 잠수함에 격침(544명 사망).

10월 21일 신궁가이엔神宮外苑경기장에서 출정하는 학도병의 장행회.

○ 12월 1일 도요다 시로 감독의 〈젊은 모습〉(마루야마 사다오, 스가이 이치로, 서월영, 문예봉)

1944

○ 2월 24일 방한준 감독의 〈거경전〉(서월영, 복혜숙, 김신재, 김소영)

2월 아베 유타카 감독의 〈저 깃발을 쏴라あの旗を撃て〉(오코우치 덴지로, 가와즈 세이자부로, 쓰키타 이치로)

3월 야마모토 가지로 감독의 〈가토 하야부사 전투대〉(후지타 스스무, 가와즈 세이자부로, 오코우치 덴지로)

5월 이마이 다다시 감독의 〈분노의 바다〉(오코우치 덴지로, 하라 세쓰코, 쓰키타 이치로)

6월 15일 미군, 사이판 상륙(7.7 수비대 3만 명 옥쇄)

○ 6월 16일 방한준 감독의 〈병정님〉(서월영, 남승민, 김일해, 이금룡)

● 7월 25일 조선총독에 아베 노부유키阿部信行 임명.

8월 고쇼 헤이노스케五所平之助 감독의 〈5층탑五重塔〉(하나야기 쇼타로, 야나기 에이지로, 이시이 히로시)

● 8월 23일 여자정신대 근무령 공포·시행.

● 9월 여운형, 지하비밀단체 '건국동맹'을 결성.

10월 25일 해군가미가제특공대, 레이테 앞바다에서 미국 함선에 부딪침.

○ 11월 4일 최인규 감독의 〈태양의 아이들〉(미시마 미치타로水島道太郎, 김신재, 주인규)

12월 7일 영화배급사, 생필름 부족으로 731영화관에 배급 정지 통고.

12월 기노시타 게이스케 감독의 〈육군〉(다나카 기누요, 류 지슈, 우에하라 겐)

1945

● 2월 4~11일 얄타회담에서 조선 문제가 다뤄졌다는 소문이 조선 내에 유포됨.

3월 9~10일 334기의 B29, 도쿄 대공습(5월 24~25일, 야마노테 공습)

4월 1일 미군, 오키나와에 상륙 개시(6.23 군 전멸, 사망한 현민 17만 명)

4월 구로사와 아키라 감독의 〈속 스가타 산시로〉(후지타 스스무, 오코우치 덴지로, 쓰키가타 류노스케)

○ 5월 24일 최인규·이마이 다다시 감독의 〈사랑과 맹서〉(김신재, 시무라 다카시志村喬, 다케히사 지에코竹久知惠子)

● 7월 24일 친일단체 '대의당' 주최의 연설회장 부민관에서 폭탄 사건.

8월 사에키 기요시佐伯淸 감독의 〈북의 3인〉(하라 세쓰코, 다카미네 히데코, 야마네 히사코山根寿子)

○ 8월 신경균 감독의 〈우리들의 전장〉(최운봉, 조용자 외 불상)

8월 9일 소련군, 만주 침공. 미군, 나가사키에 원자폭탄 투하.

8월 15일 천황, 전쟁 종결 조서 방송(옥음방송).

● 9월 7일 미극동군 사령부, 남조선 지역에 군정 포고.

10월 사사키 야스시佐々木康 감독의 〈산들바람〉(사노 슈지, 나미키 미치코並木路子)

11월 마루네 산타로丸根賛太郎의 〈여우가 준 갓난아기狐の呉れた赤ん坊〉(반도 쓰마사부로阪東妻三郎, 라몬 미쓰사부로羅門光三郎, 아베 구스오阿部九洲男)

● 11월 23일 신의주에서 반공 학생이 궐기(사상자 50여 명, 80여 명 검거).

12월 다나카 시게오田中重雄 감독의 〈범죄자는 누구인가〉(전쟁범죄 고발 영화. 반도 쓰마사부로)

12월 15일 우에노역 지하도의 부랑자 2500명을 일제 수용.

● 12월 27일 모스크바 미영소 삼상회의, 조선의 신탁통치안 발표.

(저자 작성. 佐藤忠男, 『日本映画史』. 安鍾和, 長沢雅春訳, 『韓国映画を作った男たち』. 神田文人, 『昭和·平成現代史年表』. '新東亜'編集室編, 鈴木博訳, 『朝鮮近代現代史年表』 등을 참조했다.)

조선 시네마 인물 사전

이 책에 자주 나오는 조선 영화인에 한정했다.『식민지 시대 대중예술인 사전』(이순진 외 편집, 2006) 등에 따랐다. 생년월일 순서로. 주인규에 대해서는 본문에서 자세히 다뤘다.

윤백남(1888. 11. 7.~1954. 9. 29.)

소설가, 극작가, 언론인, 배우, 영화감독, 극단 대표, 영화 제작자. 본명은 윤교중. 충청남도 공주에서 태어남. 1904년에 도일. 이듬해에 와세다대학 정경과에 입학했지만 도쿄고등상업학교(현재의 히토쓰바시대학)로 전교하고 졸업. 귀국 후『매일신보』기자가 되어 문필 생활을 시작했다. 1912년에 신파극단 '문수성'을 창설하고 〈불여귀〉번안극을 공연하며 자신도 배우로서 활약했다. 1913년『매일신보』편집국장. 1919년에는『동아일보』로 옮겨 조선 첫 대중소설『대도전大盜傳』을 연재하고, 이듬해에는 신극사론을 게재했다. 총독부 체신국의 제안으로 1923년, 극영화 〈월하의 맹세〉(저축 장려 영화)의 감독·각본을 담당했다. 이듬해 부산에 조선키네마주식회사가 설립되자 〈운영전〉을 연출했다. 이 영화의 흥행에 실패하고 경성에서 '윤백남 프로덕션'을 창설하여 1925년 이경손 감독의 〈심청전〉(나운규가 아버지 역)을 제작했다. 〈심청전〉 선전을 위해 도일했지만 잇따른 흥행 실패로 영화계를 떠났다. 1931년 극예술연구회를 창설. 1937년에 만주로 이주하여 역사소설을 집필. 해방 후 조선영화건설본부장 등에 취임. 서라벌예술학교 초대학장, 한국예술원의 초대 회원.

이필우(1897. 11. 27.~1978. 10. 20.)

촬영, 녹음, 감독. 서울의 시계 점포를 운영하던 상인의 장남으로 태어남. 다섯 살 어린 동생 이명우와 함께 활동사진 기계의 원리를 습득했다. 1913년 우미관에서 영사 조수로서 일하기 시작했다. 도일하여 천연색 활동사진주식회사 계열의 영화관에서 영사 기사로서 일한 후 덴카쓰天活의 고사카촬영소(현재의 히가시오사카시)에 입사하여 촬영과 현상을 배웠다. 교토의 데이코쿠키네마에서 현상기사, 촬영기사로 일했다. 귀국 후에는 영화 수입회사를 설립. 연쇄극 촬영을 위해 전국을 순회했다. 만주의 신징에서 고타니 헨리小谷ヘんりー 감독의 쇼치쿠 영화 〈석양의 마을夕陽の村〉(1921)의 촬영을 돕는 등 2년간 체재한다. 단성사의 박승필의 의뢰로 〈전선여자정구대회〉를 촬영하고, 〈장화홍련전〉(1924)을 촬영했다. 1929년쯤에 상하이로

건너가 상하이 체재 중이었던 전창근, 정기택 등과 함께 활동했다. 귀국 후에는 동생인 이명우가 촬영한 〈아리랑 후편〉(1930)의 현상을 담당했다. 나운규와 유성영화의 제작을 목표로 했지만 실패하고, 기술 연수를 위해 다시 도일하여 쇼치쿠 가마타에서 도바시 다케오土橋武夫 등에게 녹음 기술을 배웠다. 1933년에 귀국하여 흥행사 와케지마 슈지로分島周次郎가 설립한 경성촬영소에 입사. 이명우가 감독, 이필우가 촬영하고 문예봉이 주연한 〈춘향전〉(1935)은 조선 최초의 유성영화가 되었다. 문예봉 주연의 〈미몽〉(1936)에서 녹음·현상을 담당했다. 1937년에는 안석영 감독의 〈심청〉 녹음. 1939년에 쓰무라 이사무津村勇가 설립한 조선문화영화협회에 복귀하여 단편기록영화를 촬영했지만 신구 교대를 실감하고, 1941년에 만주로 건너갔다. 해방 후에 귀국하여 미군정 당국 아래에서 영화 기술 전반을 관리했다. 한국전쟁 때 북한군이 서울을 점령하자 주인규, 강홍식 등으로부터 국립영화촬영소 남조선지부의 책임자에 임명되었다. 미군이 서울을 탈환하자 미 공보부로 복귀했다. 수도영화사 안양촬영소의 기술 책임자가 되어 한국 최초의 시네마스코프 〈생명〉(이강천 감독)의 녹음을 담당했다.

서광제(1906~?)

감독, 각본가, 평론가. 서울에서 태어남. 보성전문학교를 졸업한 후 도쿄의 메이지대학에 진학. 안종화 등이 1927년에 창립한 조선영화예술협회의 연구생이 되어 김유영 감독의 경향 영화 〈유랑〉(1928)에 출연했다. 경향 영화인 〈화륜〉(1931)에서는 각본을 썼다. 신흥영화예술가동맹의 회원으로서 영화 비평과 프롤레타리아 영화 이론의 소개에 진력하고, 1932년에 도일하여 영화 연구를 심화시켰다. 1938년에는 성봉영화원聖峯映畵園과 도호가 합작한 군국 스파이 영화 〈군용열차〉(필름 잔존)를 감독했다. 해방 후에는 조선영화동맹에서 활약하고 나중에 월북했다.

안석영(1901~1950)

화가, 삽화가, 소설가, 각본가, 감독, 배우, 미술평론가, 영화평론가, 무대미술가 등 다채로운 활동을 했다. 본명 안석주. 경성의 고등보통학교를 졸업한 후에 도일하여 혼고의 양화연구소에서 미술을 배웠다. 1921년에 귀국하여 미술 교사. 1924년에 다시 도일하고, 귀국한 후에는 미술, 연극, 영화 등 다면적으로 활동했다. 심훈 감독의 〈먼동이 틀 때(어둠에서 어둠으로)〉(1927)에서 미술을 담당. 1930년에는 조선 시나리오라이터협회를 창설했다. 1937년의 영화 〈심청전〉(김소영 주연)을 감독. 국책영화 〈지원병〉(1941), 문화영화 〈흙에 산다〉(1942)도 그가 연출했다. 1939년에는 조선영화인협회의 상무이사가 되어 전시의 조선 영화계 재편에 적극적으로 관여했다. 해방 직후에는 조선영화건설본부의 내무부장이 되었고, 조선영화동맹이 설립되자 중앙위원회 부위원장이 되었다. 좌우 대립이 격화하여 1946년 우파 영화인이 결집하는 영화감상클럽을 결성했다. 1947년 3월, 서울중앙방송국의 기념 프로그램 〈우리의 소원은 독립〉에서 주제가를 작사했다. 전국문화단체총연합회 부사장, 대한영화사 전무이사, 대한영화협회 이사장 등을 역임했다.

안종화(1902. 1. 21.~1966. 8. 2.)

연극인, 평론가, 영화감독. 본명은 안용희. 서울 명문가의 자제로 태어나서 중학 시절부터 문예 방면에서 재능을 발휘했다. 1920년 연쇄극의 여자 역으로 무대에 데뷔하고 윤백남의 민중극단에서 활약했다. 1922년에는 함흥에서 극단 '예림회'를 창설하고 지방 순회공연을 했다. 부산의 조선키네마주식회사에 입사하여 왕필렬(다카사 간조) 감독의 〈바다의 비곡海の秘曲〉(1924)에서 주역을 맡았다. 윤백남 감독의 〈운영전〉(1925), 왕필렬 감독의 〈암광(신의 장)〉(1925)과 〈마을의 호걸〉(1925)에 출연했다. 1930년대에 들어서자 영화감독으로 활약하게 되어 〈꽃장사〉, 〈노래하는 시절〉(1930) 외에 필름이 남아 있는 〈청춘의 십자로〉(1934)를 감독했다. 대중극의 시대를 열었던 동양극장(1935년 개관)의 전속 연출가가 되어 1938년에는 『조선일보』와 제휴하여 조선 최초의 영화제를 개최했다. 1940년 조선영화인협회 회장. 해방 후에는 1946년 공보처 영화과장. 나중에 대한영화사 촬영소장을 역임했다. 영화 〈수우〉(1948) 등을 감독했다. 1963년에는 대한민국 문화훈장 국민상을 수상하고 문화예술총연합회 최고위원 등을 역임했다. 저작 『한국영화측면비사』(1962)는 에피소드 중심의 조선 시네마 통사다.

나운규(1902~1937)

배우, 감독, 각본가. 아호는 춘사. 함경북도 회령에서 태어남. 중학교 재학 중이던 1919년 3.1독립운동에 참가했다가 도피하려고 만주나 러시아를 방랑했다고 한다. 1920년 경성에서 중학교에 입학했지만 전력이 발각되어 수감되었다. 1923년에 출소한 후 고향으로 돌아가 순회공연을 하러 온 연극단체 '예림회'에 연구생으로 입회했으나 예림회는 재정난으로 해산했다. 1924년 부산의 조선키네마주식회사에 입사하여 윤백남의 두 번째 영화 〈운영전〉에 단역으로 출연했다. 윤백남프로덕션 이경손 감독의 〈심청전〉(1925)에 출연. 요도 도라조의 조선키네마프로덕션이 제작한 〈농중鳥籠中鳥〉(1926)에서는 주인공의 친구 역할을 맡았다. 조선키네마프로덕션의 두 번째 작품이 그 유명한 나운규 감독의 〈아리랑〉(1926)이다. 각본, 감독, 주연을 맡았다. 한국 내에서는 일본인 쓰모리 슈이치津守秀一가 감독했다는 학설도 제기되었다. 단성사의 후원을 얻어 나운규프로덕션을 설립하고 〈풍운아〉(1926), 〈가면무〉(1927), 〈들쥐〉(1927), 〈금붕어〉(1927), 〈잘 있거라〉(1927), 〈사랑을 찾아서〉(1928), 〈벙어리 삼룡〉(1929)을 감독하고 주연했지만 점차 매너리즘을 지적받게 되었다. 1930년 도일했다가 복귀한 후 원산만遠山灣프로덕션에서 시마다 아키라島田章 감독의 〈금강한〉(1931)과 〈남편은 경비대로〉(1931)에 출연. 이것이 비난을 받자 배구자극단과 무대 생활을 함께했다. 1932년 의욕적인 작품 〈개화당 이문開化黨異聞〉을 감독했지만 종전과 같은 평가는 받지 못했다. 문예봉과 공연한 이규환 감독의 〈임자 없는 나룻배〉(1932)에서는 면도를 하고 주인공을 연기하여 이미지를 일신했다. 1932년 이후 다시 연극에 경도되어 연쇄극 〈신라노新羅老〉, 〈암굴왕〉, 〈망향가〉(1932), 〈총성〉, 〈카르멘〉, 〈장화홍련전〉, 〈승리자〉, 〈내가 죽인 여자〉, 〈향토 민요극 아리랑〉(1933)을 감독하여 과거의 이미지 회복을 노렸다. 1935년에 감독한 작품 〈무화과〉, 〈그림자〉는 현방란 등이 기획한 영화다. 1935년에 상하이에서 돌아온 전기택과 한양영화사(차상은 사장)를 설립하여 〈강 건너 마을〉(1935)을 감독했다. 그러나 유성영화 〈아리랑 제3편〉(1936)의 기술적 실패는 구시대적 영화 제작의 모습을 드러냈다. 유작은 감독과 각본을 맡은 〈오몽녀〉(1937)다. 지병인 폐병이 악화하여 1937년 8월 9일 세상을 떠났다. 나운규의 모든 작품은 필름으로 남아 있지 않아 그의 작품 세계는 신화 속에 있다.

윤봉춘(1902. 3. 23.~1975. 10. 21.)

감독이자 배우. 함경남도 정평에서 태어남. 함경북도 회령에서 자랐고, 고등보통학교 시절 나운규를 만났다. 간도에서 3.1독립운동에 참가하여 6개월간 복역했다. 경성의 전문학교에 재학 중이던 1921년 간도독립군에 가담했다는 용의로 체포되어 다시 1년간 복역했다. 만주를 방랑한 후 귀향하여 교회에 근무하는 중에 〈아리랑〉과 〈풍운아〉의 필름을 갖고 귀향한 나운규와 재회했다. 1927년 다시 상경하여 나운규 감독의 〈들쥐〉, 〈금붕어〉, 〈잘 있거라〉(1927), 〈옥녀〉, 〈사랑을 찾아서〉, 홍개명 감독의 〈사나이〉(1928), 나운규 감독의 〈벙어리 삼룡〉(1929) 등에 연속 출연했다. 나운규의 방탕과 독선에 정나미가 떨어져 결별한 후에는 이구영 감독의 〈승방비곡〉(1930), 안종화 감독의 〈노래하는 시절〉(1930) 등에 출연했다. 1930년에는 대구의 대동영화사에서 처음으로 〈도적놈〉을 연출했다. 주인규가 각본을 쓰고 두 사람 다 출연했다. 감독으로 두 번째 작품은 〈큰 무덤〉(1931)인데, 전작에 이어 아내인 하소양이 출연했다. 간도독립군의 묘지를 본 것이 제작의 계기가 되었다고 한다. 1932년에는 나운규와 화해하고 그의 재기작 〈개화당 이문〉에 김옥균 역으로 출연했다. 그 후에도 영화 연출을 계속하고 1938년에는 세 번째로 〈도생록〉을, 1942년에는 〈신개지〉를 감독했다. 영화 출연은 최인규 감독의 〈집 없는 천사〉가 마지막이다. 조선영화법이 시행됨에 따라 1941년 영화인 등록을 했지만 〈신개지〉(1942)를 감독한 이후 영화 활동은 기록되지 않았다. 국책회사 '조선영화제작주식회사'에도 입사하지 않고 1944년에는 경성을 떠나 양주군의 산간에 틀어박혀 아이들을 가르치다가 해방을 맞았다고 한다. 해방 후에는 우파 영화인으로서 계몽영화협회를 설립하고 〈윤봉길 의사〉(1947), 〈유관순〉(1948) 등 식민통치하의 독립운동을 다룬 작품들의 각본·감독을 담당했다. 한국전쟁 당시에는 반공영화를 연출하고 1960년대까지 많은 작품을 감독·제작했다. 한국영화인단체연합회 회장, 한국예술문화단체총연합 회장을 역임하고, 사망한 후인 1993년 독립운동 공로자로서 나운규와 함께 건국훈장 애국장을 수여했다.

이명우李明雨(1903~?)

촬영기사, 감독. 별명이 이명우李銘牛. 이필우의 다섯 살 아래 동생. 이필우가 기록영화 〈한강대홍수〉(1925)를 촬영하던 무렵부터 본격적인 영화 수업의 길을 걷기 시작하였다. 요도 도라조의 조선키네마프로덕션에 입사했다. 김해운 감독의 〈운명〉(1927)에서 촬영기사로 데뷔했다. 김영환 감독의 〈세 동무(원제 삼걸인)〉(1928)에서는 촬영·현상·편집을, 이구영 감독의 〈아리랑 후편〉(1930)에서는 촬영·편집을 담당했다. 그 후 이구영 감독의 〈승방비곡〉(1930), 김상진 감독의 〈방아타령〉(1931), 이규환 감독의 〈임자 없는 나룻배〉(1932), 방한준 감독의 〈고향〉(1934), 이규환 감독의 〈바다여, 말하라〉(1935) 등을 촬영했다. 조선 최초 유성영화인 〈춘향전〉(1935)은 그의 감독 데뷔작이다. 형인 이필우와 함께 촬영도 담당했다. 조선영화경성촬영소(설립자 와케지마 슈지로分島周次郎)에서는 〈장화홍련전〉(1936)의 촬영·현상·녹음·편집을 담당했다. 문예봉 주연의 〈미몽〉(1936)에서 현상·녹음을 담당하고, 김소영이 주연한 안석영 감독의 〈심청〉(1937)에서는 촬영과 편집을 담당했다. 문예봉의 남편인 임선규 원작·각본인 〈사랑에 속고 돈에 울고〉(1939)는 두 번째로 감독한 작품이다. 최인규 감독의 명작 〈수업료〉(1940)에서는 탁월한 촬영 기술을 확인할 수 있다. 국책회사 '조선영화제작주식회사'가 탄생한 1942년 당시 형 이필우는 기술면에서 대응할 수 없어 만주로 건너갔지만 이명우는 기술 전문가로서 중용되었다. 당시 최대 히트작인 박기채 감독의 〈조선해협〉(1943)을 촬영·편집하고 방한준 감독의 〈병정님〉(1944)에서도 촬영·편집을 담당했다. 해방 후에는 조선영화건설본부 위원이었고, 조선프롤레타리아영화동맹 맹원으로서도 활동했다. 1946년 4월에는 조선영화동맹 중앙상임위원이 되었다. 미군정하의 공보부에서 촬영기사로 일했지만 한국전쟁 발발 후 북한에 납치되었다고 하며 그 후의 행적은 알려져 있지 않다.

복혜숙(1904. 4. 24.[음력]~1982. 10. 5.)

배우, 성우. 본명 복마리卜馬利. 충청남도에서 목사의 딸로 태어났다. 1915년에 이화학당(이화여자대학의 전신)에 입학한 후 일본에 유학했다. 요코하마의 기예학교를

3년간 다녔다. 이세자키초伊勢佐木町의 오데온자 등에서 영화·연극을 보고 배우가 되고 싶다며 지원했다. 1921년에 중퇴하고 아사쿠사의 사와모리무용연구소에 입소했지만 아버지에게 이끌려 경성으로 돌아왔다. 강원도의 여학교에서 한때 교사 생활을 했지만 가출하여 경성으로 갔다. 단성사의 변사에게 연극인을 소개받아 1925년까지 신극좌에서 활동했다. 일본에서 본 연극 〈누교淚橋〉를 번안하여 공연했다. 1923년에는 윤백남의 위생선전영화에 출연. 김도산의 사후에도 연쇄극〈신파 연극과 영화를 결합한 것〉의 선구가 되었던 〈의리적 구토義理的仇討〉에 종종 출연했다. 1925년 경성의 배우학교에 입학했다. 신극극단 '토월회'에 소속하였고, 〈카추샤〉에서의 연기는 일본의 마쓰이 스마코와 비견될 정도라는 호평을 받았다. 조선키네마프로덕션의 이규설 감독의 〈농중조〉(1926)에서 주연을 맡아 당시로서는 파격적인 각선미를 보여주었다. 미모의 여배우들이 등장하면서 출연 기회가 줄자 상하이로 가거나 인천 권번에서 생활하던 모습이 보도되기도 했다. 1920년대 후반부터 1930년대 전반에 걸쳐서는 경성 낙원동에서 다방 '비너스'를 경영했다. 박기채 감독의 〈춘풍〉(1935)으로 복귀하고, 이듬해에는 안종화 감독의 〈역습〉에도 출연했다. 서른여섯이었던 1940년에는 최인규 감독의 〈수업료〉에서 노파를 연기하여 호평을 받았다. 이병일 감독의 〈반도의 봄〉(1941)에서도 여성 사무원을 연기했다. 도미카와 마리富川馬利로 창씨개명하고 국책영화인 도요다 시로 감독의 〈젊은 모습〉(1943) 등에 출연했다. 해방 후에도 최인규 감독의 〈자유만세〉(1946)를 비롯하여 1980년대의 한국 뉴시네마의 대표 격인 이장호 감독의 〈낮은 데로 임하소서〉(1982)까지 다수의 작품에 출연했다. 한국배우협회의 초대 회장. 조선 시네마의 개화기에서 한류 시네마 개화 직전까지의 한국 영화계를 살았던 흔치 않은 배우였다.

방한준(1905. 3. 6.~?)

영화감독. 서울 태생. 선린상고를 졸업한 후 일본으로 건너가 쇼치쿠에서 연출을 배웠다. 조선중앙영화주식회사의 창립 작품 〈살수차〉(1935)를 통해 감독으로 데뷔했다. 조명을 맡은 김성춘이 제작하고 원제는 〈포도의 이단자〉였다. 두 번째 작품 〈한강〉(1938)이 호평을 받아 일본에서도 상영되었다. 이어서 〈성황당〉(1939)의 평가도 높았다. 조선영화령(1940)이 공포되어 국책회사 조선영화제작주식회사가 탄생하자 연출과에 소속되어 〈승리의 뜰〉, 〈풍년가〉, 〈거경전〉, 〈병정님〉을 감독했다. 해방 후에는 조선영화건설본부 집행위원이 되어 뉴스영화의 제작을 맡았다. 이 본부가 조선영화동맹으로 통합되자 중앙상임위원으로 활동하고, 1946년에는 우파 영화인의 영화감독클럽에 참가했다. 미군정하에서는 공보부 영화과장이었으나 한국전쟁 때 북한으로 납치되었다.

이창용 李滄用 (1906~1961. 8. 27.)

촬영기사, 영화 제작자, 영화배급자. 본명 이창용李滄龍. 나운규와 같은 함경북도 회령에서 태어남. 회령상업학교를 졸업한 후 요도 도라조의 조선키네마프로덕션 기술부에 입사했다. 조선키네마프로덕션이 나운규 감독의 〈풍운아〉(1926)를 촬영할 때 일본에서 부른 촬영기사 가토 교헤이加藤恭平의 조수로 그와 함께 〈들쥐〉(1927), 〈금붕어〉(1927)를 촬영했다. 창설된 나운규프로덕션에 합류하여 나운규 감독의 〈잘 있거라〉(1927)를 촬영했는데, 이는 이창용이 촬영기사로서 독립한 첫 작품이다. 나운규 감독의 〈옥녀〉(1928), 〈사랑을 찾아서〉(1928)를 촬영하고, 김영환 감독의 〈약혼〉(1929), 〈젊은이의 노래〉(1930), 시마다 아키라 감독의 〈금강한〉(1931)과 〈남편은 경비대로〉(1930)도 촬영했다. 당시에는 생계를 위해 사진관도 경영하고 있었다. 1931년 봄 촬영 기술을 배우기 위해 일본으로 건너가 신코키네마의 스즈키 시게요시 감독(1930년의 경향 영화 〈그녀는 왜 그랬을까?〉가 유명) 밑에서 영화를 공부했다. 2, 3년 후에 귀국하여 '기신양행'에서 영화배급을 했고, 조선 첫 유성영화인 〈춘향전〉(1935)의 전 조선 배급권을 획득했다. 1937년에는 고려영화배급소를 설립하고 곧 영화 제작도 하는 '고려영화협회'로 발전시켰다. 제작에 착수한 작품이 전창근 감독의 〈복지만리〉였는데, 제작이 지연되었다. 1939년에는 동양극장과 제휴하여 이 극장의 히트작 〈사랑에 속고 돈에 울고〉를 영화화했다. 1940년에 최인규 감독의 〈수업료〉, 방한준 감독의 〈승리의 뜰〉을 제작했다. 1941년에 〈복지만리〉와 최인규 감독의 〈집 없는 천사〉를 개봉했다. 1942년에는 방한준 감독의 〈풍년가〉를 제작하고, 도호와 제휴하여 이마이 다다시 감독의 〈망루의 결사대〉를 공동 제작했다. 1942년 9월 고려영화협회는 다른 영화사와 함께 국책회사 '조선영화제작주식회사'로 통합되었다. 해방 후 1946년에 조선영화동맹 부위원장이 되었다. 1949년에는 종로 4가의 제일극장 사장이었고, 그 후 일본으로 건너갔다고 한다. 이창용은 조선 영화계 최초의 본격적인 영화 제작자로서 활동했다. 그가 제작한 영화는 일본이나 만주에서도 상영되어 전전의 조선 시네마의 절정기를 창조했다.

박기채 (1906. 7. 24.~?)

영화감독. 전라남도 광주에서 태어남. 1927년경에 도일하여 도시샤대학을 다녔다. 1930년 1년 예정으로 교토의 도아키네마에 위탁생으로 입사. 다카라즈카키네마에 있었다는 기록도 있다. 1935년 3월 도아키네마에 있던 촬영기사 양세웅과 함께 귀국하여 안석영 원작의 〈춘풍〉을 감독했다. 그리고 이광수 원작의 〈무정〉(1939)을 감독하고 문예영화 노선을 발표하게 했다. 1937년 광주의 부호 최남주를 움직여 조선영화주식회사를 발족시켰다. 〈무정〉은 그 창립 기념영화인데, 의정부에 건설된 촬영소와 함께 조선키네마 융성의 기초를 만들었다고 평가된다. 박기채는 국책회사 '조선영화제작주식회사'에서 〈나는 간다〉(1942), 〈조선해협〉(1943)을 감독했다. 〈조선해협〉은 전시 조선 영화계의 최대 히트작이었다. 해방 후에는 경찰청의 후원 영화 〈밤의 태양〉(1948)을 감독했다. 한국전쟁 중 북한에 납치된 이후 그 소재는 알려져 있지 않다.

양세웅(1906. 12. 11.~?)

촬영기사. 부산 제2상업학교를 졸업한 후 1924년 일본으로 건너가 교토의 도아키네마에 입사했다. 1932년 촬영기사로 승진하고 미쓰보시 도시오三星吐詩夫(본명 三星敏雄) 감독의 〈눈물의 새벽涙の曙〉(1932), 안도 고로安藤五郎 감독의 〈두 개의 유방二つの乳房〉(1932) 등을 촬영했다고 한다(일본 측 기록에는 촬영자가 '신도 미노루進藤実'라고 되어 있다). 일본 영화계에서 최초의 조선인 촬영기사다. 1935년 귀국하여 박기채 감독의 〈춘풍〉(1935)을 촬영. 조선 시네마의 신세대 중 한 사람이다. 신경균 감독의 〈순정해협〉(1937), 방한준 감독의 〈한강〉(1938), 서광제 감독의 〈군용열차〉(1938), 김유영 감독의 〈애련송〉(1939), 이규환 감독의 〈새출발〉(1939), 신경균 감독의 〈처녀도〉(1939), 이병일 감독의 〈반도의 봄〉(1941), 이규환 감독의 〈창공〉(1941) 등 많은 감독들과 함께 일했다. 1942년에 발족한 국책회사 '조선영화제작주식회사'에서는 김영화 감독의 〈우러르라 창공〉(1943), 국책회사 '조선영화사'에서는 신경균 감독의 〈우리들의 전쟁〉(1945)을 촬영했다. 조선영화건설본부에서 뉴스영화를 촬영하고, 또 미군 공보부 소속 카메라맨으로도 활동했다. 〈안중근 사기安重根史記〉(1946) 등 극영화의 촬영에도 참가했지만 한국전쟁 때 북한으로 납치되었다.

김일해(1906. 12. 20.~2004. 7. 11.)

배우. 본명 김정석. 경기도 수원에서 태어남. 1920년 전반에 도일, 데이코쿠키네마에서 배우 수업을 시작하여 스즈키 시게요시 감독의 〈사랑의 재즈〉(1929) 등에 출연했다. 데이코쿠키네마를 소개해준 김성춘(도아키네마 조명부)의 조선중앙영화회사가 제작한 방한준 감독의 〈살수차(원제: 포도의 이단자)〉(1935)에 출연했다. 그 후 박기채 감독의 〈춘풍〉(1935), 나운규 감독의 〈오몽녀〉(1937), 신경균 감독의 〈순정해협〉(1937), 윤봉춘 감독의 〈도생록〉(1938), 박기채 감독의 〈무정〉(1939), 이규환 감독의 〈새출발〉(1939), 김유영 감독의 〈수선화〉(1940) 등에 연속 출연하며 인기배우로서의 지위를 구축했다. 이병일 감독의 〈반도의 봄〉에서는 영화 제작과 연애 사이에서 고민하는 각본가를 섬세하게 연기했다. 최인규 감독의 〈집 없는 천사〉, 안석영 감독의 〈지원병〉의 필름도 남아 있다. 전시에는 안석영 감독의 〈흙의 결실〉(1942), 김영화 감독의 〈우러르라 창공〉, 방한준 감독의 〈병정님〉, 신경균 감독의 〈우리들의 전쟁〉(1945) 등 다수의 국책영화에 출연했다. 해방 후에도 〈수우〉(1948)를 비롯하여 1984년(78세)까지 일곱 편의 영화에 출연했다. 1930년대에 일본에서 공부하고 유성영화의 등장과 함께 활약한 조선 시네마계의 제2세대를 대표하는 배우다.

강홍식(1907~1971)

가수, 영화배우, 영화감독, 연극배우, 연출가. 가명 진훈. 평양에서 태어나 고등보통학교를 2년 만에 중퇴한 후 일본으로 건너갔다. 도쿄에서 중학을 2년까지 다니고 한때 무용가 이시이 바쿠石井漠의 문하생이 되었다. 곧 교토의 닛카쓰촬영소에 소속하여, 배우 야마모토 가이치山本嘉一를 따라다니며 예명을 '이시이 데루오石井輝男'라 칭했다고 한다. 1926년경에 귀국하여 이경손 감독의 〈장한몽〉(1926), 〈산채왕〉(1926) 등에 출연했다. 연극 활동도 병행하며 토월회의 〈아리랑 고개〉(1930)에서 나중에 아내가 되는 전옥과 공연하여 주목을 받았으며, 단성사에서 공연한 〈붉은 장미〉(1930)를 연출했다. 조선극장에서 공연한 〈고향〉, 〈비운〉 등에도 참가했고, 같은 시기에 가수로도 활동했다. 1933년 폴리돌레코드의 레코드 〈침묵〉에서도 전옥과 공연. 1934년에는 조선중앙방송국의 라디오 프로그램에서 많은 곡을 부르는 등 인기 있는 가수 중 한 명이었다. 전시체제하에서 전창근 감독의 〈복지만리〉, 최인규 감독의 〈집 없는 천사〉, 이마이 다다시 감독의 〈망루의 결사대〉, 방한준 감독의 〈거경전〉, 최인규 감독의 〈태양의 아이들〉에 출연한 것이 주목된다. 해방 후에는 평양 교외에 창설된 국립영화촬영소 부소장(사장은 주인규)이 되어 문예봉 등이 출연한 북한 최초의 극영화 〈내 고향〉(1946) 등 다수의 작품을 감독했다. 1971년 10월 9일, 북한의 요덕강제수용소(함경남도)에서 사망했다고 전해진다.

김준영(1907~1961)

작곡가. 황해도에서 태어남. 고등보통학교를 졸업한 후 일본으로 건너가 도쿄의 동양음악학교에서 공부했다. 1930년대 초부터 1940년대 초까지 조선중앙방송국의 악단에서 피아노를 쳤다. 1934년부터 콜롬비아레코드에서 강홍식이 부른 〈처녀총각〉, 〈개나리 고개〉 등의 히트곡을 발매하여 대중가요의 작곡가로서 명성을 얻었다. 1940년대에는 일본의 소녀가극단에서 음악 감독. 이명우 감독의 〈사랑에 속고 돈에 울고〉에서 영화음악을 담당했는데, 주제가가 히트했다. 방한준 감독의 〈병정님〉에서는 리샹란 등의 음악 위문 장면이 뛰어나다. 식민지 시대 말기에는 상하이에 있었다. 해방 후 고향인 황해도 해주에서 유치원을 경영한 시기도 있었다. 1947년 도쿄로 가서 '아사히나 노보루朝比奈昇'라는 이름으로 활약했다.

전창근(1908. 1. 18.~1973. 1. 19.)

영화감독, 각본가, 배우. 함경북도 회령에서 태어남. 1924년 부산의 윤백남프로덕션에서 만든 왕필렬(다카사 간조高佐貫長) 감독의 〈바다의 비곡〉에서는 조감독을 하고 출연도 했지만, 어머니의 강한 반대로 출연 장면은 삭제되었다. 1926년 상하이로 건너가 대학에서 중국문학을 배웠다고 한다. 재적한 것은 중화학원中華學院이라는 기록도 있다. 상하이 임시정부가 운영하는 학교에서 교사를 한 후 1928년 대중화백합영편공사大中華白合影片公司에 입사하고 조선에서 와 있던 정기택 등을 만났다. 정기택 감독의 〈화리강도火裏鋼刀〉, 〈애국혼〉(1928)의 각본을 썼고, 이경손 감독의 〈양자강〉(1931)에서는 각본을 쓰고 출연도 했다. 그 외에 이 공사에서 〈대지의 비극〉, 〈초악初惡〉, 〈춘시春屍〉 등을 감독했다고 한다. 1937년에 귀국하여 이창용의 고려영화협회에 입사, 만주의 조선인 이민을 그린 〈복지만리〉를 기획했다. 이민 장려의 국책영화색이 짙어 만주영화협회와 합작했지만 개봉은 1941년으로 넘어갔다. 해방 후에는 최인규 감독의 〈자유만세〉의 각본을 쓰고 주연을 맡았다. 감독한 작품인 〈아아, 백범 김구 선생〉(1960), 〈고종황제와 의사 안중근〉(1962) 등 민족사관으로 채색된 영화를 중심으로 1966년까지 감독·각본·출연을 계속했다.

임화(1908. 10. 13.~1958. 8. 6.)

시인, 평론가, 언론인, 영화배우. 본명은 임인식. 서울에서 태어남. 통학하던 사립소학교가 폐쇄되어 공립보통학교로 전학했다. 중학 시절에 아버지가 죽어 가세가 기울자 중퇴했다. 유행하던 모더니즘 시에 탐닉하고 1926년 시 몇 편과 평론을 발표하여 문단에 데뷔하고 카프KAPF(조선프롤레타리아예술동맹)에 가맹했다. 다다이즘이나 계급적 관점에 선 글을 『조선일보』 등에 게재하는 한편 안석영 등의 조선영화예술협회에 가입하여 김유영, 서광제 등 좌경 영화인과 함께 영향력을 키웠다. 김유영 감독의 〈유랑〉(1928)에는 주연으로 출연하고 〈혼가〉(1929), 강호 감독의 〈지하촌〉(1931)에도 출연했다. 1929년경에는 영화나 연극평도 발표하고 카프의 대표적 시인으로서 주도권을 장악했다. 도쿄에도 1년쯤 체재했다. 카프 제1차 사건으로 검거되어 3개월간 옥중에 있었다. 1932년 카프 서기장을 했고, 1934년 카프 제2차 사건에서는 검거를 면했다. 마산으로 낙향하여 결혼했고, 1937년에 다시 상경하여 여러 잡지의 편집장을 하며 사회주의에 경도된 많은 평론을 발표했다. 1940년에는 이창용의 고려영화협회 문예부의 촉탁이 되었고, 그의 조선영화문화연구소 촉탁으로서 「조선영화연감」, 「조선영화발달사」 등을 집필했다. 해방 후인 1947년 11월에 월북했다. 황해도 해주를 거점으로 활동하고 조선문화협회 중앙위 부위원장이 되었고, 1948년에 평양으로 가서 박헌영(남로당 지도자) 등을 지지하는 문화 노선을 견지했다. 한국전쟁 때는 서울에 와서 조선문화총동맹을 조직했다. 1956년 남로당 숙청과 관련하여 '미제의 고정 스파이'로 단죄되어 교수형에 처해졌다.

김한(1909. 4. 25.~?)

영화미술가, 무대미술가, 배우. 본명 김인규. 서울에서 태어남. 중학교 4학년 때 동맹휴교에 참가하여 퇴학 처분을 받았다. 이경손 감독을 찾아가 〈숙영낭자전〉 (1928)의 미술부에서 일했다. 1928년 도쿄미술학교(현재의 도쿄예술대학) 도안과에 입학하고 촬영소 견학을 자주 갔다고 한다. 1931년 여름방학에 귀국했다가 김상진 감독의 〈방아타령〉(1931)에 미술감독으로 참가하고 주연을 맡았다. 이 영화에는 김소영도 출연했다. 도쿄에서는 무대미술에 전념하고 요시다 겐키치吉田謙吉 (1897~1982) 등의 신무대장치연구회에 참가하고 쓰키지소극장의 무대를 만드는 경험을 쌓았다. 1933년에 귀국하여 무대미술가로서 활약했다. 1934년 조선극장 기획부의 책임자가 되었고 1936년 이후에는 동양극장에도 관여했다. 가계를 위해 다방이나 간판 가게도 경영했다. 와케지마 슈지로의 경성촬영소에서도 영화미술 일을 했다. 1937년 서광제 감독 등과 대구에서 성봉영화원을 만들어 그가 감독한 〈군용열차〉(1938)에 출연했다. 이규환 감독의 〈새출발〉(1939), 최인규 감독의 〈수업료〉, 〈집 없는 천사〉, 이병일 감독의 〈반도의 봄〉에 출연하고, 방한준 감독의 국책영화 〈병정님〉에도 출연했다. 양주남 감독의 〈미몽〉(1936)에서 시시한 강도 역이나 〈반도의 봄〉의 호색한 레코드 회사 부장 역의 연기가 뛰어났다. 해방 후에는 조선영화동맹 중앙상임위원을 하다가 나중에 월북했다. 한국전쟁 때 주인규, 강홍식 등과 함께 서울로 남하한 사실이 이필우의 증언으로 확인되었다. 그 후의 소식은 알려져 있지 않다.

이병일李炳逸(1910~1978)

영화감독. 본명 이병일李炳一. 함경북도 함흥에서 태어남. 고등보통학교 시절에 황운 감독의 〈딱한 사람들〉(1932)의 단역으로 출연. 1932년 도일한 후 간다의 미사키영어전문학교에서 영어를 배우고 코리아레코드사를 설립했다. 1936년 닛카쓰 연출부에 입사하고 미국에서 돌아온 아베 유타카 감독에게 사사했다. 1940년에 귀국하여 명보영화사를 설립하고 김일해, 김소영 주연의 〈반도의 봄〉을 제작·감독했다. 해방 후에는 국책회사 '조선영화사'의 자산을 관리하고 조선영화건설본부 중앙위원을 역임했으며 해방뉴스의 제작에 참가했다. 1947년 우파 영화인의 영화감독클럽에 참가. 그해 문화총연맹 '문화수호궐기대회'에 참가한 후 20세기폭스사의 초청으로 미국에 건너가 남캘리포니아대학 영화과를 다녔다. 1950년 6월에 귀국하려고 했지만 한국전쟁이 발발했다는 뉴스를 듣고 일본에 머물렀다. 1954년에 귀국하여 동아영화사를 설립했다. 아시아영화제 최우수 희극상을 수상한 〈시

집가는 날〉(1956) 외에 〈자유결혼〉(1958), 〈청춘일기〉(1962) 등을 감독했다. 1968년 대한민국 예술원 회원. 아시아제작자연맹 이사로서 아시아영화제와의 교류를 진행했지만 심장병 때문에 68세를 일기로 세상을 떠났다.

심영(1910. 9. 3~1971. 7. 24)

연극배우, 영화배우. 본명 심재설. 서울에서 태어남. 고등보통학교에 다니며 YMCA에서 조선무용, 서양무용을 배웠는데 학교의 승인을 받지 않고 사회활동을 했다는 이유로 퇴학 처분을 받았다. 그 후 연극단체 '토월회'에 연구생으로 입회했다. 1930년 이구영 감독의 〈수일과 순애〉(1931)나 김상진 감독의 〈방아타령〉(1931)에 출연했다. 그해 이후 많은 무대에 올랐고; 1932년에는 일본콜롬비아축음기 문예부의 초청으로 일본에 갔다. 조선영화예술협회의 김광주 감독의 〈아름다운 희생〉(1933)에 출연하고, 나아가 와케지마 슈지로의 조선영화 경성촬영소가 제작한 복싱 영화 〈피로 얼룩진 매트血塗られたマット〉(1934, 야마사키 도키히코山崎時彦 감독)를 촬영하기 위해 도쿄로 가서 스스키다 겐지나 야마모토 야스에山本安英 등이 조직한 '신극인협회'에 간부급 회원으로 입회했다. 이규환 감독의 〈바다여 말하라〉(1935), 안종화 감독의 〈은하에 흐르는 정열〉(1935)에도 출연했다. 1939년 2월에는 주인규 등과 극단 '고협'을 조직하고 총무로서 통괄했다. 전창근 감독의 국책영화 〈복지만리〉(1941)에 출연한 외에 황군을 위문하기 위해 중국 각지를 순회공연하고, 조선연극문화협회가 주관하는 연극경연대회에서는 '국어극 연기상'을 수상했다. 해방 후에는 극단 '혁명극장'을 창설하고 좌파 연극 활동을 전개했다. 1946년 3월 괴한의 습격을 받아 하복부에 총격을 당했다. 월북한 후에는 연극 활동 외에 다수의 영화에 출연했다. 공훈배우(1957), 인민배우(1964)의 호칭을 받았다.

전옥(1911~1969)

배우, 가수. 본명 전덕례. 함경남도 함흥에서 태어남. 1924년경 영화를 촬영하러 온 이필우를 찾아간 것이 인연이 되어 여학교를 중퇴하고 황운 감독의 〈낙원을 찾는 무리들〉(1927)에서 주연을 맡았다. 나운규 감독의 〈잘 있거라〉(1927), 〈옥녀〉(1928), 〈사랑을 찾아서〉(1928)에 출연했다. 이 당시 연극 활동도 병행했고, 1933년 폴리돌레코드의 전속 가수로서 〈재즈 멜로디〉로 데뷔하여 대중가수로도 인기를 얻었다. 잡지『삼천리』 1935년 10월호에서는 인기가수 4위를 차지했다. 영화에는 전창근 감독의 〈복지만리〉로 복귀. 국책영화 〈병정님〉에도 출연하고 또 '남해예능단'을 만들어 순회공연을 했다. 해방 후에는 '백조가극단'으로 개편하여 〈목포의 눈물〉 등의 레퍼토리를 공연했고, 한국전쟁 때는 '눈물의 여왕'으로서 인기 절정이었다. 강홍식과는 1937년에 결혼. 한류 스타 최민수(한일합작영화 〈서울〉, 2002)는 그녀의 손자에 해당한다.

최인규(1911~?)

영화감독. 평안북도 연변에서 태어남. 평양상업학교를 2학년 때 중퇴하고 고향으로 돌아가 자동차 운전을 배웠다. 도일하여 운전 조수를 하며 교토의 촬영소에 입소하려고 했지만 뜻을 이루지 못하고 1929년쯤에 귀국했다. 형인 최완규와 '고려영화사'를 설립했다. 신의주의 철공회사 외에 계열 영화관에서 영사 기사로서 근무하고, 김신재와 결혼했다. 1937년경 경성으로 가서 안석영 감독의 〈심청〉(1937)의 녹음 기사인 이필우의 조수가 되었다. 윤봉춘 감독의 〈도생록〉(1938)에서도 녹음을 담당했다. 이 영화를 제작한 천일영화사에서 감독 데뷔작인 〈국경〉(1939)을 연출했다. 이창용의 고려영화협회에 들어가 〈수업료〉, 〈집 없는 천사〉를 감독했다. 국책회사 '조선영화제작주식회사'에서는 이마이 다다시 감독의 〈망루의 결사대〉에 조연출로 참가한 것 외에 〈태양의 아이들〉, 〈사랑과 맹서〉를 감독했다. 해방 후에는 형인 최완규의 제작으로 〈자유만세〉(1946), 〈독립전야〉(1948), 〈죄 없는 죄인〉(1948)을 감독했다. 한국전쟁 때 북한에 납치되어 소식 불명이 되었다.

전택이(1912. 6. 10.~1998. 3. 2.)

배우, 영화감독. 본명 전용택. 서울에서 태어남. 1929년경부터 야명가극단의 무대에 섰고, 1934년에는 김한(金仁圭)의 소개로 영화계에 진출하여 한양영화사촬영소를 세운 나운규 감독의 〈강 건너 마을〉(1935)에 출연했다. 이규환 감독의 〈밝아가는 인생〉(1933)을 촬영하러 온 후지이 기요시藤井淸로부터 낡은 카메라를 사서 그것으로 촬영했다고 한다. 나운규 감독의 〈아리랑 제3편〉(1936)에 출연했지만 동시녹음에 실패하는 등 말썽이 잇따랐다. 안석영 감독의 〈심청〉(1937), 홍개명 감독의 〈청춘부대〉(1938), 최인규 감독의 〈국경〉·〈수업료〉·〈집 없는 천사〉, 김영화 감독의 〈아내의 윤리〉(1941), 이병일 감독의 〈반도의 봄〉, 방한준 감독의 〈풍년가〉 등 많은 영화에 출연했다. '미야타 야스아키宮田泰彰'로 창씨개명하고 이마이 다다시 감독의 〈망루의 결사대〉, 방한준 감독의 〈거경전〉 등의 국책영화에 출연했다. 해방 직후에는 최인규 감독의 〈자유만세〉, 〈국민투표〉(1948) 등에 출연하고, 1958년에는 〈애정무한〉을 통해 감독으로 데뷔한 이후 두 편의 작품을 연출했다.

신경균(1912. 9. 15.~1981. 4. 22.)

영화감독. 경상북도 출신. 대구농림학교를 졸업한 후 1930년경에 일본으로 건너가 교토의 영화연극학원에 다녔다. 신코키네마와 J. O스튜디오에서 녹음 등 영화

제작 경험을 쌓았다. 귀국 후 〈순정해협〉(1937)을 감독했지만 실패작으로 평가받았다. 감독한 작품인 〈반도의 형제〉(1937), 〈호반〉(1937)의 상세한 사항은 알려져 있지 않다. 한양영화촬영소에서 〈처녀도〉(1939)도 감독했다. 도요다 시로 감독의 국책영화 〈젊은 모습〉(1943)에서 제작 진행을 담당하고, 해방 직전에는 〈우리들의 전쟁〉(1945)을 감독했다. 해방 후에는 우파 단체의 영화감독클럽을 결성하고 1947년에는 청구영화사를 설립하여 〈새로운 맹서〉(1947), 〈삼천만의 꽃다발〉(1951) 등을 감독했으며 한국전쟁 후에도 1970년대 초까지 많은 영화를 제작하고 감독했다.

김학성(1913. 8. 10.~1982)

촬영기사. 경기도 수원에서 태어남. 형이 단성사 등에서 활약한 활동사진의 변사이고, 누나는 나운규 감독의 〈잘 있거라〉(1927) 등에 출연한 배우이자 가수인 김여실(1911~97, 월북)이다. 1934년 도쿄의 센슈專修대학에 유학. 귀국한 후 와케지마 슈지로의 경성촬영소에 입소하여 이필우나 양세웅의 촬영 조수 등을 했다. 이규환의 소개로 신코키네마에 들어갔고, 1939년 일본촬영기사협회의 시험에 합격하고 정회원이 되어 '가나이 세이이치金井成一'라는 이름으로 세 편의 일본 영화를 촬영했다. 1939년 귀국하여 방한준 감독의 〈성황당〉을 촬영했다. 촬영기사 제2세대의 대표 격이다. '예쁜 화면'으로 정평이 나 있고, 이창용의 고려영화협회에서 최인규 감독의 〈집 없는 천사〉, 방한준 감독의 〈풍년가〉, 그리고 조선영화제작주식회사에서 방한준 감독의 〈거경전〉을 촬영했다. 해방 후에는 조선영화건설본부나 미군부대에서 뉴스영화를 촬영했다. 한국전쟁 때는 국방부 영화과의 촬영 책임자가 되었으나 촬영 중에 부상을 당했다. 여배우 최은희와 결혼했지만 나중에 이혼했다. 1968년까지 활약했으며 한국영화기술자협회장 등을 역임했다.

김소영(1913?~1989?)

배우. 강원도 영월 출신. 목사인 아버지를 따라 개성으로 이사. 아버지의 죽음으로 가세가 기울자 영화계에 입문했다. 김태진 감독의 〈뿔 빠진 황소〉(1927)로 데뷔. 열일곱 살에 연극미술을 하는 청년 추민과 결혼했다. 유장안 감독의 〈나의 친구여〉(1928), 김상진 감독의 〈방아타령〉(1931), 이창근 감독의 〈죄 지은 여자〉(1931), 김소봉 감독의 〈홍길동전 전편〉(1935), 이규환 감독의 〈무지개〉(1936) 등에 출연했다. 안석영 감독의 〈심청〉의 연기로 스타급 배우로 성장했다. 최인규 감독의 〈국경〉에 출연했지만 감독과의 추문이 있어 정부인 조택원과 1년간 도쿄에서 도피 생활을 했다. 귀국한 후에는 허영 감독의 〈너와 나〉, 이병일 감독의 〈반도의 봄〉 등에 출연했다. 해방 후에는 안종화 감독의 〈수우〉(1948)에 출연했지만 조택원과 함께 미국으로 건너갔고 그곳에서 세상을 떠났다.

문예봉(1917~1999)

배우. 본명 문정원. 함경남도 함흥에서 태어남. 열두 살 때 어머니를 잃고 배우인 아버지를 따라 극단에 들어갔다. 열세 살에 처음으로 무대에 올랐다. 일본에서 귀국한 이규환 감독의 〈임자 없는 나룻배〉(1932)로 영화 데뷔. 두 번째 작품이 조선 최초의 유성영화인 이명우 감독의 〈춘향전〉(1935)이다. 박기채 감독의 〈춘풍〉(1935) 외에 조선영화경성촬영소에 입소하여 홍개명 감독의 〈아리랑 고개〉(1935), 〈장화홍련전〉(1936), 양주남 감독의 〈미몽〉(1936)에 출연했다. 안종화 감독의 〈인생항로〉(1937), 이규환 감독의 〈여로〉(1937)에 이어서 서광제 감독의 〈군용열차〉(1938)에도 출연했다. 당대 최고로 인기가 있었던 배우다. 이규환 감독의 〈새출발〉(1939), 김유영 감독의 〈수선화〉(1940), 최인규 감독의 〈수업료〉, 허영 감독의 〈너와나〉, 이규환 감독의 〈창공〉(1941), 안석영 감독의 〈지원병〉, 최인규 감독의 〈집 없는 천사〉 등 출연 작품은 헤아릴 수 없이 많다. 윤봉춘 감독의 〈신개지〉(1942) 외에 국책영화인 박기채 감독의 〈조선해협〉(1942), 김영화 감독의 〈우러르라 창공〉, 최인규 감독의 〈태양의 아이들〉에서도 족적을 남겼다. 해방 후에는 조선영화동맹위원으로서 활약하고 1948년에 남편 임선규와 함께 월북했다. 북한에서도 인민배우가 되는 등 조선(북한) 영화계에서 최고의 경력을 남겼다.

김신재(1919~1999)

배우. 황해도 의주에서 태어남. 안동고녀를 중퇴하고 신의주의 영화관 사무원으로 근무하던 중 최인규와 결혼했다. 부부는 1937년에 경성으로 가서 김신재는 안석영 감독의 〈심청〉의 단역으로 출연했다. 최인규는 녹음 담당인 이필우의 조수였다. '영원한 소녀'라는 애칭으로 불렸고 윤봉춘 감독의 〈도생록〉(1938), 박기채 감독의 〈무정〉(1939), 김유영 감독의 〈애련송〉(1939), 최인규 감독의 〈집 없는 천사〉, 방한준 감독의 〈풍년가〉 등에 연속 출연했다. 전시에도 국책영화인 박기채 감독의 〈조선해협〉(1943), 김영화 감독의 〈우러르라 창공〉, 이마이 다다시 감독의 〈망루의 결사대〉, 최인규 감독의 〈태양의 아이들〉, 방한준 감독의 〈거경전〉, 최인규 감독의 〈사랑과 맹서〉에 연속 출연했다. 전후에는 최인규 감독의 〈독립전야〉(1946), 〈희망의 마을〉(1946)에 출연했다. 한국전쟁 때 최인규가 북한에 납치되자 부산에서 다방 '수선화'를 경영했다. 유현목 감독의 〈장마〉(1979)에서 맡은 노파 역이 인상 깊다. 1981년까지 영화배우 활동을 계속했지만 미국으로 이민을 떠나 그곳에서 세상을 떠났다.

주요 참고문헌

주요 참고문헌을 '조선 영화사', '일본 영화·사회문화사', '조선 사회문화사'로 분류했다. 참고로 한 논문이나 블로그, 신문, 잡지, DVD 등도 열거했다.

조선 영화사

강옥희, 이순진, 이승희, 이영미,『식민지 시대 대중예술인 사전』, 소도, 2006.

김종원,『한국 영화감독 사전』, 국학자료원, 2004.

김종원·정중헌,『우리 영화 100년』, 현암사, 2001.

이영일,『한국영화전사』, 소도, 2004.

함충범,『일제말기 한국영화사 1940~1945』, 국학자료원, 2008.

한국영상자료원,『고려영화협회와 영화신체제─1936~1941』, 한국영상자료원, 2007.

박현희,『문예봉과 김신재 1932~1945』, 선인, 2008.

한상언,『해방 공간의 영화·영화인』, 이론과실천, 2013.

신상옥,『난, 영화였다』, 랜덤하우스코리아, 2007.

박남옥,『박남옥: 한국 첫 여성 영화감독』, 마음산책, 2017.

김려실,『투사하는 제국 투영하는 식민지』, 삼인, 2006.

조선희,『클래식 중독』, 마음산책, 2009.

강성률,『친일영화』, 로크미디어, 2006.

佐藤忠男·李英一, 凱風社編集部訳,『韓国映画入門』, 凱風社, 1990.

안종화,『한국영화측면비사』, 현대미술사, 1998.; 長沢雅和訳,『韓国映画を作った男たち─1905-45年』, 靑弓社, 2013

鄭琮樺, 野崎充彦·加藤千恵訳,『韓国映画100年史 その誕生からグローバル展開まで』, 明石書店, 2017.

金美賢·責任編集, 根本理恵訳,『韓国映画史 開化期から開花期まで』, キネマ旬報, 2010.

扈賢贊, 根本理恵訳,『わがシネマの旅 韓国映画を振り替える』, 凱風社, 2001.

李英載,『帝国日本の朝鮮映画 植民地メランコリアと協力』, 三元社, 2013.

高島金次,『朝鮮映画統制史』, 朝鮮映画文化研究所, 1943(『日本映画論説大系九』, ゆまに

書房, 2003에 수록).

内海愛子·村井吉敏, 『シアネスト許泳の「昭和」』, 凱風社, 1987.

門間貴志, 『朝鮮民主主義人民共和国映画史—建国から現在までの全記録』, 現代書
館, 2012.

조선 사회문화사

方洙源, 『家なき天使』, 那珂書店, 1943.

任文桓, 『日本帝国と大韓民国に仕えた官僚の回想』, ちくま文庫, 2015.

金昌国, 『ボクらの京城師範附屬第二国民学校—ある知日家の回想』, 朝日新聞社,
2008.

金振松, 川村湊ら訳, 『ソウルにダンスホールを—1930年代朝鮮の文化』, 法政大学
出版局, 2005.

徐大肅, 古田博司訳, 『金日成と金正日』, 岩波書店, 1996.

徐大肅, 林茂訳, 『金日成』, 講談社学術文庫, 2013.

林鐘国, コリア研究所訳, 『親日派』, 御茶ノ水書房, 1992.

柳宗鎬, 白燦訳, 『僕の解放戦後 1940~1945』, 春風社, 2008.

鄭在哲, 佐野通夫訳, 『日帝時代の韓国教育史』, 皓星社, 2014.

金富子, 『植民地期朝鮮の教育とジェンダー』, 世織書房, 2005.

李栄薫, 永島広紀訳, 『大韓民国の物語』, 文藝春秋, 2009.

趙景達, 『近代朝鮮と日本』, 岩波新書, 2012.

文京洙, 『新·韓国現代史』, 岩波新書, 2015.

尹健次, 『「在日」の精神史(3) アイデンティティの揺らぎ』, 岩波書店, 2015.

辛基秀編著, 『映像が語る「日韓併合」史』, 勞動旬報社, 1988.

南富鎭, 『文学の植民地主義—近代朝鮮の風景と記憶』, 世界思想社, 2006.

南富鎭, 『松本清張の葉脈』, 春風社, 2017.

鄭大均, 『日韓併合期ベストエッセイ集』, ちくま文庫, 2015.

金英達, 『創氏改名の研究』, 未來社, 1997.

金贊汀, 『炎は暗の彼方に: 傳説の舞姬·崔承喜』, 日本放送出版協會, 2002.

문제안, 『8.15의 기억—해방공간의 풍경, 40인의 역사체험』, 한길사, 2005.

정진석, 『극비 조선총독부의 언론검열과 탄압』, 커뮤니케이션북스, 2007.

정상진, 『아무르만에서 부르는 백조의 노래』, 지식산업사, 2005.

조택원, 『조택원』, 커뮤니케이션북스, 2015.

磯谷季次, 『朝鮮終戦記』, 未來社, 1980.

磯谷季次, 『良き日よ, 來れ─北朝鮮民主化への私の遺書』, 花伝社, 1991.

鎌田正二, 『北鮮の日本人苦難記─日窒興南工場の最後』, 時事通信社, 1970.

加藤聖文, 『「大日本帝国」崩壊─東アジアの1945年』, 中公新書, 2009.

森田芳夫, 『朝鮮終戦の記録─米ソ両軍の進駐と日本人の引揚』, 嚴南堂書店, 1964.

岡本進明編, 『聞書水俣民衆史第5巻─植民地は天国だった』, 草風館, 2000.

川村湊, 『滿洲崩壊─「大東亜文学」と作家たち』, 文藝春秋, 1997.

川村湊, 『作文のなかの大日本帝国』, 岩波書店, 2000.

安田敏, 『植民地のなかの「国語学」』, 三元社, 1998.

山田寛人, 『植民地朝鮮における朝鮮語奬勵政策』, 不二出版, 2004.

小倉紀蔵, 『朝鮮思想全史』, ちくま新書, 2017.

林建彦, 『韓国現代史』, 至誠堂新書, 1976.

鄭大均・古田博司編, 『韓国・北朝鮮の嘘を見破る』, 文春新書, 2006.

永島広紀, 『戦時期朝鮮における「新體制」と京城帝国大学』, ゆまに書房, 2011.

和田春樹, 『北朝鮮─遊擊隊国家の現在』, 岩波書店, 1998.

御手洗辰雄編, 『南次郎』, 南次郎傳記刊行会, 1957.

松田利彦, 『日本の朝鮮植民地支配と警察─1905年~1945年』, 校倉書房, 2009.

坪江汕二, 『朝鮮民族獨立運動秘史』, 日刊勞動通信社, 1959.

일본 영화·사회문화사

佐藤忠男, 『日本映画史 (增補版)』 全4卷, 岩波書店, 2006.

佐藤忠男他編, 『講座 日本映画』 全8卷, 岩波書店, 1985~88.

四方田犬彦, 『日本映画史110年』, 集英社新書, 2014.

四方田犬彦, 『李香蘭と原節子』, 岩波現代文庫, 2011.

田中純一郎, 『日本映画發達史』 全5卷, 中央公論新社, 1980.

崔盛旭, 『今井正─戦時と戦後のあいだ』, クレイン, 2013.

今井正監督を語り継ぐ会編, 『今井正映画讀本』, 論創社, 2012.

映画の本工房ありす, 『今井正「全仕事」スクリーンのある人生』, ACT, 1990.

シナリオ作家協會編, 『八木保太郎—人とシナリオ』, 日本シナリオ作家協會, 1989.

日本シナリオ文学全集, 『八木保太郎・山形雄策集』, 理論社, 1956.

尾崎秀樹, 『プロデューサー人生—藤本真澄映画に賭ける』, 東宝出版事業室, 1981.

ピーター・ブラウン・ハーイ, 『銀幕の帝国—15年戦争と日本映画』, 名古屋大学出版会, 1995.

石井妙子, 『原節子の眞實』, 新潮社, 2016.

山口猛, 『幻のキネマ滿映—甘粕正彦と活動屋群像』, 平凡社, 1989.

宮島義勇, 『「天皇」と呼ばれた男—撮影監督宮島義勇の昭和回想綠』, 愛育社, 2002.

飯島正, 『戦中映画史(私記)』, エムジー出版, 1984.

加藤厚子, 『總動員體制と映画』, 新曜社, 2003.

古川隆久, 『戦時下の日本映画—人々国策映画を觀たか』, 吉川弘文館, 2003.

興那覇潤, 『帝国の殘影—兵士・小津安二郎の昭和史』, NTT出版, 2011.

宜野座菜央見, 『モダン・ライラと戦爭—スクリーンのなかの女性たち』, 吉川弘文館, 2013.

加藤陽子, 『天皇の歴史 8—昭和天皇と戦爭の世紀』, 講談社学術文庫, 2018.

有馬学, 『日本の歴史 23—帝国の昭和』, 講談社学術文庫, 2010.

山田風太郎, 『戦中派不戦日記』, 講談社文庫, 2002.

佐野真一, 『遠い「山びこ」—無着成恭と教え子たちの40年』, 文春文庫, 1996.

高祐二, 『吉本興行と韓流エンターテイメント』, 花伝社, 2018.

喜多由浩, 『北朝鮮の消えた歌声・永田弦次郎の生涯』, 新潮社, 2011.

小野茂樹, 『大分県と文学』, 藤井書房, 1967.

下川正晴, 『忘却の引揚げ史—泉靖一と二日市保養所』, 弦書房, 2017.

논문

이순진, 「식민지 경험과 해방직후의 영화 만들기: 최인규와 윤봉춘의 경우를 중심으로」(『대중서사연구』 14호, 2005)

박광현, 「검열관 니시무라 신타로西村眞太郎에 관한 고찰」(『한국문학연구』 제32집, 2006)

정종화, 「조선 영화 〈수업료〉의 영화화 과정과 텍스트 비교 연구」(『영화연구』 65호, 2015)

조건, 「중일전쟁기(1937~1940) "조선군사령부보도부朝鮮軍司令部報道部"의 설치와 조직구성」(『한일민족문제연구』 19권 0호, 2010)

전지니, 「배우 김소영론: 스캔들 메이커, '인민'과 '국민' 사이의 여배우」(『한국극예술연구』 36권, 36호, 2012)

이상길, 「1920~1930년대 경성의 미디어 공간과 인텔리겐치아: 최승일崔承一의 경우」(『언론정보연구』 47권 1호, 2010)

渡辺直紀, 「太平洋戰争期の日朝合作映画について: 今井正/崔寅奎の『望楼の決死隊』(1943)『愛と誓ひ』(1945)を中心に」(武蔵大学人文学会雑誌 48 (1), 2016)

田中則宏, 「植民地期朝鮮映画界における日本人の活動とその展開」(早稲田大学博士論文, 2013)

板垣竜太, 「植民地期朝鮮における識字調査」(『アジア·アフリカ言語文化研究』 58, 1999)

高崎隆治, 「徴兵制の布石·映画『望楼の決死隊』」(『季刊三千里』 27号, 1981年秋号)

井原麗奈, 「1930~1940年代の朝鮮半島における「女優」という職業について－映画の製作と興行の発展を背景に」(『女性学評論』 25, 2011)

森津千尋, 「植民地下朝鮮におけるスポーツとメディア—『京城日報』の言説分析を中心に」(『スポーツ社会学研究』 19巻1号, 2011)

稲葉継雄, 「塩原時三郎研究: 植民地朝鮮における皇民化教育の推進者」(『大学院教育学研究紀要』(1), 1999)

車承棋, 西村直登訳, 「帝国のアンダーグラウンド」(『社会科学』 44(2), 2014)

小野容煕, 「福音印刷合資会社と在日朝鮮人留学生の出版史(1914~1922)」(『在日朝鮮人史研究』 39, 2009)

内藤寿子, 「脚本家·水木洋子と映画『あれが港の灯だ』」(『湘北紀要』 29, 2008)

잡지·신문·Web

『キネマ旬報』, 『映画旬報』, 『映画評論』, 『三千里』, 『동아일보』, 『매일신보』, 『輝国山人の韓国映画』, 『ヌルボ·イルボ 韓国文化の海へ』, yohnishi's blog, 『위키피디아』, 『위키피디아』 한국어판.

식민지 조선의 시네마 군상

전쟁과 근대의 동시대사

2019년 9월 10일 초판 1쇄 찍음
2019년 9월 20일 초판 1쇄 펴냄

지은이 시모카와 마사하루
옮긴이 송태욱

펴낸이 정종주
편집주간 박윤선
편집 두동원 강민우
마케팅 김창덕

펴낸곳 도서출판 뿌리와이파리
등록번호 제10-2201호(2001년 8월 21일)
주소 서울시 마포구 월드컵로128-4 2층
전화 02)324-2142~3
전송 02)324-2150
전자우편 puripari@hanmail.net

표지디자인 가필드
종이 화인페이퍼
인쇄 및 제본 영신사
라미네이팅 금성산업

값 18,000원
ISBN 978-89-6462-126-4 (03680)

이 도서의 국립중앙도서관 출판예정도서목록(CIP)은 서지정보유통지원시스템 홈페이지(http://
seoji.nl.go.kr)와 국가자료공동목록시스템(http://www.nl.go.kr/kolisnet)에서 이용하실 수 있습
니다.(CIP 제어번호: CIP2019035528)